ECON Esoterik

Zum Buch

Das Denken in Gegensätzen ist typisch für unsere westliche Kultur. Auf allen Lebensgebieten lassen sich Polaritäten beobachten: zwischen Mann und Frau, zwischen Bewußtem und Unterbewußtem, zwischen Arbeit und Kapital, zwischen himmlischen und irdischen Mächten und vielem mehr.

Diese dualistische Denkweise hat dazu geführt, daß wir Trennungen vornehmen, wo eigentlich sich ergänzende Einheiten vorhanden sind und daß wir dazu neigen, Begriffe zu spalten, die ursprünglich zusammengehören. In der mehr als 4000 Jahre alten Lehre von Yin und Yang sieht Christopher Markert die Möglichkeit, die starre dualistische Denkweise des Westens zu überwinden. Die zwei kosmischen Urkräfte Yin (= weibliches Element) und Yang (= männliches Element) treten auf allen Lebensgebieten in Erscheinung.

Sie harmonieren miteinander und bilden – trotz gelegentlicher Reibungspunkte – ein gesundes Gleichgewicht.

Zum Autor

Christopher Markert, geboren 1927 in Halle/Saale, studierte Ökonomie und Soziologie in München und arbeitete als Meinungsforscher. Mitte der fünfziger Jahre wanderte er in die USA aus und trat in eine Verlagsgesellschaft ein.

Seit 1970 ist er als Schriftsteller tätig. Zahlreiche Zeitschriften in aller Welt haben seine populärpsychologischen Artikel publiziert; elf seiner Bücher sind in Deutschland, den USA, England und den Niederlanden erschienen.

Christopher Markert

Yin Yang

Harmonie von Sinnlichkeit
und Vernunft

ECON Taschenbuch Verlag

Lizenzausgabe

Veröffentlicht im ECON Taschenbuch Verlag GmbH,
Düsseldorf, 1995
© 1983 by ECON Verlag GmbH, Düsseldorf und Wien
Umschlaggestaltung: Molesch/Niedertubbesing, Bielefeld
Druck und Bindearbeiten: Ebner Ulm
Printed in Germany
ISBN 3-612-27973-4

Inhalt

1. Die allgegenwärtige Polarität

Unser Lieblingsthema

Die meisten Menschen denken über ihre Beziehung zum anderen Geschlecht öfter nach als über jedes andere Thema. Das ist schon immer so gewesen und wird auch immer so bleiben. Nur in Stunden intensiver Tätigkeit und in Notzeiten werden die Gedanken zeitweise vom Thema Nummer 1 abgelenkt. Unter normalen Umständen, wenn die Menschen sich wenig um Nahrung, Wohnung und Sicherheit sorgen müssen, geht es ihnen nicht in erster Linie um Geld, Macht oder Ruhm, sondern um Liebe und erotische Beziehungen. Auch wenn sie zeitweise allein sind, hängen sie oft Erinnerungen und Zukunftsträumen nach. Das gilt für beide Geschlechter, obwohl Männer normalerweise mehr erfolgsorientiert sind als Frauen. Aber auch das männliche Streben nach Erfolg entsteht oft aus dem Wunsch, beim weiblichen Geschlecht besser anzukommen. Geld und Macht werden dabei als Mittel zum Zweck benutzt, bewußt oder unbewußt.

Die Natur hat uns aus gutem Grund mit einem starken Geschlechtstrieb versehen. Den richtigen Partner zu finden, eine Familie zu gründen und Kinder aufzuziehen ist von lebenswichtiger Bedeutung. Wenn die dazu nötigen Instinkte nicht angeboren wären, wäre die Menschheit schon vor langer Zeit ausgestorben. Die Polarität zwischen Mann und Frau wurde nicht von Adam und Eva erfunden oder von Sigmund Freud entdeckt. Sie existierte schon lange, bevor es Menschen gab. Männliche und weibliche Kreaturen, die sich vereinen, um Nachkommen zu erzeugen, haben die Erde bereits seit Milliarden von Jahren bevölkert.

Was wir normalerweise als Eros, Sex oder Liebe bezeichnen, ist nur der Teilaspekt einer grundlegenden Polarität, die auf allen Gebieten des organischen Lebens vorherrscht. Auf anorganischer Ebene zeigt sich diese Polarität als Magnetismus, Elektrizität, Affinität der Atome usw. Unseren westlichen Sprachen fehlen die geeigneten Worte, um dieses universale Phänomen zu beschreiben. Die Chinesen benutzen jedoch schon seit vielen Jahrtausenden ein Begriffspaar, das sich auf allen Ebenen der Schöpfung anwenden läßt und das später auch von der japanischen Zen-Schule übernommen wurde. In der chinesischen Weltvorstellung besteht unser Universum aus *Yang*, dem männlichen Element, und *Yin*, dem weiblichen Element. Ähnliche Gedanken finden sich auch in einigen westlichen Philosophien, wie zum Beispiel in den von Ralph Waldo Emerson um 1850 geschriebenen Essays:

»Polarität, oder Aktion und Reaktion, sehen wir überall in der Natur; in Dunkelheit und Licht, in Hitze und Kälte; in der Ebbe und Flut; im Männlichen und Weiblichen; im Ein- und Ausatmen der Pflanzen und Tiere; im Rhythmus des Blutes, der Ströme und der Töne; in den zentrifugalen und zentripetalen Kräften; in der Elektrizität, den galvanischen Strömen und der chemischen Affinität. Sobald das eine Ende einer Nadel magnetisiert wird, entsteht im anderen Ende die entgegengesetzte Kraft. Wenn der Südpol anzieht, stößt der Nordpol ab. Alles in der Natur ist geteilt, so daß jedes Ding eine Hälfte ist, die durch ein anderes Ding ergänzt werden muß: Geist und Materie, Mann und Frau, subjektiv und objektiv, innen und außen, oben und unten, Bewegung und Ruhe, ja und nein ... Während die Welt also auf diese Weise geteilt ist, hat auch jeder Teil zwei Pole. Das ganze System der Dinge ist in jedem Teil repräsentiert. In jedem Lebewesen erinnert uns etwas an die Ebbe und Flut des Meeres, an den Tag und die Nacht, an Mann und Frau.«[1]

Emerson teilte die fernöstliche Auffassung, daß die Pole sich jeweils ergänzen und daß zwischen ihnen ein dynamisches Gleichgewicht besteht.

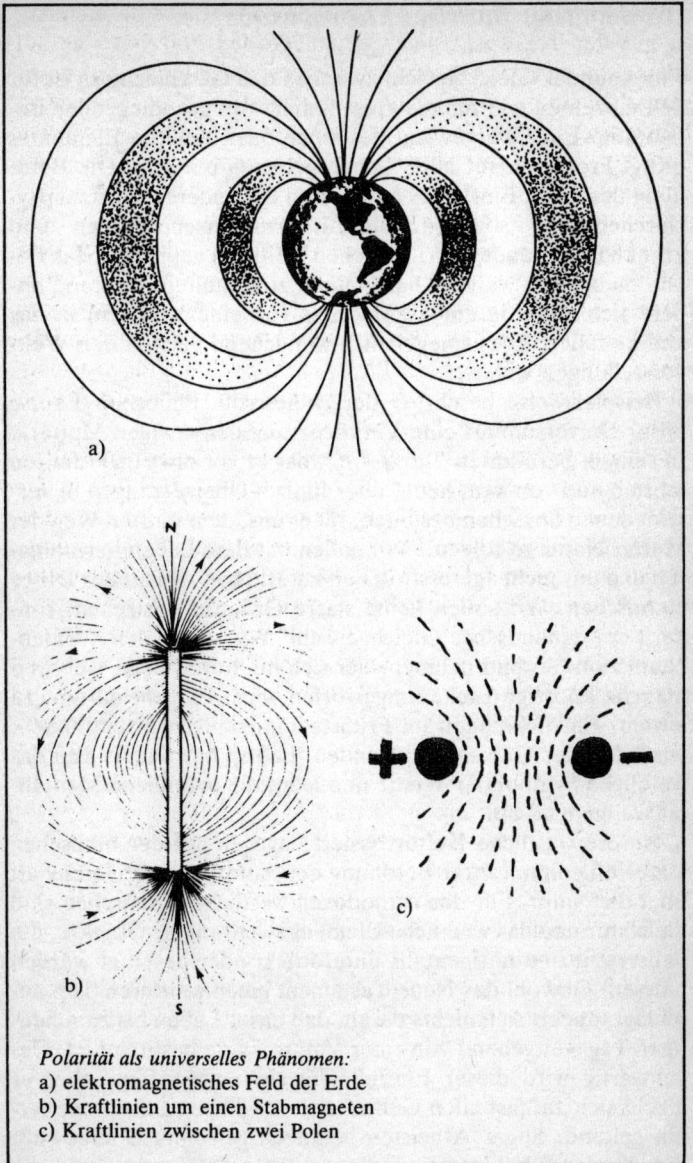

Polarität als universelles Phänomen:
a) elektromagnetisches Feld der Erde
b) Kraftlinien um einen Stabmagneten
c) Kraftlinien zwischen zwei Polen

Ein gesundes Gleichgewicht zwischen den Geschlechtern ist für den einzelnen wie für die Gesellschaft von grundlegender Bedeutung. Ein Übergewicht des einen oder anderen Elementes bringt Probleme auf allen Lebensgebieten mit sich. Die Betonung des einen Einflusses auf Kosten des anderen führt zu psychischen und sozialen Unterdrückungserscheinungen und krankhaften Tendenzen. Manchen Kulturen gelingt es, das Leben mehr oder weniger harmonisch zu gestalten, während andere sich einseitig entwickeln oder von einem Extrem in das andere fallen. Dies spiegelt sich weitgehend auch in den Weltvorstellungen wider.

Beispielsweise beschrieb der chinesische Philosoph Laotse unser Universum als eine Verkörperung der »ewigen Mutter«. In seinem berühmten *Tao te king*, das er vor etwa 2600 Jahren schrieb und von dem heute über fünfzig Übersetzungen in verschiedenen Sprachen bestehen, rät er uns, dem sanften Weg der Mutter Natur zu folgen.[2] Wir sollen mit dem Leben harmonieren und uns nicht aggressiv in den natürlichen Ablauf der Dinge einmischen. Wir sollen keine starre Ordnung anstreben, sondern ein dynamisches Gleichgewicht. Wir sollen den Weidenbaum zum Vorbild nehmen, der sich im Sturm biegt, während manche knorrige Eiche umgeworfen wird. Es geht darum, zu lernen, Entwicklungen im Frühstadium sanft zu beeinflussen, anstatt später Gewalt anzuwenden. Laotse bewundert also das weibliche Symbol der Weide und lehnt die männliche Mentalität weitgehend ab.

Unsere westliche Kultur basiert dagegen auf der biblischen Vaterreligion mit ihrer Betonung der Autorität und Herrschaft über die Natur. Für den orthodoxen westlichen Menschen sind die Natur und das weibliche Element zweitrangige Objekte, die beherrscht und nötigenfalls unterdrückt oder beseitigt werden müssen. Obwohl das Neue Testament einen sanfteren Ton anschlägt, ändert sich nichts daran, daß unser Leben bis zum heutigen Tag weitgehend von einer Vaterreligion bestimmt ist. Gegenwärtig wird dieser Einfluß teilweise angegriffen, aber er macht sich auf fast allen Gebieten des täglichen Lebens weiterhin geltend. Sogar Atheisten benutzen gewöhnlich unbewußt die von der Bibel inspirierten autoritären Denkmodelle.

Es geht uns ähnlich wie dem Menschen, der eines Tages erstaunt feststellte, daß er fließend Prosa sprach. Bei uns wird jetzt die erstaunliche Entdeckung gemacht, daß viele unserer Denk- und Lebensgewohnheiten auf der Vorstellung beruhen, daß unsere Welt von einem alten Mann ohne weibliche Beihilfe erschaffen worden ist. Menschen, die außerhalb des westlichen Kulturkreises aufgewachsen sind, empfinden westliche Männer und auch Frauen oft als ruhelos, aggressiv und naturfeindlich. Andererseits bewundern sie gewöhnlich unsere systematische Art und unsere technologischen Erfolge.

Eine interessante Synthese männlicher und weiblicher Elemente findet sich im *I Ging*, dem über viertausend Jahre alten chinesischen *Buch der Wandlungen*, dem zufolge die kosmischen Kräfte aus Vater, Mutter, drei Söhnen und drei Töchtern bestehen.[3] In seinem Vorwort zur Übersetzung von Richard Wilhelm beschreibt der berühmte Psychologe C. G. Jung, wie er dieses Buch jahrelang studierte und ihm viele tiefe Einsichten verdankt. Konfutse benutzte diesen Text als seine »Bibel«, und im Alter von siebzig Jahren soll er gesagt haben, daß er gerne noch weitere fünfzig Jahre mit dem Studium des *I Ging* verbringen würde.

Als ich dieses Buch vor vielen Jahren das erste Mal entdeckte, hatte man von der Frauenbewegung noch kaum etwas gehört, und Studenten hatten noch nicht gelernt, im *I Ging* ihr Orakel aufzuschlagen. Seitdem haben wir begonnen, unsere westliche Wertskala anzuzweifeln und uns über das Verhältnis zwischen den Geschlechtern in unserer männlich orientierten Gesellschaft Gedanken zu machen. Wir sind bereit, mehr als bisher vom Osten zu lernen, ebenso wie der Osten auch vieles von uns lernt.

Besonders die chinesische Vorstellung von der Harmonie zwischen Yin und Yang scheint sich befreiend auf unsere starren westlichen Denkmodelle auszuwirken. Das mütterliche Yin-Element und das väterliche Yang-Element ergänzen einander und sind gleichwertig, ebenso wie Männer und Frauen es sind. Es wird also nicht die Überlegenheit eines allmächtigen himmlischen Vaters angestrebt oder gerechtfertigt, sondern eine Harmonie zwischen dem Himmelsvater und der Mutter Erde. Dementsprechend ist der Zweck des Lebens nicht, in den Himmel zu kommen, sondern einen Himmel auf Erden zu schaffen. Die körperliche Beziehung zwischen den Geschlechtern wird nicht als sündhaft empfunden, sondern als eine klärende Vereinigung kosmischer Kräfte auf menschlicher Ebene.

Diese »erotischen« Vorstellungen sind charakteristisch für die fernöstliche Kultur und Lebensweise. Obwohl sie oft sogar von Orientalen mißverstanden werden, können sie zu einer gesunderen Einstellung gegenüber dem Geschlecht, der Natur, dem Körper, dem Unterbewußtsein und vielen anderen Aspekten des täglichen Lebens führen. In unserer eigenen Kultur scheinen diese Dinge nicht richtig in die allgemeine Ordnung hineinzupassen, sie müssen »zivilisiert« oder unterdrückt werden. Die körperliche Liebe wird in unseren religiösen Schriften sogar als »Erbsünde« verdammt oder jedenfalls als unangenehmes Thema totgeschwiegen. Das Ergebnis ist eine Art Kollektivneurose, unter der wir alle mehr oder weniger leiden. Natürlich hat es noch nie eine wirklich ideale Kultur gegeben, aber jedenfalls können wir versuchen, einen einigermaßen normalen Zustand herzustellen.

Der entscheidende Anstoß, dieses Buch zu schreiben, kam, als ich kürzlich die von B. Szekely übersetzten Schriften der Essener entdeckte.[4] Aus diesen geht hervor, daß in unserer Kultur anfänglich ein gesundes Gleichgewicht zwischen mütterlichen und väterlichen Einflüssen bestand und daß zwischen diesen ursprünglichen Vorstellungen und dem Yin/Yang-Konzept des Fernen Ostens eine direkte Verbindung existiert. In unseren westlichen religiösen Schriften wurde jedoch im Laufe der Jahrhunderte das weibliche Element absichtlich beseitigt, so daß nur noch das männliche Trio von Vater, Sohn und Heiligem Geist als ausschlaggebender Einfluß übrigblieb.

Alle diese Tatsachen werden uns jetzt langsam klar. Wir erkennen, daß wir eine neue Harmonie auf allen Gebieten des täglichen Lebens schaffen müssen:

zwischen Mann und Frau,
Mutter und Vater,
Eltern und Kindern
und zwischen dem einzelnen und der Gesellschaft.

Auf der individuellen Ebene wird uns dieses Wissen auch helfen, ein besseres Gleichgewicht zu finden zwischen:

dem Bewußtsein und dem Unterbewußtsein,

unseren Gedanken und Gefühlen,
Logik und Intuition,
Körper und Geist.

Solange wir in unseren von der Vorherrschaft des Verstandes und der Männer bestimmten Vorstellungen verharren, werden wir dazu neigen, unsere Gefühle zu unterdrücken, unsere Körperfunktionen zu verachten und starre Logik anzuwenden, wo subtile Intuition angebracht wäre. Wir werden uns einsam fühlen in der kalten rationalen Welt, die wir selbst erschaffen haben. Die Beziehung zwischen den Geschlechtern wird oberflächlich und künstlich bleiben, das Gleichgewicht zwischen Vater und Mutter wird gestört sein, und Kinder werden nicht mehr richtig in unsere Welt hineinpassen. Wir werden weiterhin unter inneren Konflikten, Haß- und Schuldgefühlen leiden, und wir werden diese Gefühle auf unsere Verwandten, Bekannten, Freunde, Nachbarn und die ganze Welt projizieren. In dieser gespannten Atmosphäre werden viele Anlässe für soziale und militärische Konflikte entstehen.

Die hier angedeuteten Themen werden in den folgenden Kapiteln diskutiert, mit Hinblick auf praktische Lösungen. Weitere sich daraus ergebende Erwägungen sind am Ende des Buches behandelt.

Einige Leser werden sich über dieses Buch entrüsten, weil es die Schwächen ihres überlieferten Glaubens bloßstellt. Andere werden die neuen Perspektiven begrüßen, durch die wir ein grundlegendes Problem lösen und den Weg in eine glücklichere Zukunft finden können.

Das göttliche Paar

Die Polarität zwischen den Geschlechtern erschien der vorgeschichtlichen Menschheit so offensichtlich, daß die meisten primitiven Kulturen eine von männlichen und weiblichen Kräften gleichermaßen beherrschte Kosmologie hatten. Gewöhnlich spielten dabei Vater- und Mutterfiguren die Hauptrollen. Wie wir schon wissen, wurde dabei die Mutter oft von der Erde symbolisiert und der Vater vom Himmel.

Solche Vorstellungen gehen bis auf die Steinzeit und noch frühere Perioden zurück. Die älteste uns bekannte Version ist wahrscheinlich in dem bereits erwähnten *Buch der Wandlungen* beschrieben. In diesem Text sind alle Dinge in unserem Universum aus dem männlichen Yang-Element und dem weiblichen Yin-Element zusammengesetzt. Die Sonne ist beispielsweise Yang und der Mond Yin. Das Herz eines Menschen ist Yin und der Verstand Yang. Das Bewußtsein ist Yang und das Unterbewußtsein Yin usw.

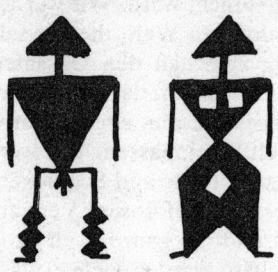

Keramisches Muster aus Mesopotamien, ca. 5000 v. Chr.

Das Zusammenspiel der männlichen und weiblichen Gottheiten findet sich auch in der indischen Mythologie. Danach basiert die gesamte Schöpfung auf einer göttlichen Mutterenergie, der ein Himmelsgott gegenübersteht. Das Pantheon der alten Griechen wurde von Zeus und seiner Frau Hera regiert. In Ägypten waren es Isis und Osiris und in Rom Jupiter und Juno. In Nordeuropa wurde das göttliche Paar Odin oder Wotan und Freia oder Frigga genannt. Bis heute findet sich eine Spur der heidnischen Muttergöttin in unserem Wort »Freitag«, und im Englischen ist der Mittwoch (Wednesday = Wotanstag) dem altgermanischen Vatergott gewidmet.

Im alten Mesopotamien verehrten die Menschen die Erd- und Muttergöttin Inanna, von der die Menschheit abstammte. Der historisch jüngere Gott des Alten Testaments brauchte dagegen keinerlei weibliche Hilfe, um Kinder zu erzeugen. Er schuf den ersten Mann einfach aus einem Lehmklumpen. Erst nachträglich kam es ihm in den Sinn, auch eine Frau zu machen, und zwar aus einer Rippe des Mannes. Die Frau ist also sekundär und kann aus einem Teil des Mannes reproduziert werden. Man kann sich kaum eine Schöpfungsgeschichte vorstellen, die der männlichen Eitelkeit und Überheblichkeit mehr entgegenkommt. Alle monotheistischen Vaterreligionen (christliche, mohammedanische und jüdische) sind von Grund auf zugunsten des Mannes und der männlichen Mentalität verzerrt. Dies erklärt sich teilweise daraus, daß sie alle (zuerst) bei Nomadenstämmen entstanden, die in unwirtlichen Wüstengegenden ihr Leben fristeten. In dieser Umgebung waren die männlichen Tugenden zum Überleben oft wichtiger als die weiblichen. Der biblische Jehova entstand ursprünglich auf der Sinai-Halbinsel, wo er als Kriegsgott bekannt war (Jahwe Sabaoth). Eine weitere Erklärung für den Ursprung der Vaterreligion liegt darin, daß bei diesen Nomadenstämmen die Viehzucht eine große Rolle spielte. Einem Ziegenhirten erscheint der Ziegenbock in seiner Zeugungskraft gewissermaßen allmächtig.

Ist dieses Wissen nützlich?

Jetzt können Sie sich vielleicht fragen, ob solches Wissen von praktischem Nutzen ist. Bezieht es sich wirklich auf Ihr tägliches Leben, und lohnt es sich, ein ganzes Buch darüber zu lesen?

Darauf läßt sich antworten, daß Ihre Einstellung zum anderen Geschlecht eine absolute Zentralstellung in Ihrem Leben einnimmt. Die Beziehung zwischen Mann und Frau ist eng verbunden mit der Beziehung zwischen Bewußtsein und Unterbewußtsein. Ein anhaltender Konflikt zwischen bewußten und unbewußten Kräften erzeugt unweigerlich Symptome von Neurose. Fast alles, was Sie denken und tun, muß mehr oder weniger schiefgehen, wenn Ihre grundsätzliche Einstellung auf diesem Gebiet unrealistisch ist. Durch eine einseitige Einstellung entstehen geistige und körperliche Probleme, Unzufriedenheit und Konflikte im Umgang mit den Mitmenschen. Ihre Wertskala auf allen Lebensgebieten verzerrt sich. Sie streben dann nach Dingen, die Sie eigentlich nicht brauchen können, und Sie mißachten andere Dinge, die für Ihr Glück von großer Bedeutung sind. Sie versuchen, andere zu beeindrucken, weil Sie sich heimlich selbst verachten. Sie geraten leicht in Streit und provozieren Unfälle.

Wenn Sie dagegen eine ausgeglichene Einstellung kultivieren, können Sie mit den kosmischen Gesetzen auf allen Lebensgebieten harmonieren und die entsprechenden Vorteile genießen. Sie werden sich einer besseren Gesundheit erfreuen. Ihre Projekte werden Ihnen mehr Freude machen und leichter gelingen. Sie werden eine befriedigende Beschäftigung finden und sich nützlich und konstruktiv betätigen. Äußere Probleme lassen sich leichter lösen, weil Sie mit Ihrem inneren Selbst harmonieren. Sie fühlen sich in der Welt zu Hause.

Wenn Sie mit dem Leben im Einklang stehen, werden Ihre Ideale realistischer, und Ihre Wirklichkeit wird idealer. Ihre Theorien werden praktischer, und Ihre Praxis entspricht mehr Ihren Plänen. Ihre Träume verwirklichen sich öfter als bisher. Sie scheinen mehr zu erreichen, obwohl Sie sich weniger anstrengen. Günstige Ereignisse scheinen öfter vorzukommen, und Unfälle werden vermieden. Das Leben erscheint Ihnen sinnvoller, und Ihre Tätigkeit gewinnt an Bedeutung. Sie konzentrieren sich auf wichtigere Ideen und Beziehungen.

Obwohl sich manchmal Hindernisse und unangenehme Erfahrungen einstellen, gelingt es Ihnen öfter als bisher, diese konstruktiv zu verwerten. Gleichzeitig stehen Sie dem Leben flexibler gegenüber, und Ihr Geist ist unvoreingenommener und »intelligenter«.

2. Drei bewährte Wege zu Glück und Erfolg

Das Leben stellt allen die gleiche Aufgabe

Religiöse Schriften dienen hauptsächlich dazu, uns zu zeigen, wie wir mit unseren Alltagsproblemen fertig werden können, indem wir die kosmische Ordnung verstehen und mit ihr im Einklang leben. Das *Buch der Wandlungen* bietet ein Denkmodell, mit dessen Hilfe Könige und Priester die Zukunft erkennen und Entscheidungen machen konnten. Im alten Indien zog man die berühmte *Bhagavad-Gita* zu Rate, um den richtigen Weg des Denkens und Handelns in verschiedenen Lebenssituationen zu finden. Die Hopi-Indianer in Arizona befolgen bis heute die Traditionen, die ihnen zeigen, wie sie sich einer guten Maisernte versichern können, indem sie die Mais-Muttergöttin anrufen und zur richtigen Zeit säen.

Prähistorische Männer und Frauen hatten grundsätzlich dieselben Probleme und Erfolgsmöglichkeiten, mit denen wir es heute zu tun haben: Nahrung, Wohnung und Lebensraum zu beschaffen, gute Beziehungen zu den Nachbarn zu pflegen, sich gegen feindliche Elemente zu verteidigen, zu heiraten und Kinder aufzuziehen, mit einer unsicheren Zukunft fertig zu werden und einen Sinn im Leben zu finden, indem man die kosmische Ordnung versteht.

Einige Kulturen sind in dieser Beziehung erfolgreicher als andere. Unsere heutige westliche Kultur scheint beispielsweise nicht sehr gut mit dem Leben zu harmonieren. Um eine vergleichende Perspektive zu gewinnen, werden wir in diesem Kapitel drei Denkmodelle untersuchen, die sich in der Vergangenheit bewährt haben. Obwohl sie sicher nicht ohne Schwächen sind, zeichnen sie sich durch ihre Ausgewogenheit aus. Sie sind weniger kopflastig, das heißt weniger verstandesbetont, unsinnlich und naturfeindlich als unsere westliche Kultur, und sie erkennen Männer und Frauen weitgehend als ebenbürtig an.

Der Lebensbaum der Essener

Unsere westlichen religiösen Schriften sind gründlich von allen erotischen und weiblichen Einflüssen »gereinigt« worden, durch zahllose unverheiratete Päpste, Priester und Mönche.

Als um das Jahr 1940 in einer Höhle am Toten Meer in der Nähe von Jerusalem die Schriftrollen der Essener gefunden wurden, kam eine andere Wahrheit an das Licht, wurde jedoch von religiösen Institutionen weitgehend totgeschwiegen. Die Schriftrollen bewiesen, daß viele der Parabeln und Anekdoten, die wir Jesus zuschreiben, in Wirklichkeit einen Teil der vorchristlichen Essener-Lehren bildeten. Die Essener waren eine einflußreiche religiöse Gemeinschaft, deren geistige Wurzeln durch Jahrtausende auf zentralasiatische Ursprünge zurückführen. Den Mittelpunkt ihrer Religion bildete der Lebensbaum, dessen Zweige das »Königreich des Vaters im Himmel« symbolisieren, während die Wurzeln das »Reich der Mutter Erde« darstellen.

Die religiösen Zeremonien waren gleichermaßen dem himmlischen Vater wie der Erdenmutter gewidmet. Die Essener teilten also nicht die einseitige monotheistische Vorstellung, die sich im Alten Testament findet und der zufolge die Welt von einem allmächtigen alten Mann erschaffen wurde.

Die Vorstellungen der Essener erscheinen ungewöhnlich ausgewogen und menschlich, sie drücken eine gesunde Einstellung zum Mütterlichen, zur Erde, zum Körper und zur körperlichen Liebe aus. Der Gemeinschaft gehörten praktische Menschen an, die viel vom Heilen und vom Landbau verstanden. Das Wort »Essener« bedeutet einigen Quellen zufolge »Heiler«.

Jesus war anscheinend von ihren Lehren beeinflußt. Er zitier-

20

te viele ihrer Parabeln und Gleichnisse, und er war durch seine Heilkräfte als »Heiland« bekannt. Vermutlich war er selbst zeitweise ein Mitglied der Gemeinschaft. Einige Wissenschaftler glauben, daß sein wirklicher Vater (also nicht sein Stiefvater Joseph) ein Essener war.

Die Schriftrollen vom Toten Meer zeigen uns also, warum ein solch eigenartiger Unterschied besteht zwischen dem von Jesus beschriebenen sanften Gott und dem rachsüchtigen und frauenfeindlichen Gott des Alten Testaments, Jehova. Außerdem enthalten sie die Verbindung zwischen fernöstlichen und westlichen Weltvorstellungen. *Die obere Hälfte des Lebensbaumes entspricht offensichtlich dem Yang-Prinzip, während die untere Hälfte das Yin-Prinzip symbolisiert.*

In der westlichen Welt erkennen wir jetzt langsam, daß wir die untere Hälfte unseres Lebensbaumes mißachtet oder unterdrückt haben. Wir haben unsere eigenen Wurzeln abgeschnitten und die Verbindung mit unserem »inneren Selbst« verloren. Wir werden von unserem ruhelosen, aggressiven Verstand beherrscht, und unter dem friedlichen Deckmantel des Christentums verbirgt sich der überhebliche Gott des Alten Testaments.

Unsere Welt des Vatergottes verlangt vor allem Gehorsam, Ordnung, Disziplin, Ehrgeiz, Selbstbeherrschung und die Beherrschung der Umwelt. Gegen einen sparsamen Umgang mit diesen Eigenschaften läßt sich im Prinzip nichts einwenden. Aber wir müssen auch lernen, die entgegengesetzten Eigenschaften zu kultivieren, die ein Vater naturgemäß nicht bieten kann. Nur eine Frau kann uns wirklich zeigen, was Liebe und ein harmonisches Zuhause ist und wie man spontan mit der Natur um uns und in uns im Einklang leben kann. Wenn manche westlichen Frauen das nicht mehr können, dann ist daran ihre monotheistische, vom Männlichkeitsdenken beeinflußte Erziehung schuld.

Obwohl der »Sohn Gottes« einige weibliche Züge aufweist, so ist doch letzten Endes auch er ein Mann und ein Teil der Vaterreligion. Selbst die »Mutter Gottes« ist keine gleichrangige Partnerin Gottes, und durch ihre Unbeflecktheit ist sie der sündhaften körperlichen Liebe enthoben. Sie hat nichts mehr mit den vorchristlichen Muttergöttinnen und deren erotischer Lebenskraft gemein.

Die Schriftrollen der Essener ermöglichen noch viele andere Einblicke in die vorchristliche Denk- und Lebensweise, und wir werden am Ende des Buches noch einmal darauf zurückkommen.

Die Welt des Yoga

Im alten Indien wurde das komplizierte Yoga-System entwickelt. Das Wort »Yoga« ist indoeuropäischen Ursprungs und bedeutet »Vereinigung«. Es wird eine Harmonie der Gegensätze angestrebt, zwischen Körper und Geist, zwischen Bewußtsein und Unterbewußtsein und zwischen dem männlichen und weiblichen Prinzip. Yogis glauben an eine vereinende kosmische Kraft, die für ein ewiges Gleichgewicht sorgt. Eine göttliche Mutterenergie erhält das Leben, während eine göttliche Vaterenergie es lenkt und ordnet.

Ein Teil der Lehre bezieht sich auf Körperübungen und wird Hatha-Yoga genannt, was soviel heißt wie »Vereinigung von Sonne und Mond«. Die Sonne symbolisiert dabei die bewußte, geistige Seite der menschlichen Natur, während der Mond die unbewußte körperliche Seite darstellt.

Ein weiterer Teil der Lehre wird Raja-Yoga (königliches Yoga) genannt. Er strebt die schöpferische Harmonie zwischen bewußten und unbewußten Kräften an, hauptsächlich durch Atemübungen und Meditation.

Beim Kundalini-Yoga vereinigt sich die Lebensenergie, die am unteren Ende des Rückgrats ihren Sitz hat, mit der von oben in den Körper eintretenden geistigen Energie oft mit erstaunlichen Ergebnissen.

Im ganzen gesehen bietet das Yoga-System eine Lebensweise, die alle Aspekte der menschlichen Natur miteinander vereinigt. Durch alle Yoga-Übungen wird die Verwirklichung des vollen menschlichen Potentials angestrebt, und das Ziel ist eine ausgeglichene und gesunde Persönlichkeit. Dadurch wird dem

Menschen wiederum geholfen, inneren Frieden zu finden und mit äußeren Problemen fertig zu werden.

Obwohl sich einige der indischen Lehren von der Wirklichkeit abwenden und zur Weltflucht, Askese und Versenkung hinführen, öffnen die meisten viele nützliche Perspektiven. Verglichen mit der Vielfalt und Tiefe der indischen Lehren, erscheinen unsere westlichen Weltvorstellungen einseitig, geistig verarmt und oberflächlich.

Das chinesische Yin/Yang-Konzept

Schon seit vorgeschichtlichen Zeiten glaubten die Chinesen, daß die Welt durch die Urkräfte Yin und Yang gestaltet wird. Sogar im heutigen kommunistischen China sind die meisten Menschen davon überzeugt, daß sie nur dann glücklich und erfolgreich sein können, wenn sie mit diesen kosmischen Kräften im Einklang leben. Beide Elemente werden als gleichwertig betrachtet, und zusammen ergeben sie Ki oder Chi, die Quelle der kosmischen Lebensenergie. Keine dieser Kräfte hat jedoch mit unserem Begriff »Gott« etwas zu tun. Das Wort »Gott« gibt es in der chinesischen Sprache nicht.

Das ewig wechselnde Zusammenspiel von Yin und Yang bestimmt nicht nur die Beziehung zwischen den Geschlechtern, sondern auch das Gleichgewicht zwischen allen anderen Paaren und Begriffspaaren, die eine polarisierte Einheit bilden, wie zum Beispiel:

Körper und Geist, Bewußtes und Unbewußtes, Ideal und Wirklichkeit, Himmel und Erde, rechts und links, Regierung und Opposition, oben und unten, Zweige und Wurzeln, süß und salzig, Tag und Nacht usw. Die Pole sind jeweils gleichwertig, sie ergänzen sich und brauchen einander. Wenn das normalerweise zwischen ihnen bestehende Gleichgewicht jedoch gestört wird, zeigen beide Teile ihre destruktiven und bösartigen Seiten. Unser Ziel ist daher nicht, den einen Pol auf Kosten des anderen zu fördern, weil er uns »besser« erscheint, sondern ein Gleichgewicht anzustreben, das beide Pole verbessert.

In diesem Punkt unterscheidet sich die fernöstliche Denkweise grundsätzlich von der unsrigen. Die chinesische Kultur, die älteste lebende Kultur der Welt, hat anscheinend einen Sinn für Ausgewogenheit und Humor entwickelt, der den meisten westlichen Menschen fehlt. Andererseits ist es jedoch kein Geheimnis, daß sich die Orientalen manchmal zu sehr auf diesen »sechsten Sinn« verlassen und sich in irrationalen Spekulationen und Aberglauben verlieren. Viele taoistische Schriften scheinen in diese Kategorie zu fallen, und wir müssen sorgfältig die Spreu vom Weizen trennen. Außerdem ist das erstrebte Yin/Yang-Gleichgewicht oft schwer zu erreichen, und es geht leicht verloren.

3. Die Beziehung zwischen Mann und Frau

Die Revolte gegen überlieferte Rollen

Die traditionellen Geschlechterrollen des starken Mannes und der »Zuckerpuppe« haben sich als unrealistisch und für beide Teile einschränkend erwiesen. Obwohl Männer und Frauen sich in vieler Beziehung unterscheiden, haben sie auch vieles gemeinsam. Jede Frau hat auch bestimmte männliche Yang-Eigenschaften, und jeder Mann hat bestimmte weibliche Yin-Eigenschaften. Der Mann mag am Arbeitsplatz eine herrschende Position haben, aber zu Hause überläßt er gern die sich auf Familie und Haushaltung beziehenden Entscheidungen seiner Frau. Eine Mutter mag in bezug auf ihren Mann eine weibliche Rolle spielen, gegenüber den Kindern aber als Beschützer und Lehrer auftreten. Wenn eine Frau berufstätig ist, muß sie oft in der Arbeitswelt eine »männliche« Rolle spielen. Ein Mann zeigt »weibliche« Züge, wenn er einen kranken Menschen pflegt.

Die menschliche Rasse hat sich als verhältnismäßig erfolgreich erwiesen, weil wir geistig anpassungsfähig sind und nötigenfalls alle möglichen Rollen spielen können. Darin unterscheiden wir uns von den Tieren, die vorwiegend auf eine bestimmte Rolle spezialisiert sind und instinktmäßig handeln. Gleichzeitig ist es offensichtlich, daß sich bei den Menschen die Geschlechter weitgehend differenziert haben und daß sich im Laufe der Jahrmillionen eine gewisse Arbeitsteilung innerhalb der Familie entwickelt hat. Männer und Frauen unterscheiden sich nicht nur körperlich, sondern auch geistig, und ihre Denkweise ist dementsprechend anders.

Aber in einer männlich orientierten Kultur wie der unsrigen

wird die männliche Rolle und Mentalität als interessanter und wichtiger betrachtet. Die Frau hat oft nur eine untergeordnete Funktion, wenn es darum geht, geistige, kulturelle und wirtschaftliche Leistungen zu produzieren. Sie ist meist nur dazu da, mehr Männer in die Welt zu setzen, die Männer zu pflegen und zu trösten, wenn sie von glorreichen Exkursionen zurückkehren, und den Männern als »Sexobjekt« zur Eroberung und zum Vergnügen zu dienen.

Frauen lehnen diese Einstellung ab, und Autorinnen der Frauenbewegung haben ihr Geschlecht gerechtfertigt, indem sie das entgegengesetzte Bild entwarfen. Sie wiesen darauf hin, daß die meisten prähistorischen Gesellschaften Göttinnen verehrten und weitgehend von Frauen regiert wurden.[5] Sie zitierten Historiker und Archäologen, denen zufolge diese Gesellschaften viel friedlicher, menschlicher und harmonischer lebten als die aggressiven und neurotischen Patriarchate der heutigen Zeit. Manche Frauenrechtlerinnen möchten die Geschlechterrollen am liebsten vertauschen. Ihrer Ansicht nach dient der Mann nur dazu, die Frau zu versorgen und zu beschützen. Im übrigen ist er dazu da, alle weiblichen Wünsche zu erfüllen und die unangenehmen und gefährlichen Arbeiten zu tun. Gehorsame Männer werden sexuell und anderweitig belohnt, und sie dürfen in der matriarchalen Hierarchie gewisse Repräsentationspflichten erfüllen.

Traditionelle Geschlechterrollen sind auch von Homosexuellen und Lesbierinnen in Frage gestellt worden, die glauben, daß rein heterosexuelle Rollen für beide Geschlechter grob und erniedrigend sind. Sie weisen auf die Tatsache hin, daß jede Frau männliche Züge hat und umgekehrt. Sie sind der Ansicht, daß die Menschen sich voller entwickeln können, wenn sie auch ihre latenten Seiten zum Ausdruck bringen.

Tatsächlich haben jedoch die meisten Menschen unter normalen Umständen keine solche Neigungen. Aber in Gefängnissen und anderen ungewöhnlichen Situationen, wo die Geschlechter jahrelang getrennt leben, äußern sich bei der Mehrheit bald homoerotische Gefühle und Handlungen. Ähnliches geschieht oft bei Menschen, die in »geistigen Käfigen« leben und aus dem einen oder anderen Grund keinen Kontakt zum anderen Geschlecht haben. Je komplizierter und unnatürlicher eine Gesellschaft wird, desto mehr scheint sie latente oder offene Homosexualität zu erzeugen. Viele anscheinend »normale« Bürger fühlen sich von der »Abnormität« bedroht, die sie in anderen sehen, weil sie vergeblich versuchen, ihre eigenen latenten Neigungen zu unterdrücken.

Was wir letzten Endes brauchen, ist nicht so sehr ein Auswechseln der Geschlechterrollen oder eine Abschaffung der Geschlechtsunterschiede, sondern ein neues Verständnis der Geschlechter. Frauen, die ihre angeborenen Yang-Eigenschaften entwickeln, können sich selbst voller verwirklichen und die Männer besser verstehen. Dasselbe gilt für Männer im umgekehrten Sinn. Wenn jedoch jedes Geschlecht auf das ureigene Gebiet des anderen Geschlechts vordringt, bringt das nur zusätzliche künstliche Rollen und verletzte Gefühle.

Wir können eine neue Perspektive gewinnen, indem wir die biologischen Grundgesetze des Lebens untersuchen und uns überlegen, warum die Geschlechtsunterschiede anfänglich entstanden sind. Die Biologie, die Wissenschaft vom Leben, kann uns verraten, warum die Natur die Geschlechter erfand.

Die Biologie und Zoologie des Sex

Man kann die Differenzierung der Geschlechter als einen späten Kunstgriff der Natur bezeichnen, durch die sie die Evolution der verschiedenen Lebewesen beschleunigt. Die ersten Kreaturen vermehrten sich einfach durch Zellteilung, indem sich jede Zelle in zwei Teile teilte und so fort. Erst viele Millionen Jahre später begannen einige Zellen, die Aufgabe der Fortpflanzung unter sich zu teilen, und so entstanden die Geschlechtsmerkmale. Nun konnten die fähigsten Individuen jeder Generation sich vereinen und neue Kombinationen überlegener Gene hervorbringen, die unter veränderten Lebensbedingungen größere Überlebenschancen hatten.

Biologen wissen, daß alle Chromosomen männliche und weibliche Komponenten haben und daß dies auch bei allen höheren Lebewesen und beim Menschen der Fall ist. Männer können als männlich-weibliche Organismen betrachtet werden, die nach außen hin orientiert sind, und Frauen erscheinen dementsprechend als weiblich-männliche Organismen, die mehr nach innen orientiert sind. Die männlichen Geschlechtsorgane sind nach außen gerichtet und die weiblichen nach innen. Bisexualität findet sich nur unter den primitivsten Lebewesen, bei denen die Geschlechterrollen noch nicht differenziert sind. Aber der menschliche Körper und Geist zeigt heute noch Spuren der evolutionären Vergangenheit.

Männer und Frauen unterscheiden sich hauptsächlich durch die verschiedenen Rollen, die sie bei der Fortpflanzung spielen. Eine Frau ist neun Monate lang schwanger, und sie nährt und versorgt danach das Kind für mehrere Jahre. Während dieser Zeit ist sie verhältnismäßig hilf- und schutzlos, und ihr Mann übernimmt gewöhnlich die Rolle des Beschützers. Wenn eine Frau keinen Mann hat, muß sie in dieser Zeit meist die Hilfe von Freunden, Verwandten oder Institutionen in Anspruch nehmen.

Dieselbe uralte Rollenverteilung zwischen den Geschlechtern läßt sich beispielsweise auch bei Gruppen von Affen beobachten, die durch neues Gebiet ziehen. Der äußere Rand der Gruppe wird jeweils von starken Männchen gebildet, während die Weibchen und Kinder zum Schutz gegen Raubtiere mehr in der Mitte bleiben. In unserer heutigen Gesellschaft der »nackten Affen« werden die Frauen nicht mehr von wilden Tieren bedroht, aber sie und ihre Kinder müssen vor anderen Gefahren beschützt werden. Die Männer gehen nicht mehr auf die Jagd, um Nahrung zu besorgen, aber sie müssen bei der Arbeit Konkurrenten besiegen, Märkte erobern und geistig auf neue Gebiete vorstoßen.

Diese Rollenverteilung ist so logisch und unvermeidlich, daß wir sie tausendfältig in allen Gesellschaften wiederholt sehen, mit wenigen Ausnahmen. Wir können darin ein weiteres Beispiel für die Yin/Yang-Struktur des Lebens sehen. Es versteht sich von selbst, daß Frauen auch andere Rollen spielen können, solange sie noch keine Kinder haben oder nachdem ihre Kinder selbständig geworden sind. Aber wenn sie als Mütter ihre Rolle nicht ernst nehmen oder die Kinder an »Bezugspersonen« weitergeben, dann werden die Kinder ihr Leben lang darunter leiden.

Wenn die Differenzierung zwischen den Geschlechtern ein Kunstgriff der Natur ist, dann kann man die Liebe zwischen Mann und Frau als einen weiteren Fortschritt in der Evolution betrachten. Primitive Lebewesen paaren sich einfach, leben aber danach nicht zusammen, und der Nachwuchs bleibt sich selbst oder der Mutter überlassen. Bei den Menschen und höheren Tieren brauchen die Jungen dagegen jahrelang viel Schutz und Liebe. Die Eltern müssen ein gemütliches »Nest« schaffen und für eine harmonische Atmosphäre sorgen. Ein Elternpaar, das von einem starken Band der Liebe zusammengehalten wird, zieht in der Regel gesündere Kinder auf, die bessere Überlebenschancen haben, als ein Paar, das im Unfrieden oder in Scheidung lebt.

Das geheimnisvolle weibliche Geschlecht

Männer und Frauen versuchen fortwährend, sich gegenseitig zu verstehen, mit wechselndem Erfolg. Männer betrachten Frauen oft als geheimnisvolle Geschöpfe, die mit tiefer Weisheit und übernormalen Fähigkeiten begabt sind – oder als irrationale und launische »dumme Puten«. Frauen bewundern andererseits oft ihre Männer als geniale und willensstarke Helden – oder sie verachten sie wegen ihrer Kälte und Grobheit.

Dieser grundsätzliche Unterschied zwischen den Geschlechtern läßt sich leicht durch die Polarität zwischen Yin und Yang erklären. Dieselbe Polarität besteht auch innerhalb jedes Menschen zwischen dem Bewußtsein und Unterbewußtsein.

Der Yang-Geist bewährt sich am besten, wenn er sich mit äußeren Ereignissen beschäftigt, und zwar mit einem Ereignis nach dem anderen in logischer Reihenfolge. Er hat jedoch nicht die Fähigkeit, mehrere Aufgaben gleichzeitig zu erledigen oder eine Situation intuitiv zu erfassen.

Der Yin-Geist kann dagegen die Wirklichkeit in breiten, bunten Bildern erfassen. Er begreift die Dinge auf umfassende und synchrone Weise. Er ist von Natur aus unfähig, in logischer Reihenfolge zu denken. Jedoch fühlt er spontan, ob eine Sache »in Ordnung« ist oder nicht, ohne diese Gefühle im einzelnen rational erklären zu können. Wenn er gezwungen wird, eine Erklärung abzugeben, bringt er gewöhnlich eine irrationale oder irreführende Antwort hervor. Träume sind ein Ausdruck des Yin-Geistes. Obwohl sie eine tiefe Bedeutung haben, lassen sich die verwirrenden Bilder schwer vom Verstand interpretieren.

Der Yin-Geist hat auch die Fähigkeit, sich den Anfang und das Ende einer Entwicklung bildlich vorzustellen oder räumliche und zeitliche Verbindungen intuitiv zu erfassen. Diese Fähigkeiten, die an das Magische und Paranormale grenzen, finden sich mehr oder weniger bei allen Menschen, sie sind jedoch bei Frauen mehr ausgeprägt. Sie äußern sich schöpferisch und konstruktiv, solange die Geschlechter sich verstehen, werden aber bei Konflikten destruktiv.

Die Harmonie zwischen Mann und Frau

Männer und Frauen sind gewissermaßen zwei Seiten derselben Münze, und sie neigen von Natur aus dazu, miteinander zu harmonieren. Sie sind einfach »füreinander geschaffen«. Aber wegen ihrer unterschiedlichen Funktionen betrachten sie das Leben aus verschiedenen Blickwinkeln, und dies kann zu gelegentlichen Reibungen führen.

Die Partner können solche Konfliktperioden nur dann erfolgreich durchstehen, wenn sie sich grundsätzlich gegenseitig vertrauen. Gegenseitiges Vertrauen basiert wiederum auf Selbstvertrauen. Menschen, die sich selbst heimlich verachten und das Selbstvertrauen des Partners durch Sticheleien zu stören suchen, können kein harmonisches Verhältnis aufrechterhalten. Es kann natürlich vorkommen, daß ein Mensch von vornherein einen unpassenden Partner gewählt hat. Meistens beruht jedoch der Konflikt auf mangelnder innerer Harmonie.

Ein Mann kann nur dann eine Frau wirklich verstehen und lieben, wenn er mit seiner eigenen Yin-Natur harmoniert, und eine Frau kann ihm helfen, diese Harmonie zu finden. Solange er seine Gefühle unterdrückt oder seinen Körper verachtet, kann seine Liebe nur oberflächlich bleiben. Dementsprechend kann die Frau einen Mann nur dann wirklich verstehen und lieben, wenn sie mit ihrer Yang-Natur im Einklang steht. Solange sie mit der Logik nicht zurechtkommt und männliche Führung auf gewissen Gebieten ablehnt, kann ihre Liebe für ihn nur oberflächlich bleiben. Naturgemäß hat die Frau meist die bessere Intuition, wenn es sich um Yin-Aspekte des Lebens (wie Liebe) handelt, während der Mann mehr Begabung bei der Behandlung von Yang-Aspekten (wie äußerem Erfolg) zeigt.

Männer und Frauen können ineinander nur dann die besten Eigenschaften hervorbringen, wenn sie mit den Gegensätzen klarkommen, die mit der männlich-weiblichen Polarität eng verbunden sind. *Konflikte* ergeben sich notwendigerweise, wenn die Menschen

— den Körper verachten und die körperliche Liebe als niedrig oder sündhaft betrachten,

— nie ihren Gefühlen folgen und alles vom Verstand her regeln,

— alles logisch erklären wollen und die Poesie des Lebens übersehen,

— sich zu sehr nach der Umwelt richten und innere Bedürfnisse vernachlässigen,

— in einer geistigen Welt schweben und auf die materielle Ebene herabblicken.

Ein *harmonisches Verhältnis* ergibt sich leichter, wenn die Partner

— eine gesunde Einstellung zum Körper haben, ohne sich jedoch von körperlichen Bedürfnissen gänzlich beherrschen zu lassen,

— ihren Gefühlen freien Ausdruck geben, und zwar auf taktvolle und vernünftige Weise,

— ihrer schöpferischen Intuition freien Lauf lassen, ohne jedoch kindisch und abergläubisch zu werden,

— ihre inneren Bedürfnisse nach Liebe und Gemütlichkeit

befriedigen, ohne dabei ihre gesellschaftlichen und anderen Verpflichtungen zu vergessen,
— für ihre materiellen Bedürfnisse sorgen, ohne dabei ihre höheren und geistigen Ambitionen außer acht zu lassen.

Eine sinnvolle Beziehung zwischen Mann und Frau muß alle diese Aspekte umfassen, wenn sie wirklich harmonisch sein soll. In unserer westlichen Kultur wirken jedoch starke Kräfte, um ein solches harmonisches Gleichgewicht zu zerstören, wie das folgende Kapitel zeigt.

4. Das Leben ist ein Balanceakt

*Erfolgreiche
Neurotiker und glückliche Versager*

Man kann das Leben als eine fortwährende Bemühung betrachten, das Gleichgewicht zwischen inneren und äußeren Umständen zu bewahren. Man muß mit der Umwelt fertig werden, und man muß auch mit sich selbst klarkommen. Ebenso muß ein Ehepaar versuchen, ein gesundes Gleichgewicht zu finden zwischen äußeren und inneren Bedürfnissen. Nach außen hin bemüht sich das Ehepaar, wirtschaftlich und gesellschaftlich erfolgreich zu sein, und nach innen hin möchten Mann und Frau sich so gut wie möglich verstehen. Der Mann interessiert sich gewöhnlich mehr für den äußeren Erfolg, während die Frau ein stärkeres Bedürfnis für Sicherheit und dauernde Liebe hat. Auch politische und kommerzielle Organisationen müssen sich einerseits gegen Konkurrenz behaupten und andererseits für innere Harmonie sorgen. Diese innerlich-äußerliche Problematik findet sich übrigens bei allen Lebewesen von der Amöbe bis zum höheren Tier.

Ist nun der innere oder der äußere Bereich wichtiger? Es gibt Kulturen, die auf die innere Harmonie mehr Wert legen. Andere Kulturen sind mehr auf äußeren Erfolg und Umweltbeherrschung ausgerichtet. Ganz allgemein kann man sagen, daß die männlich orientierten Kulturen im äußeren Bereich erfolgreicher sind, während die mehr weiblich betonten Kulturen besser geeignet sind, innere Zufriedenheit herzustellen. In allen Kulturen finden sich natürlich beide Elemente, aber das eine oder andere überwiegt oft.

Unsere eigene, von der Vaterreligion geprägte Kultur predigt zwar auch den Frieden, die Liebe und die innere Harmonie, sie hat sich aber auf diesen Gebieten nicht als besonders erfolgreich erwiesen. Der männliche (Yang) Geist neigt dazu, die männlichen Tugenden höher zu schätzen als die weiblichen. Die meisten westlichen Menschen legen auf äußeren Erfolg mehr Wert als auf innere Harmonie. Sie bewundern den Mann, der Konkurrenten besiegt, technische Erfindungen macht oder Feinde umbringt, beachten aber kaum die Frau, die ein glückliches Zuhause schafft, gesundes Essen bereitet und lebensfrohe Kinder aufzieht. Sie feiern glorreiche und teure Flüge zum Mond, tun aber wenig gegen die Kriminalität und Dekadenz in den Großstädten. Sie gehen sonntags zur Kirche, um den himmlischen Vater anzubeten, und verschmutzen und vergewaltigen während der Woche die Mutter Erde.

Damit soll nicht gesagt sein, daß die inneren Funktionen wichtiger sind als die äußeren. Jeder lebende Organismus braucht eine harte Schale, um in Notfällen zu überleben. Er muß für Lebensraum und eine materielle Grundlage sorgen und sich gegen Feinde behaupten. Er muß geistig beweglich und auf Neuerungen bedacht sein. Wenn er diese Dinge mißachtet und sich nur noch um seine inneren Bedürfnisse wie Seelenfrieden, Selbstverwirklichung, sinnliche Genüsse und Fortpflanzung kümmert, wird er nicht lange überleben können. Aber ein Organismus, der in das andere Extrem geht und die inneren Bedürfnisse mißachtet, hat geringe Überlebenschancen, weil er schwer an inneren Konflikten leidet. Er mag im üblichen Sinne erfolgreich sein, wird aber fortwährend von Neurosen und psychosomatischen Krankheiten geplagt. In äußerlich orientierten (Yang) Gesellschaften wie der unsrigen sieht man daher viele »erfolgreiche Neurotiker«, während in innerlich orientierten (Yin) Gesellschaften wie der indischen die Mehrzahl der Menschen eher als »zufriedene Versager« bezeichnet werden können.

Solche Extreme sind kaum erstrebenswert, sie bringen nicht die besten Eigenschaften in den Menschen hervor. Das Ideal ist seit jeher, eine ausgewogene Kultur zu schaffen, die äußere und innere Bedürfnisse gleichermaßen befriedigt. Was wir alle letzten Endes brauchen, ist nicht totaler äußerer Erfolg oder lebenslanger Seelenfrieden, sondern ein wenig von beidem.

Zum Thema Erfolg und Mißerfolg fallen einem zwei extreme Beispiele ein: Juden und Hindus. In Indien sieht man viel Armut, Krankheit und Hunger, und dies wird anscheinend von der Bevölkerung als normal hingenommen. Die meisten indischen religiösen Schriften beschreiben das Leben als eine bloße Vorstufe zur nächsten Inkarnation. Die Menschen erwarten, bei jeder Wiedergeburt in bessere Umstände hineingeboren zu werden, bis sie zuletzt von der Misere des menschlichen Lebens befreit werden und im Universum aufgehen. Was sie in diesem Leben erreichen wollen, ist daher nicht Erfolg und materieller Besitz, sondern die Harmonie mit den kosmischen Gesetzen durch Meditation und Enthaltung. Bei der indischen Wertskala steht die Vereinigung mit dem inneren Selbst obenan, und dieses Ziel wird durch geistige und körperliche Yoga-Übungen angestrebt.

Bei dieser innerlichen Suche sind die Hindus auch meistens sehr erfolgreich, und viele Menschen aus dem Westen sind ihre Lehrlinge geworden. Die Yogis können uns zweifellos lehren, wie wir uns von der übertriebenen Sorge um materielle Güter befreien. Durch geistige Yoga-Übungen können wir unsere ruhelose, hektische und gierige Lebensweise ablegen. Der typische Yogi braucht nur eine Höhle und eine Handvoll Reis pro Tag, um den erstrebten Seelenfrieden zu finden. Aber wo kommt die Handvoll Reis her, und wer wird die nächste Yogi-Generation hervorbringen? Die Antwort ist einfach: Kosmische Kräfte sorgen immer dafür, daß die Bedürfnisse erleuchteter Menschen erfüllt werden. Da diese Menschen darüber hinaus nach ihrem Tod in einer erleuchteten Familie wiedergeboren werden, erübrigt sich die Notwendigkeit für umständliche sexuelle Fortpflanzung.

Am anderen Ende der Erfolgsskala findet man die Juden, die eine äußerst erfolgreiche, wohlhabende und einflußreiche Minderheit in vielen Ländern der Welt bilden. Ebenso wie die Inder gehören sie der indoeuropäischen Völkergruppe an und unterscheiden sich vermutlich in bezug auf ihr Intelligenzniveau nicht wesentlich von diesen. Aber ein enormer Unterschied besteht darin, wie sie ihren Verstand benutzen und für welche Zwecke. In ihren religiösen Schriften werden sie fortwährend daran erinnert, daß sie in dieser Welt erfolgreich sein müssen, daß sie ihren Reichtum vermehren müssen und daß Gott sie dazu auserwählt hat, die Welt zu beherrschen. Durch ihren geistigen Eroberungsdrang sind sie oft auf unerforschten Gebieten erfolgreich, und sie haben eine unverhältnismäßig große Anzahl von Nobelpreisen erworben. In ihren Synagogen und Schulen werden sie ermutigt, zu fragen und zu diskutieren. In ihrem Denken sind sie oft origineller als die Christen, die sich in ihren Kirchen geduldig die Weisheiten eines großen jüdischen Wegbereiters (Jesus) anhören. Aber während die Christen dazu erzogen werden, als fromme Lämmer Gottes durch das Leben zu gehen, betont die jüdische Lehre die erbarmungslosen Gesetze des Moses und Jehova.

Daß Jehova ursprünglich ein Kriegsgott war und dem Mars in der römischen Mythologie entspricht, wurde bereits erwähnt. Moses wird manchmal als der größte Gesetzgeber aller Zeiten bezeichnet, und sein Leben ist in der Bibel ausführlich beschrieben. Bevor er die Juden aus Ägypten herausführte, erwarb er eine Frau, indem er deren Mann ermordete. Dies war vielleicht bei den Nomadenstämmen kein außergewöhnliches Ereignis, und als Moses später die Zehn Gebote formulierte, bezogen sich zwei von ihnen auf die Themen: »Du sollst nicht deines Nachbarn Weib begehren« und »Du sollst nicht töten«. Als er jedoch die Juden in das gelobte Land (das heutige Israel) führte, befahl er ihnen, alle Siedlungen zu zerstören und alle Männer, Frauen und Kinder zu töten. All dies entspricht dem männlichen (Yang) Erfolgsstreben und dem vom Vatergott anbefohlenen Eroberungsdrang.

Im Gegensatz dazu steht das Bestreben des Yogi, inneren Frieden zu finden und kein lebendes Wesen zu töten. Natürlich gibt es auch in Indien von Zeit zu Zeit Kriege, aber die gesamte Kultur ist nicht auf Erfolg und Eroberung ausgerichtet. Das jüdische Erfolgsstreben ist dagegen einmalig, und es wirkt sich nicht unbedingt zum Segen der Juden aus. Es bewirkt, daß ihr Leben ruhelos, hektisch und schuldbeladen wird und daß ihre aggressive Haltung Gegendruck erzeugt. Es erlaubt ihnen selten die innere Ruhe, die nötig wäre, um den Reichtum und die Macht zu genießen, die sie so leicht zu erwerben scheinen. Viele Juden wenden sich daher heute der Yoga-Lehre zu, um zu lernen, wie man auch ohne viel Geld und Macht glücklich werden kann. Andererseits haben sich heute schon viele Gurus angewöhnt, die von der Vaterreligion geförderte zielbewußte und systematische Denkweise anzuwenden. Es war schon immer so, daß Yin und Yang viel voneinander lernen können.

Der Osten und Westen in uns

Der weltweite Austausch von Gedanken beschleunigt sich zusehends, und die verschiedenen Kulturen lernen viel voneinander. Der von der Vaterreligion geprägte Westen übernimmt bestimmte Denkweisen vom Osten und umgekehrt. Unsere vom Verstand beherrschte, männlich orientierte Kultur zieht unmerklich die Yin-Einflüsse an, die zu einem ausgewogeneren Zustand führen können. Vor hundert Jahren lag der Ferne Osten noch am Ende der Welt, aber heute sind östliche Dinge und Ideen schon Teile unseres täglichen Lebens geworden. Die Konkurrenz zwischen Ost und West ersetzt allmählich manche überholten Vorstellungen, und eines Tages wird man auf das zwanzigste Jahrhundert als eine altmodische und provinzielle Epoche zurückblicken.

In der folgenden Liste vergleichen wir unsere westliche Mentalität mit der fernöstlichen und weisen auf mögliche Kompromisse und Synthesen hin. Das Einteilungsprinzip darf natürlich nicht als starres Schema gesehen werden, denn in Wirklichkeit gibt es *den* westlichen Menschen oder *den* östlichen gar nicht. Manche Franzosen sind beispielsweise in ihrer Denkweise sehr chinesisch, und manche Japaner wirken recht amerikanisch. Die Liste bezieht sich mehr auf den Fernen Osten als auf Indien oder den Nahen Osten. Die indoeuropäischen Kulturen sind mehr oder weniger miteinander verwandt, während der Ferne Osten vom Wesen her verschieden ist und uns daher interessantere Kontraste bieten kann.

Im Westen machen wir oft den Fehler, die indische Kultur mit der chinesischen in einen Topf zu werfen. In vielerlei Hinsicht gehören jedoch Indien und der Nahe Osten noch zum »Westen«. China degegen liegt hinter der Wüste Gobi und repräsentiert eine andere Welt.

Westen (mehr männlich orientiert)	Osten (mehr weiblich orientiert)
Individualistisch, unternehmend, aber auch einsam, egoistisch und habsüchtig.	Gemeinschaftsorientiert, Güter werden geteilt, aber die Rechte des einzelnen werden weniger respektiert.
Fortschrittlich, auf Neuerungen bedacht, aber auch oberflächlich und wurzellos.	Beruht auf bewährten Traditionen, klammert sich aber oft an überholte Formen, Zeremonien und Ideen.
Beherrscht die Umgebung und die Natur, zerstört aber leicht das natürliche Gleichgewicht.	Harmoniert besser mit der Natur, leidet aber auch oft durch sie oder läßt sich von Umständen beherrschen.
Dem Himmel zugewendet, mit hohen Idealen und großen Ansprüchen, aber auch arrogant und ohne Gefühl für irdische und körperliche Bedürfnisse.	Steht mit beiden Beinen auf der Erde, hat keine großen Illusionen und kennt keinen allmächtigen Gott im Himmel. Anspruchslos und ohne feste Prinzipien.
Den Körper beherrschend, aber auch körperfeindlich und körperliche Bedürfnisse unterdrückend.	Im Einklang mit dem Körper, aber auch oft von körperlichen Bedürfnissen beherrscht.
Aktiv, eifrig, aggressiv, aber auch unfähig, sich zu entspannen und die Natur ihren Lauf nehmen zu lassen.	Im Einklang mit dem »inneren Selbst«, dem ruhigen Schwerpunkt, verliert aber oft die Initiative im Umgang mit der Außenwelt.
Kann den Geschlechtstrieb kontrollieren oder sublimieren, ist aber oft gefühlskalt oder unnatürlich.	Natürliche Einstellung zur Erotik, aber oft von Gefühlen und sinnlichen Leidenschaften beherrscht.
Rational, logisch und systematisch, aber auch kalt, starr und einseitig.	Intuitiv, gefühlsmäßig und sinnlich, aber auch irrational, unzuverlässig, unberechenbar und abergläubisch.
Ärzte betrachten den Körper als widerwillige Maschine, die oft mit komplizierten Methoden repariert werden muß.	Ärzte verstehen die menschliche Natur und ihre Gesetze des Heilens, aber ihre Methoden sind oft irrational.
Technologie wird als Selbstzweck betrachtet und zur höchsten Blüte getrieben, dient aber oft nicht mehr den menschlichen Bedürfnissen.	Man macht von der Technologie nur im Notfall Gebrauch und hat kein richtiges Verständnis dafür, muß aber daher oft ohne Hilfsmittel auskommen.
Man wendet sich mehr der Außenwelt zu und will einen Eindruck machen, verliert aber leicht den Kontakt mit dem »inneren Selbst« und wird neurotisch.	Man lebt mehr im Einklang mit der menschlichen Natur und den inneren Bedürfnissen, kann sich aber weniger gut gegenüber äußeren Umständen behaupten.

Yin und Yang: das dynamische Verhältnis

Die Yin/Yang-Polarität äußert sich in allen Lebensbereichen in unzähligen Variationen. Aber der menschliche Geist kann sie sich am besten am Beispiel des Verhältnisses zwischen Mann und Frau vorstellen.

Im Gegensatz zu den im Westen üblichen starren Denkmodellen handelt es sich bei Yin und Yang um ein dynamisches und stetig wechselndes Verhältnis. Beispielsweise wird die Beziehung zwischen Mann und Frau nicht durch starre Formen bestimmt, sondern entwickelt jeden Tag neue Überraschungen. Es werden keine stereotypen Rollen gespielt, und dies kommt in dem bekannten Yin/Yang-Symbol gut zum Ausdruck: Jedes

der beiden Elemente enthält den Keim des anderen in der Form des dunklen und hellen Punktes. Beide Elemente sind in einer dynamischen, tanzenden Form vereint. Heute ist vielleicht das Yin-Element obenauf, aber morgen kann die Yang-Eigenschaft überwiegen. Jetzt übernimmt der Mann die Initiative, aber im nächsten Moment ist die Frau zuständig. Morgens treffe ich Entscheidungen mit Hilfe meines Verstandes, aber abends lasse ich mich vielleicht mehr von meinen Gefühlen leiten. Dieses Jahr ist die politische Rechte am Steuer, aber nächstes Jahr wird auf Linkskurs gedreht. Heute proklamiert die Rechte eine umweltfeindliche Politik, aber morgen nimmt sie einige Ideen der Grünen in ihr Programm auf.

Das Leben sucht fortwährend nach dem Gleichgewicht, das der Zeit und dem Ort entspricht. Jede Tugend wird zum Laster, wenn sie übertrieben wird. Jedes unpassende Element findet seinen Platz, sobald die richtige Balance gefunden ist. Ein ausgewogener und klarer Geist kann aus dem Chaos Ordnung schaffen – und ein einseitiger Geist wird alles aus dem Gleichgewicht bringen, was er berührt.

Außen (mehr Yang)	Innen (mehr Yin)
männlich	weiblich
Vater	Mutter
Himmel	Erde
Gottvater	Mutter Erde
Sonne	Mond
Bewußtsein	Unterbewußtsein
Verstand	Gefühl
Logik	Intuition
Ich, Ego	inneres Selbst
Wachzustand	Traumzustand
Geist	Körper
Kopf	Herz
rechte Körperhälfte	linke Körperhälfte
linke Gehirnhälfte	rechte Gehirnhälfte
Großhirn	Stammhirn
Geist	Materie
Form	Inhalt
Ideal	Wirklichkeit
Theorie	Praxis
absolut	relativ
Haben	Sein
Tätigkeit	Ruhe
Spannung	Entspannung
Höhe (sichtbar)	Tiefe (unsichtbar)
Licht	Dunkelheit
nach außen orientiert	nach innen orientiert
entschieden, aufgeweckt	im Strom des Lebens fließend
herrschend, manipulierend	mit dem Leben eins sein
auf Neuerungen bedacht	den Gewohnheiten folgend
konflikt- und risikoorientiert	Gefahr vermeidend, friedlich
allein, vereinzelt	gesellig und gemeinschaftsbezogen
naturfeindlich	naturfreundlich
Energie verbrauchend	mit Energie haushaltend
konstruktiv oder destruktiv	heilend und erhaltend
abstrakt, ordentlich, nüchtern	organisch, fließend, geheimnisvoll
Regierung	Opposition
politische Rechte	politische Linke
Autorität, Hierarchie	Gleichheit, Zusammenarbeit
Privatbesitz	Allgemeinbesitz
Patriarchat	matrilineare Gesellschaftsordnung

Es gibt verschiedene Methoden, mit denen man das erwünschte innere Gleichgewicht erreichen und erhalten kann, und diese werden in Kapitel 10 besprochen. Sobald der innere Geist mit dem äußeren harmoniert, bekommt man ein tieferes Verständnis dafür, wie auch in allen anderen Bereichen des Lebens das innere Element mit dem äußeren in Einklang gebracht werden kann. Als Beispiele kann man die in der Tabelle (S. 40) genannten Begriffspaare aufführen.

Es ist wichtig, hier nicht zu vergessen, daß die beiden Spalten prinzipiell gleichwertig sind. Manchen Lesern mag es beispielsweise zunächst schwerfallen, einzusehen, daß die Materie ebenso wichtig ist wie der Geist (das Wort »Materie« bedeutet übrigens »mütterlich«) oder daß die Praxis nicht weniger wichtig ist als die Theorie. Die beiden Elemente in jedem Begriffspaar ergänzen sich und zeigen nur dann ihre unerwünschten Eigenschaften, wenn sie miteinander in Konflikt geraten.

Alle solche Listen sind natürlich nur Denkmodelle und sollten mit Hinblick auf die Wirklichkeit benutzt werden, in der die beiden Seiten nie getrennt voneinander vorkommen.

5. Väter und Mütter

Das Gleichgewicht in der Familie

In den von der Vaterreligion geprägten westlichen Kulturen findet sich selten ein gesundes Gleichgewicht zwischen väterlichen und mütterlichen Einflüssen in der Familie. Auch unsere biblische Mythologie bietet uns keinerlei Vorbild dafür: Der himmlische Vater hat keine ebenbürtige Frau, die Jungfrau Maria hat nur einen platonischen Gefährten, und auch der Sohn ist unverheiratet. Im Fernen Osten dreht sich dagegen das ganze Leben um die Familie, und im *Buch der Wandlungen* wird, wie wir gesehen haben, die kosmische Ordnung als eine Familie von Vater, Mutter, drei Söhnen und drei Töchtern dargestellt.

In den westlichen Familien wird die väterliche Rolle gewöhnlich höher geschätzt als die mütterliche. Diese grundlegende Einstellung spiegelt sich nicht nur in Gebeten wie dem Vaterunser wider, sondern auch in den Gesetzen und Gebräuchen, die dem Vater viele ungerechtfertigte Vorteile einräumen. Dementsprechend wird auch der väterliche Einfluß auf die Kinder meist als entscheidender empfunden als der mütterliche. Die Mutter sorgt zwar für das körperliche Wohl des Kindes, aber der Vater prägt angeblich die geistige Entwicklung und führt das Kind später in den »Ernst des Lebens« ein.

Auch Mütter empfinden oft ihre Rolle bewußt oder unbewußt als zweitrangig und auf die materielle (= mütterliche) Ebene beschränkt. Nicht selten haben sie das Gefühl, daß sie eigentlich »wichtigere« Dinge zu tun hätten. In vielen »besseren Familien« der westlichen Länder war es bis vor kurzem üblich, die Babys den Kindermädchen zu überlassen. Schulreife Kinder wurden dann auf ein Internat geschickt, bis sie reif genug waren, die Aufmerksamkeit der Eltern zu verdienen. Man ging von der Vorstellung aus, daß Kinder lediglich Nahrung und Schulwissen brauchen, um sich voll zu entwickeln. In manchen Familien fiel man auch in das entgegengesetzte Extrem: Die Kinder wurden mit mütterlicher Aufmerksamkeit überschüttet und dem väterlichen Einfluß entzogen. Sie wurden verwöhnt und entwickelten keine Selbständigkeit und innere Disziplin. Später im Leben waren sie gewöhnlich den harten Anforderungen der Wirklichkeit nicht gewachsen. Die von der Mutter vernachlässigten Kinder fühlen sich dagegen als Erwachsene allein und verlassen, und sie entwickeln kein gesundes Selbstvertrauen.

Im Laufe der Geschichte sind verschiedene Versuche gemacht worden, Kinder ohne Hilfe von Eltern aufzuziehen. Besonders in Diktaturen war man darauf bedacht, Untertanen zu produzieren, die nur dem Staat verpflichtet waren. Außerdem sollten die Eltern weniger Zeit und Energie an die Kinder verschwenden und sich mehr dem Staat widmen. Ein solches gesellschaftliches Modell wird u. a. in Platos *Staat* beschrieben. Im Mittelalter versuchte ein König sogar, zwei Kinder in völliger Isolation aufzuziehen. Er wollte herausfinden, welche Sprache die Kinder sprechen würden. Die Kinder sprachen jedoch überhaupt nicht, und sie starben in ihrer späten Jugend – vermutlich wegen Mangels an elterlicher Liebe.

Experimente im kommunistischen Rußland haben erwiesen, daß die in öffentlichen Internaten ohne Mütter großgezogenen Kinder abnormale Eigenschaften entwickelten. In amerikanischen Kommunen hat sich herausgestellt, daß das gemeinschaftliche Aufziehen von Kindern sich nicht bewährt. Andere Studien und Experimente kamen zu demselben Schluß: Kinder brauchen mütterliche Liebe – besonders in den ersten Jahren. Auch die Verschiedenheit der Beziehungen in einer größeren Gemeinschaft wirkt sich günstig auf sie aus, aber ohne eine enge Mutter-Kind-Bindung können sie sich nicht normal entwickeln.

Der Charakter eines Menschen wird weitgehend vor dem dritten Lebensjahr geprägt, und die Mutter ist für das Baby der erste und wichtigste menschliche Kontakt. Aber bereits vor der Geburt wird der Embryo vom körperlichen und geistigen Zustand der Mutter beeinflußt. Jeder Mangel an Harmonie wirkt sich auf den Embryo aus, und jeglicher Streß kann Schaden verursachen. Die Babys von rauchenden und trinkenden Müttern sind beispielsweise gewöhnlich kleiner, nervöser und ruheloser. Sogar anscheinend harmlose Medikamente wie Aspirin oder Schlafmittel können schädliche Folgen haben. Die Ernährung der Mutter während der Schwangerschaft beeinflußt natürlich auch die körperliche und geistige Gesundheit des Kindes.[6]

Harry Harlow führte die bekannten Versuche mit Rhesusaffen aus, um die Wirkung des »Mutterentzugs« zu erforschen.[7] Seine Resultate ergaben, daß die Affenbabys, die nicht von den Müttern umsorgt und gestreichelt worden waren, als Erwachsene neurotisch wurden. Sie stritten sich oft mit den anderen Affen und waren an Liebesbeziehungen nicht interessiert. Ähnliche Symptome kann man bei menschlichen Kindern beobachten, die in sterilen modernen Krankenhäusern zur Welt kommen, wo die Mutter durch Anästhesie bewußtlos gemacht und das Kind durch gewaltsame Eingriffe entbunden und dann von der Mutter räumlich getrennt aufbewahrt wird. Eine wachsende Anzahl von Frauen entdeckt jedoch jetzt die tiefe Befriedigung der natürlichen Geburt ohne Anästhesie – mit sanfter Behandlung des Babys und viel Körperkontakt.[8]

In dem Buch *Auf der Suche nach dem verlorenen Glück* beschreibt Jean Liedloff ihre Erfahrungen mit einem Indianerstamm im Urwald von Venezuela.[9] Diese Indianer fielen ihr zuerst durch ihre natürliche Art und ihr glückliches Zusammenleben auf. Erst später wurde ihr klar, daß dies auf die liebevolle Behandlung der Kinder zurückzuführen war. Die meiste Zeit wurden diese von den Müttern im Arm oder auf dem Rücken getragen.

Zwischen Mutter und Kind bestand eine ganz selbstverständliche menschliche Beziehung, die jedoch nie in Verwöhnung ausartete. Wenn ein Kind schrie, wurde es sofort aufgehoben und getröstet – ebenso selbstverständlich, wie einem schreienden Erwachsenen geholfen wurde. Die Indianer teilten nicht die in vielen westlichen Familien verbreitete Ansicht, daß Schreien gesund ist und daß die Kinder sich möglichst früh an die Härte des Lebens gewöhnen müssen.

Die Autorin kam zu dem Schluß, daß die meisten Neurosen in den westlichen Gesellschaften darauf zurückzuführen sind, daß sich die Menschen in ihrer Kindheit vernachlässigt fühlen. Als Erwachsene sind sie sich dessen jedoch nicht mehr bewußt, und sie versuchen verzweifelt, ihre unbewußte Sehnsucht durch allerlei Ersatzbefriedigungen zu erfüllen. Bei manchen äußert sich dies in einer krankhaften Habgier nach Geld und Besitz. Andere versuchen, ihr gehemmtes Liebesbedürfnis dadurch zu befriedigen, daß sie von einer sexuellen Eroberung zur anderen schreiten wie Casanova, der übrigens auch von seiner Mutter vernachlässigt war. Jean Liedloff fand unter den Indianern nur einen einzigen ruhelosen und aggressiven Menschen. Es handelte sich dabei um einen Mann, der als Kind in einer christlichen Mission außerhalb des Urwaldes aufgezogen worden war, der also einige Jahre lang dem westlichen Einfluß ausgesetzt war.

Offensichtlich ist die enge Beziehung zwischen Mutter und Kind in den ersten Lebensjahren eine biologische Notwendigkeit. Während dieser Zeit brauchen Mutter und Kind viel Schutz und Unterstützung, was normalerweise durch den Vater geboten wird. Die Frau wird eine bessere Mutter, wenn sie sich von ihrem Mann geliebt und beschützt fühlt, und das Kind gedeiht besser in dieser liebevollen Atmosphäre. Kinder, die so aufwachsen, entwickeln ein gesundes Selbstvertrauen und sind als Erwachsene selbständig und liebesfähig.

In den männlich orientierten westlichen Gesellschaften wird jedoch diese Atmosphäre wenig kultiviert, und der Familie wird auch verhältnismäßig wenig Wert beigemessen. Der westliche Mensch denkt mehr an die Errungenschaften des einzelnen, während im Fernen Osten (und bei manchen Indianerstämmen) die Familie im Mittelpunkt des Interesses steht. Der chinesische Schriftsteller Lin Yutang, der mehrere Jahre in den USA verbrachte, sagte dazu:

»Um eine Zivilisation zu beurteilen, braucht man sich nur zu fragen, welche Sorte Männer und Frauen und Väter und Mütter sie hervorbringt. Gemessen an diesem verblüffend einfachen Prüfstein, verlieren alle anderen menschlichen Errungenschaften weitgehend ihre Bedeutung: Kunst, Philosophie, Literatur und materieller Fortschritt.«[10] Manches »heidnische« oder »unterentwickelte« Land ist uns in dieser Beziehung überlegen.

Vater, Mutter, Kinder

In der patriarchalischen Hierarchie nimmt der Vater die oberste Stellung ein, und man stellt sich die Familienstruktur meist als eine Pyramide vor:

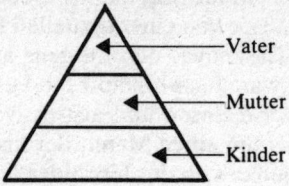

Nun kann man dieses Gedankenmodell aber auch anders auffassen, indem man sich die Familie als einen Kreis vorstellt. Das fällt uns leicht, da wir ja oft vom »Kreis der Familie« sprechen:

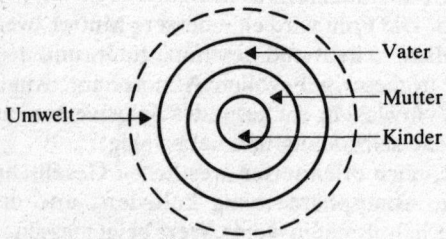

Dem Vater fällt jetzt die Rolle zu, Mutter und Kind gegen die Umwelt zu beschützen. Die Mutter sorgt wiederum für die Kinder, die den Kern des Kreises bilden. Im Mittelpunkt des Interesses steht also jetzt nicht mehr der Vater, sondern das Kind, die zukünftige Generation. Der Vater wird jetzt ein Mittel zum Zweck der Fortpflanzung.

Diese beiden extremen Gedankenmodelle kann man nun miteinander vereinen, um ein realistisches Gleichgewicht zu gewinnen. Dadurch erübrigt sich die Frage nach der Raumordnung:

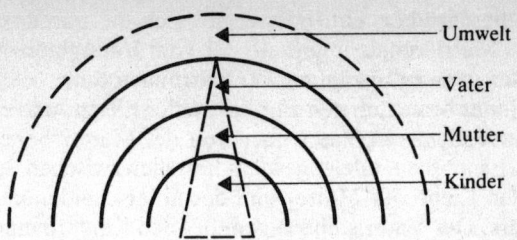

Umwelt

Vater

Mutter

Kinder

In westlichen Kulturen neigt man zu Extremen. Man hält entweder den Vater für übermäßig wichtig, oder man lehnt seinen Einfluß gänzlich ab. Im Osten besteht dagegen ein gesundes Gleichgewicht zwischen jungen und alten Menschen, zwischen Zukunft und Vergangenheit. Die Eltern sehen in den Kindern ihren Lebenszweck, und die Kinder verehren die Eltern und Großeltern.

Die patriarchalische Gesellschaftsordnung findet sich hauptsächlich in Kulturen, die sich entweder bedroht fühlen und/oder selbst aggressive Tendenzen haben. Dies war offensichtlich bei den Israeliten der Fall, von denen wir den Monotheismus übernommen haben. Inzwischen hat sich in der westlichen Welt ein Zustand von Sicherheit und materiellem Reichtum entwickelt, den die halbverhungerten Nomaden sich in ihren wildesten Träumen nie erhofft hätten. Es fragt sich nun, ob der einseitige Vaterglaube heutzutage noch angebracht ist, wenn seine geschichtlichen Voraussetzungen seit langer Zeit verschwunden sind.

In den Industrieländern weiß man schon lange nicht mehr, was Hunger ist, und jede Familie ist gegen alle Arten von Risiken versichert. Trotzdem werden der Wohlstand und die Sicherheit nicht genossen, weil man im Geiste noch in der Wüste lebt, die innere Furcht und Aggressivität beibehält und sich in der Welt nicht zu Hause fühlen kann. Wirkliche äußere Feinde gibt es fast nicht mehr, und soldatische Eigenschaften werden bei den Männern nicht mehr geschätzt. Männer können früh heiraten, während sie noch in der Ausbildung stehen und ihre Entwicklung nicht abgeschlossen haben. In den USA hat das dazu geführt, daß die bereits ausgereifte Frau oft das Übergewicht bekommt und das Mann-Frau-Verhältnis die Züge eines Mutter-Sohn-Verhältnisses annimmt, wie Dr. Benjamin Spock dies beschrieben hat.[11] Es ergibt sich die paradoxe Situation eines Matriarchats innerhalb der vom Vaterglauben geprägten Kultur, was zu unzähligen Verwirrungen führt.

Kinder brauchen den Einfluß beider Eltern, und eine Familie sollte weder vom Vater noch von der Mutter beherrscht werden. Es muß ein Gleichgewicht bestehen zwischen der allumfassenden Liebe der Mutter und der unterscheidenden Liebe des Vaters. Der Vater sollte gegenüber den Kindern eine unterstützende und leitende Rolle spielen. Die Kinder finden andererseits im Vater einen Menschen, der erfahren ist und mit der zeitweise gefährlichen Umwelt fertig zu werden versteht. Wenn der Vater den Kindern nur ein guter Kamerad sein will und die Disziplin und Leitung der Mutter überläßt, leidet die ganze Familie.[12] Die Kinder müssen vom Vater lernen, wie sie später als Erwachsene mit den Alltagsproblemen zurechtkommen und innere Disziplin oder Selbstbeherrschung entwickeln können. Sie müssen eine klare Vorstellung von dem Recht der Mitmenschen haben und sich den allgemeinen Spielregeln anpassen können. Sie müssen auch vor bestimmten Gefahren beschützt werden, die sie noch nicht erkennen. In Notfällen ist zum Diskutieren nicht immer Zeit, und die Kinder müssen bereit sein, dann den elterlichen Anordnungen zu folgen.

Dies darf jedoch nie mit einem Liebesentzug oder mit fortwährender strenger Disziplin verbunden sein. Einem autoritären Vater mögen die Kinder vielleicht nicht offen widersprechen, aber unter der Oberfläche kochen Ärger und Haß. Aus solchen Kindern werden oft jugendliche Verbrecher und Versager. Jedes Kind ist ein Mensch und darf nicht als Besitz oder Untertan betrachtet werden. Das Ziel jeder Erziehung ist Anleitung und Hilfe, nicht Unterdrückung und Bestrafung.

Wenn die Erziehung nicht ausgewogen ist und die Kinder mit irgendeiner Philosophie überfüttert werden, schlagen sie später in die entgegengesetzte Richtung um. Den Kindern ist die natürliche Tendenz angeboren, ein Gleichgewicht in der Familie herzustellen und diejenigen Eigenschaften zu entwickeln, die von den Eltern vernachlässigt werden. Ein Beispiel dafür ist die sprichwörtliche Pfarrerstochter, die in ihrer Jugend soviel von Tugend und Frömmigkeit hörte, daß sie später den Drang entwickelte, sich jedem Mann hinzugeben. Viele Eltern aus dem Mittelstand sind heute so materialistisch und konformistisch

eingestellt, daß ihre Kinder sich stark zu östlichen Lehren hin-
gezogen fühlen, die Selbstverwirklichung und geistiges Wachstum verheißen.

Mangelnde oder übertriebene Mutterliebe

Vom Augenblick der Geburt an sind die Kinder bestrebt, langsam ihre Unabhängigkeit von den Eltern zu gewinnen, bis sie
schließlich erwachsen und selbständig werden. Dies ist eine
schrittweise Entwicklung von innen nach außen – von der Welt
der Mutter zur Welt des Vaters und dann zur Unabhängigkeit
in der Außenwelt.

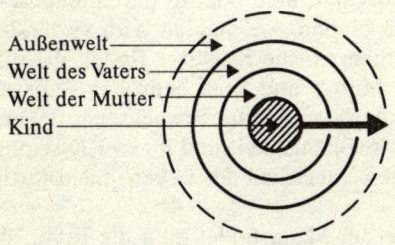

Vor der Geburt lebt der Embryo in der Gebärmutter in voll-
ständiger Sicherheit und Abhängigkeit. Nach der Geburt bringt
das Baby ein Jahr in der Wiege zu, in weitgehender Abhängigkeit. Danach fängt es langsam an, sich fortzubewegen und die
Umwelt zu untersuchen. Später lernt das Kind zu laufen, geht
zur Schule und wird schließlich selbständig.

Die Funktion der Eltern ist daher nicht nur, das Kind zu
beschützen, sondern es der Unabhängigkeit entgegenzuführen.
Mütter und Väter müssen mit viel Feingefühl den engen Pfad
zwischen mangelnder und übertriebener Liebe gehen. Kinder,
die übermäßig verwöhnt und beschützt werden, können anderen und sich selbst ebenso zur Last fallen wie solche, die zu
wenig Liebe erhalten und zu früh aus dem Nest geschoben werden.

Dabei muß man im Auge behalten, daß die meisten Frauen
die Mutterrolle sehr genießen. Das Liebkosen und Stillen der
Babys bereitet ihnen sinnliche Freude und gibt ihnen das Ge-

fühl, von einem hilflosen Wesen benötigt zu werden und etwas Schöpferisches zu tun. Viele Frauen vergleichen die Freude des Stillens mit der der sinnlichen Liebe, und in beiden Fällen findet eine angenehme Schwellung erektiler Gewebe statt. Man kann gut verstehen, daß die meisten Frauen die angenehmen Aspekte der Mutterschaft gern etwas verlängern wollen und daß sie sich verletzt und überflüssig fühlen, wenn das Kind später immer selbständiger wird. Manche Mutter wird dann unbewußt versuchen, das Kind an sich zu binden, es in einer kindlichen Rolle zu belassen und es übermäßig zu verwöhnen. Sie mag das als Liebe bezeichnen, ihr Motiv ist jedoch recht selbstsüchtig.

Wenn das Kind ihre Gefühle ablehnt, mag sie versuchen, in ihm Schuldgefühle hervorzurufen oder es durch materielle Belohnungen an sich zu binden. Sie mag auch zu verhindern suchen, daß das Kind menschliche Kontakte findet, die die enge Beziehung zwischen Mutter und Kind bedrohen. Aus solchen Kindern werden dann oft verwöhnte Erwachsene, denen es an wirklicher geistiger Unabhängigkeit und innerer Disziplin fehlt und die mit den harten Tatsachen des Lebens nicht fertig werden.

Am anderen Ende der Skala findet man die Frau, die ihre Kinder gefühlsmäßig vernachlässigt. Sie hat das Gefühl, daß die Versorgung der Kinder eigentlich unter ihrer Würde ist und daß sie wichtigere Dinge zu tun hat. Sie findet wahrscheinlich wenig Befriedigung in der körperlichen Berührung des Babys und betrachtet das Stillen als Zeitverschwendung. Ihre Ambitionen liegen mehr auf kulturellen und anderen Gebieten, und sie überläßt die Kinder gern anderen, wenn sich das einrichten läßt. Ungeduldig wartet sie auf den Augenblick, wenn die Kinder selbständig werden und ihr Haus verlassen.

Ihre Kinder werden die Symptome mütterlicher Vernachlässigung aufweisen: Sie werden nervös und hartherzig sein, und es werden ihnen das gesunde Selbstvertrauen und der Mut zur Liebe fehlen. In der vaterorientierten westlichen Gesellschaft mit ihrer Abwertung der Mutterrolle findet man solche Kinder verhältnismäßig oft. Die in dieser Kultur aufgewachsenen Frauen neigen unbewußt dazu, sich ihrer weiblichen und mütterlichen Eigenschaften zu schämen und ihre Kinder mit väterlicher Nüchternheit zu behandeln.

In vieler Beziehung haben wir das Gefühl dafür verloren, wie sich die Einflüsse von Vater und Mutter in verschiedener Weise auf die Kinder auswirken. Was den meisten Ostasiaten und Indianern als selbstverständlich gilt und ohne weiteres Nachdenken ausgeübt wird, müssen sich die westlichen Menschen erst mühsam durch Experimente, Fachleute und Bücher aneignen. Kein Wunder, daß sie dabei oft scheitern oder die nötige Erkenntnis erst im Alter gewinnen, wenn es zu spät ist. Besonders in der sich schnell wandelnden gegenwärtigen Zeit suchen die Menschen vergeblich nach Anhaltspunkten, und moderne Mütter wissen oft nicht, welche Rolle sie spielen sollen. Der Unterschied zwischen väterlichen und mütterlichen Funktionen läßt sich im allgemeinen so beschreiben:

Ein Vater kann gütig und bewundernswert sein, er kann den Kindern Sicherheit und Anregung bieten. Er kann den Kindern von einem bestimmten Alter ab zeigen, wie sie Selbständigkeit entwickeln und Hindernisse überwinden können. Kinder beiden Geschlechts brauchen einen Vater, um ein Gefühl der Unabhängigkeit und der geschlechtlichen Identität zu gewinnen. Aber nur eine Mutter kann dem Kind allumfassende Liebe und ein wirklich gemütliches Zuhause bieten. Von ihr strahlen die gefühlsmäßige Beständigkeit und das grundlegende Selbstvertrauen aus, ohne die ein Kind nicht gedeihen kann. Sie ist dem Kind das, was der Pflanze der Sonnenschein ist. Kinder ohne Mütter leiden gewöhnlich unter einem Gefühl der Einsamkeit und Unzulänglichkeit; sie können das nicht leisten, was man von ihnen erwartet, denn ihnen fehlt die Liebe und Nestwärme.

In den von der Vaterreligion geprägten Kulturen wird der mütterlichen Funktion weniger Wert beigemessen als der väterlichen. Während früher die meisten Frauen gezwungen waren, zu Hause zu bleiben, Hausarbeit zu tun und Kinder zu hüten, sind sie durch die Industrialisierung weitgehend von diesen Pflichten befreit worden. Während sie vorher die zweitrangige Rolle der Hausfrau spielen mußten, die sie vielleicht teilweise innerlich ablehnten, steht es ihnen nun frei, eine selbständigere und männlichere Rolle zu übernehmen.

Dadurch werden die Kinder gewissermaßen von zwei männlichen Figuren aufgezogen, und es zeigen sich bei ihnen die Symptome des Mutterentzugs: Sie werden nervös und ziehen sich in sich selbst zurück. Es beginnt damit, daß sie als Baby von männlichen Fachärzten auf ziemlich rohe Weise im Krankenhaus entbunden und in antiseptische Behälter gesteckt werden. Sie werden der Mutter nur zeitweise gemäß einem starren Stundenplan zum Stillen übergeben oder sogar mit einem künstlichen Präparat gefüttert. Später werden sie Kindermädchen oder Kindergärten übergeben, damit die Mutter ihrem Beruf oder anderen Interessen nachgehen kann. Solche Kinder haben es später schwer, den Kontakt zum Mitmenschen zu finden. Sie fühlen sich von der Umwelt so bedroht, daß sie sich nur noch in ihrer kleinen stereotypen Welt wohl fühlen und in monotone Betätigungen verfallen. Oft bringen sie Stunden damit zu, den Kopf hin- und herzubewegen, in einem Rhythmus, der dem mütterlichen Herzschlag ähnelt.[13]

Da in unserer überspannten Zeit die Frauen zunehmend aktiv und ruhelos sind, werden ihre Kinder in zunehmendem Maße die Wärme und Ruhe vermissen, die zu ihrer gesunden Entwicklung nötig ist. Manche Frauen spielen heute weitgehend die Rolle von Managern mechanisierter und motorisierter Haushalte, während andere durch ihre Berufstätigkeit den Streß des Arbeitsplatzes und des Berufsverkehrs mit nach Hause bringen.

Eine weitere Quelle der Unzufriedenheit für Eltern und Kinder ist der moderne Einfamilienhaushalt – im Gegensatz zur Großfamilie und zum Stamm. In früheren Zeiten, und in weniger entwickelten Gebieten auch heute noch, lebten die meisten Menschen mit einer großen Anzahl von Verwandten zusammen, und jedes Mitglied übte eine nützliche Funktion aus. Die Großeltern hüteten die Kinder, die Mütter arbeiteten in der Küche oder im Garten, die unverheiratete Tante betätigte sich mit Spinnen und Weben, die Männer arbeiteten im Feld usw. In der Nachbarschaft wohnende Verwandte besuchten sich gegenseitig, halfen einander und tauschten Lebensmittel aus. In solchen Familien waren die Mütter der Mittelpunkt des gesellschaftlichen Lebens. Ganz sicherlich fühlten sie sich nicht einsam und gelangweilt wie die modernen Hausfrauen in den Vorstädten. Den Kindern bot sich Gelegenheit, mit vielen Altersgenossen zu spielen oder den Erwachsenen zu helfen. Es bestand weniger die Gefahr, daß sie sich im einseitigen Spannungsfeld einer Kleinfamilie gefangen fühlten. Allgemein kann man sagen, daß die meisten modernen Familien in einem Vakuum existieren und daß sie wenig Kontakt zur Verwandtschaft, zur Nachbarschaft und zur Erde haben.

Viele moderne Frauen haben keine Lust, Tag für Tag in einer solchen Umgebung zuzubringen. Wenn sie die Wahl haben, nehmen sie lieber eine Arbeit an, bei der sie ihre Fähigkeiten nutzen und etwas Geld verdienen können. Sogar diejenigen, die das Geld nicht nötig haben, möchten tagsüber lieber mit Menschen zusammen sein, neue Bekanntschaften machen und sich nützlich betätigen. Ein Grund dafür, daß Frauenarbeit oft unterbezahlt wird, liegt wohl auch darin, daß für die Frauen gewöhnlich eine nette Atmosphäre und Zeit für ein gelegentliches Schwätzchen wichtiger sind als ein Spitzengehalt. Diejenigen Frauen, die das Geld wirklich nötig haben und dafür auch viel leisten wollen, mögen sich in einer solchen Situation fehl am Platze fühlen.

Die moderne Gesellschaft westlicher Art scheint Müttern und Familien keine Idealbedingungen zu bieten. Aber dadurch, daß wir uns der ungünstigen Faktoren bewußt sind, können wir das Gleichgewicht weitgehend wiederherstellen.

Der englische Schriftsteller J. B. Priestley hat darauf hingewiesen, daß die »befreite« moderne Frau in vieler Beziehung dem männlichen System noch stärker ausgeliefert ist als die »unfreien« Frauen in manchen östlichen Kulturen.[14] Zwar steht ihr die Welt offen, aber es ist eine Yang-Welt mit Yang-Spielregeln. Wenn sie in dieser männlich orientierten Gesellschaft etwas erreichen will, muß sie weitgehend ihre maskulinen Eigenschaften hervorkehren und aggressiv auftreten. Um Einfluß zu gewinnen, muß sie ihre wahre Natur und ihre feineren weiblichen Gefühle teilweise unterdrücken.

Es ist wahr, daß im alten China bei manchen Mädchen die Füße künstlich klein gehalten wurden, um sie der damaligen Mode anzupassen. Die Korsetts und hohen Hacken unserer eigenen Großmütter waren jedoch auch nicht sehr natürlich. Darüber hinaus wuchsen diese chinesischen Mädchen in einer Kultur auf, in der die weiblichen Werte und das Gefühl für Schönheit und Ästhetik geachtet wurden. Die Mädchen mit den kleinen Füßen spielten später in der Familie eine zentrale Rolle und wurden bis ins hohe Alter geehrt. Dies soll nicht als Rechtfertigung für das Einschnüren von Füßen oder Brüsten gelten, sondern es soll zeigen, daß es solche unnatürlichen Bräuche leider überall gibt. Die im Kapitel 8 beschriebene Beschneidung männlicher Babys, wie sie vorwiegend in den USA, Israel und den islamischen Ländern üblich ist, kann hier als ein weit extremeres und grausameres Beispiel genannt werden.

Politische Vater- und Mutterfiguren

Manche politische Führer zeigen überwiegend väterliche Eigenschaften, während bei anderen die mütterlichen Eigenschaften überwiegen. Das Geschlecht der Person ist dabei weniger wichtig als ihre Einstellung, und gewisse weibliche Politiker sind »väterlicher« als ihre männlichen Kollegen.

Der mütterliche politische Führer liebt alle seine »Kinder« von Herzen und möchte gern alle ihre Wünsche erfüllen. Er verspricht, den Unterlegenen und vergessenen Minderheiten zu helfen, und er spricht oft im Namen derer, die am schwächsten aussehen und am meisten leiden. Er hat Verständnis und Mitleid, er verteidigt die Menschenrechte und empfiehlt nur milde und symbolische Strafen. Die Opposition nennt ihn übermäßig tolerant, nachgiebig und nachsichtig. In der Außenpolitik legt er auf Frieden mehr Wert als auf militärische Überlegenheit. Er neigt dazu, öffentliche Gelder freigebig zu verteilen, um das Volk glücklich und gesund zu erhalten, auch wenn dadurch die öffentlichen Schulden wachsen und die Inflation weiter steigt. Es macht ihm Freude, beim Volk beliebt zu sein, und er ermutigt die Menschen, ihre Wünsche und Beschwerden zu äußern.

Der väterliche politische Führer hat dagegen die Neigung, festen Grundsätzen und Gerechtigkeitsvorstellungen zu folgen. Das Volk muß seine Anerkennung erst verdienen, es muß sich anstrengen und kann nicht mit großzügigen Vergünstigungen rechnen. Die ehrgeizigeren und erfolgreicheren Bürger werden vorgezogen und gefördert, solange sie den Richtlinien folgen. Menschen, die sich beschweren und Sonderrechte oder Berücksichtigungen verlangen, werden zurückgewiesen – mit dem Rat, sich mehr zu bemühen und selbständiger zu denken. Wer nicht in das politische Modell hineinpaßt, wird übersehen oder zurechtgewiesen. Wer gegen die Gesetze verstößt, wird streng bestraft, und die Gesetze werden rigoros ausgelegt. Die Außenpolitik wird aggressiver betrieben, und es geht nicht mehr darum, den Frieden um jeden Preis zu verfolgen. Es werden verantwortliche langfristige Pläne ausgearbeitet, und die öffentlichen Gelder werden nur für volkswirtschaftlich und militärisch wichtige Zwecke ausgegeben.

Jeder der beiden politischen Typen erfüllt die Bedürfnisse seiner Zeit, und jeder hat seine schwachen und blinden Punkte. Nach einigen Jahren »väterlicher« Führung verlangen die Menschen gewöhnlich eine menschlichere und tolerantere Politik. Wenn danach ein »mütterlicher« Politiker die Führung übernimmt, wird das Volk ihn nach einigen Jahren zu weich und nachgiebig finden, und es wird wieder ein Ausgleich zur anderen Seite hin gesucht.

Diese Zyklen werden eingehend von dem bekannten Historiker Arnold Toynbee beschrieben. In seinem Buch *Der Gang der Weltgeschichte* wendet er übrigens dafür die Begriffe »Yin« und »Yang« an, da sie seiner Ansicht nach den Rhythmus der Geschichte besser beschreiben als die in der westlichen Wissenschaft gebräuchlichen Konzepte.[15]

Ähnliche Zyklen oder Spiralen lassen sich auch im Leben einzelner Menschen, Familien, Vereine und Organisationen beobachten. Die ideale Ehe zwischen väterlichen und mütterlichen Elementen wird selten erreicht, und es überwiegt gewöhnlich der eine oder andere Einfluß. Im Laufe der Geschichte gibt es darüber hinaus langfristige Zyklen, die sich über Jahrhunderte und Jahrtausende erstrecken. In der westlichen Welt hat, wie wir bereits feststellten, seit vielen Jahrhunderten die patriarchalische Gesellschaftsordnung überwogen. Vor dieser Zeit gab es lange Perioden, in denen der mütterliche Einfluß überwog. Ein wirkliches Matriarchat, in dem die Frauen mit Waffengewalt herrschten, hat es vermutlich selten oder nie gegeben. Aber im alten China, im vorchristlichen Europa und bei den Pueblo-Indianern im Südwesten der USA finden sich »matrilineare« Gesellschaftsordnungen, in denen sich die Kinder mehr der Mutter zugehörig fühlten und in denen Häuser und Privateigentum durch die Mutter vererbt wurde.

Religiöse Vater- und Mutterfiguren

In der menschlichen Vorstellung nehmen die meisten Götter Menschengestalt an, und die Hauptgötter in den meisten Kulturen wurden als Väter und/oder Mütter dargestellt. Der Vatergott symbolisierte gewöhnlich Stärke, Ordnung, Anregung und Zeugungskraft, während man in der Muttergöttin mehr eine Quelle der Liebe, Wärme, Gesundheit und Fruchtbarkeit sah.

Der Vatergott wurde oft mit dem Geist und dem Himmel in Verbindung gebracht, während die Muttergöttin der Materie und der Erde näher stand. Beide wurden ursprünglich als gleichwertige Komponenten des Universums angesehen, und sie ergänzten sich gegenseitig. In den frühen Stammesgemeinschaften, die sich hauptsächlich dem Landbau widmeten, spielten Mutterfiguren und Fruchtbarkeitsriten eine große Rolle. Bei den Nomaden- und Kriegerstämmen lag dagegen die Betonung mehr bei den aggressiven männlichen Idealen: Unser alttestamentarischer Vater im Himmel ist allmächtig, und es gibt neben ihm keine anderen Götter oder Göttinnen. Dementsprechend wird das weibliche und mütterliche Element auf allen Lebensgebieten abgewertet, und Figuren wie die Jungfrau Maria spielen eine untergeordnete Rolle.

Über die Wirkung des Monotheismus auf die Gesellschaft äußerte sich der Philosoph George Steiner folgendermaßen: Unsere westliche Ein-Gott-Kultur gibt uns eine übermäßig vereinfachte Vorstellung des Lebens. Sie schafft eine »gute« moralische Oberfläche, unter der die Kräfte der Dunkelheit lauern. Die teuflischen Elemente brechen jedesmal an die Oberfläche, wenn Gott oder die guten Elemente die Kontrolle verlieren. Von Natur aus neigt unsere einseitige Kultur dazu, zeitweise in barbarische Zustände zurückzufallen. Die Menschen sind in den »guten« Perioden so anständig, daß sie dieser Rolle bald müde werden. Sie sehnen sich dann nach den unterdrückten »sündhaften« Rollen, nach Sinnlichkeit, primitivem Leben, Gewaltanwendung, Kraftausdrücken usw. Durch den Monotheismus haben wir nach Steiner viele kleine Aberglauben mit einem großen ersetzt. Der Monotheismus ist eine perfektionistische Idee, durch die sich unbewußte mörderische Tendenzen in der Gesellschaft stauen.[16]

Als extremes Beispiel dafür kann man die Inquisition in Europa nennen, die drei Jahrhunderte dauerte. Es wird geschätzt, daß während dieser Zeit drei Millionen Menschen lebendig verbrannt oder zu Tode gefoltert wurden. Das Projekt wurde in allen Einzelheiten von der Kirche geplant und ausgeführt und von den Regierungen geduldet. Die überwiegende Mehrheit der Opfer bestand aus Frauen aller Altersgruppen, nicht nur alten Hexen, sondern auch jungen Ehefrauen und Mädchen. Die Päpste, Priester, Richter und Henker waren dagegen alle männlichen Geschlechts. Auf ähnliche Weise benutzte die Kirche Feuer und Schwert, um in Lateinamerika die Indianer zum Christentum zu bekehren.

Erich Fromm beschreibt die positiven Aspekte des Monotheismus als Vernunft, Disziplin, Gewissen und Individualismus. Als negative Aspekte nennt er starre Hierarchie, Unterdrückung, Ungleichheit und Unterordnung. Der Vater verlangt viel, er formuliert Prinzipien und Gesetze, und er erwartet Gehorsam. Er zieht denjenigen Sohn vor, der ihm selbst am meisten gleicht und sich als Nachfolger und Erbe eignet. Mit der allmächtigen Vaterfigur entwickelte sich die Vorstellung des Privateigentums. In früheren Gesellschaften lebte man wie in einer Familie, in der alles geteilt wird.

Fromm beschreibt weiter, wie die Menschen in den matriarchalischen Gesellschaften eine kosmische Mutter verehrten; sie hatten Vertrauen in ihre grenzenlose Liebe und ihre Fähigkeit, zu nähren, zu trösten und zu heilen. Aber unter ihrem Schutz verharrten die Menschen weitgehend in einem kindlichen Zustand, sie entwickelten nicht ihre Fähigkeiten und standen aggressiveren Stämmen hilflos gegenüber. Auf verstandesmäßiger und individueller Ebene brachten sie es nicht weit, sie verharrten in ihrer Gebundenheit zur Natur, zu den Blutsverwandten und zur Scholle.[17]

Religiöse Führer und Symbolfiguren haben im Laufe der Geschichte und Vorgeschichte einen enormen Einfluß auf die Menschheit ausgeübt, und sie werden auch in der Zukunft bei den meisten Menschen sehr beliebt sein. Solche Leitbilder in Menschengestalt sprechen direkt die Gefühle an und können spontan im täglichen Leben als Vorbild dienen. Keine Philosophie oder wissenschaftliche Theorie kann jemals gänzlich ihren Platz einnehmen. Sie können von großem Nutzen sein und werden nur dann schädlich, wenn sie einseitige Eigenschaften annehmen und einen einseitigen Einfluß auf den einzelnen, die Familie und die Gesellschaft ausüben. Durch geeignete Leitbilder finden die Menschen mühelos den richtigen Weg, während abstrakte Theorien nur den Verstand ansprechen.

Die biblischen Figuren, die wir heute kennen, bieten uns jedoch nur einen Teil der gesamten religiösen Erfahrung. Seit fast zwei Jahrtausenden haben wir uns auf einen engen Seitenweg der Religion spezialisiert. Nun ist es an der Zeit, daß wir das übrige religiöse Spektrum wieder in uns selbst und in den östlichen Lehren entdecken. Nur auf diese Weise können wir unser menschliches Potential entwickeln. Indem wir die Archetypen wieder beleben, die in unserem Unterbewußtsein vergraben sind, können wir einen neuen Sinn im Leben finden und ein volleres Leben führen.

Dadurch können wir auch die irrationale Furcht vor dem Tod überwinden, die in unserer Kultur so weit verbreitet ist. Nur ein Mensch, der glücklich gelebt hat, kann glücklich sterben. Im alten China war das Begräbnis ein freudiges Ereignis, zu dem die Teilnehmer weiß gekleidet erschienen. Tod und Leben sind zwei Seiten derselben Münze, und unsere Furcht vor dem Tod hängt vielleicht mit unserer Unfähigkeit zusammen, uns zu entspannen, loszulassen und uns der Mutter Erde wieder anzuvertrauen.

Einstein bezeichnete einmal den Wunsch nach einem ewigen Leben im Himmel als einen Trost für schwache und egozentrische Seelen. Lin Yutang wies darauf hin, daß die Ideen der Unsterblichkeit und des Selbstmordes eine gemeinsame Wurzel haben: Beide gehen von dem Gedanken aus, daß die wirkliche irdische Welt nicht gut genug ist.

Anstatt himmlische Unsterblichkeit anzustreben, sollten wir lieber versuchen, einen Himmel auf Erden zu schaffen.

Unsere Leitbilder müssen jedoch nicht unbedingt elterliche Eigenschaften haben, denen gegenüber wir die kindliche Rolle spielen. Erwachsene Menschen sollten sich für ihr Leben verantwortlich fühlen. Wir sind mitverantwortliche Partner im Universum und keine kleinen Kinder, die dem himmlischen Vater gehorchen. Es ist uns überlassen, ob wir mit den kosmischen Gesetzen harmonieren und ein gesundes Gleichgewicht zwischen dem himmlischen und dem irdischen Element in uns und um uns herstellen und aufrechterhalten. Unsere Beziehung zu diesen beiden Elementen läßt sich dann folgendermaßen beschreiben:

In der *himmlischen Kraft* in uns und um uns sehen wir das anregende, entscheidende, unterscheidende und vernünftige Element. Mit ihrer Hilfe können wir uns in unserer Umgebung behaupten, neue Lebensformen erforschen und uns geistig entwickeln. Sie lehrt uns, äußere Ereignisse zu deuten und Probleme zu lösen. Sie öffnet unsere Augen und läßt uns neue Horizonte entdecken – durch den Gebrauch von Werkzeugen, geistigen Techniken, Konzepten, Plänen usw. Sie zeigt uns, wie wir unsere Logik gebrauchen und uns weniger auf undefinierbare Gefühle verlassen können. Im Zusammenleben der Menschen sorgt sie dafür, daß die besser qualifizierten Personen führende Positionen einnehmen, die Ordnung erhalten und in Zeiten der Not mit sicherer Hand regieren.

In der ergänzenden *irdischen Kraft* in uns und um uns sehen wir das liebende, gebende, gemeinschaftsorientierte Element, das Leben spendet und den Lebensvorgang aufrechterhält. Sie ist für die Ernährung und Heilung zuständig, sorgt für die Kinder und schafft ein gemütliches Zuhause. Sie reguliert auch die komplexen biologischen Funktionen auf unterbewußter Ebene – wie den Stoffwechsel, das Wachstum, die Gesunderhaltung und Fortpflanzung. Für diese wichtigen Aufgaben braucht sie eine geschützte und lebensfördernde Umgebung, ein »Nest« oder Heim, und darüber hinaus ein Netz von freundschaftlichen Beziehungen. Sie zeigt uns, wie wir uns spontan und gefühlsmäßig mit unseren Mitmenschen verständigen können, anstatt uns auf steife Logik zu verlassen. Ihre Einstellung zum Leben ist geduldig und vorsichtig, sie schätzt die subtile Seite des Lebens und freut sich an kleinen Dingen. An großen intellektuellen, künstlerischen, wissenschaftlichen, politischen oder militärischen Aufgaben ist sie weniger interessiert.

Indem wir eine Harmonie zwischen himmlischen und irdischen Kräften in uns und um uns erzeugen, gelingt es uns leichter, den Himmel auf Erden zu schaffen, den sich alle Menschen wünschen. Es gibt dann weniger Reibung zwischen Verstand und Gefühl, zwischen Geist und Körper, Mann und Frau und zwischen den sozialen Schichten. Das Zusammenspiel der Kräfte wird nicht als Zufall oder eine Gabe Gottes empfunden, sondern als das Ergebnis verantwortlicher menschlicher Bemühungen.

6. Die Suche nach unseren Wurzeln

Vieles Gute kommt von unten

In den westlichen Kulturen glauben die Menschen, daß alles Gute von oben kommt. Wenn sie Erleuchtung oder Hilfe brauchen, richten sie ihren Blick nach oben oder fragen den allwissenden Vater im Himmel um Rat. Sie wachsen mit der Überzeugung auf, daß das Leben ein fortwährender Kampf zwischen Geist und Materie ist und daß die anständigen Menschen auf der Seite des Geistes gegen die Materie und den Materialismus kämpfen. Böse Menschen werden nach ihrem Tod nach unten verdammt, in die Hölle, während gute Menschen nach oben kommen, in den Himmel. Die Erde ist ein Jammertal, in dem die Gläubigen auf ein besseres Leben im Himmel vorbereitet werden.

In den letzten Jahrzehnten ist jedoch vielen Menschen klargeworden, daß bei dieser Weltvorstellung etwas nicht stimmt. Es verbreitet sich langsam das Gefühl, daß die einseitige Orientierung nach oben unser Leben oberflächlich, kopflastig und wirklichkeitsfremd macht. Wir verlieren dadurch den Kontakt zum Grund des Lebens, der unten, unter der Oberfläche liegt. Unser Geist verliert den Kontakt zum Körper, zur Natur und zur Mutter Erde, und er schneidet seine eigenen Wurzeln ab.

Der auf diese Weise in höheren Sphären isolierte Geist wird darüber hinaus nicht reiner, sondern er verliert seine Vitalität und Lebensnähe. Er hängt in einer dünnen vergeistigten Atmosphäre und steht dem Leben gleichgültig oder feindlich gegenüber. Der vom Monotheismus geprägte westliche Mensch hat weitgehend den Zugang zur Quelle des Lebens verloren. Das »Wasser des Lebens« kommt naturgemäß von unten, aus unterbewußter Quelle. Wer es oben in der Luft sucht, muß verdursten. Damit ist nicht gesagt, daß alles Gute von unten kommt oder daß wir Anregungen aus der höheren geistigen Sphäre nicht brauchen. Was wir nötig haben, ist ein neues Gleichgewicht zwischen Geist und Materie, zwischen unseren bewußten Vorstellungen und unseren unterbewußten Wurzeln.

Langsam, aber mit zunehmender Intensität beginnt man im Westen, sich der vergessenen Wurzeln zu erinnern und nach grundlegenden Wahrheiten zu suchen. Man kommt auch langsam zu der Erkenntnis, daß ein neues Gleichgewicht sich günstig auf das Verhältnis zwischen Mann und Frau auswirken wird. Die Abwertung des Materiellen war von jeher mit einer Abwertung des Weiblichen und Mütterlichen verbunden.

Bei der Suche nach unseren Wurzeln sind bisher schon viele wichtige Tatsachen ans Licht gekommen, allerdings auch viel Unsinn. Es wird einige Zeit dauern, bis wir die Spreu vom Weizen, das Nützliche vom Unnützen getrennt haben. Einige Entdeckungen sind falsch ausgelegt oder absichtlich verzerrt worden, und manche haben sich zu Waffen in den Händen von Fanatikern entwickelt. Unter den wichtigeren Entdeckungen lassen sich folgende nennen:

— Biologen haben bewiesen, daß die Welt nicht von einem alten Mann erschaffen wurde, sondern sich langsam aus primitiven Anfängen entwickelt hat. Dadurch haben wir gelernt, daß wir mit allen anderen Lebewesen verwandt sind und daß wir einen Teil der Natur bilden, die uns umgibt.

— Soziologen und Sozialgeschichtler haben darauf hingewiesen, daß unsere Geschichte nicht in erster Linie von Königen und Generälen bestimmt wird, sondern von grundlegenden wirtschaftlichen und sozialen Faktoren.

— Psychologen haben unsere unterbewußten Vorgänge erforscht und entdeckt, daß alle unsere bewußten Vorstellungen weitgehend von unterbewußten Faktoren bestimmt werden. Diese beruhen wiederum teilweise auf angeborenen Archetypen.

— Religionswissenschaftler haben den Zugang zu östlichen Lehren gefunden, die den Kontakt mit den Wurzeln des Lebens und dem mütterlichen Element noch nicht verloren haben.

- Zoologen und Verhaltensforscher haben enge Parallelen zwischen menschlichem und tierischem Verhalten gefunden und bewiesen, daß alle Lebewesen grundsätzlich dieselben Probleme haben. Dadurch haben wir viele Einsichten in die Ursprünge des Lebens gewonnen, und wir fühlen uns der Tierwelt eng verbunden.
- Ökologen haben uns gezeigt, daß wir ein Teil unserer Umwelt sind und daß wir uns selbst zerstören werden, wenn wir unsere materielle Grundlage zerstören. Wir sehen langsam ein, daß wir mit den Rohstoffen der Natur sparsam umgehen müssen, wenn für nachfolgende Generationen noch etwas übrigbleiben soll. Anstatt nach bisheriger Praxis, die Natur zu beherrschen und auszunutzen, beginnen wir, eine Harmonie mit der Umwelt anzustreben.
- In der Medizin wird langsam damit begonnen, die dem Körper innewohnenden Heilkräfte zu erwecken, anstatt Krankheitssymptome oberflächlich mit Medikamenten und Operationen zu ersticken.
- Es sind viele neue Methoden entstanden, die uns zeigen, wie wir den Kontakt zum Körper und zum inneren Selbst wiederfinden können. Teilweise beruhen diese auf alten östlichen Lehren, die der westlichen Denkweise angepaßt sind.[18]
- Es zeigt sich ein zunehmendes Bestreben, natürlicher zu leben, unverfälschte Nahrung zu essen und allgemein zur Mutter Natur zurückzufinden.

Einige dieser neuen Vorstellungen haben viel dazu beigetragen, unsere kopflastige (allein vom Kopf und Verstand her bestimmte) Denk- und Lebensweise auszugleichen. Andere sind von einem Extrem in das andere gefallen und haben eine neue Einseitigkeit geschaffen. Beispielsweise neigen manche Anhänger alternativer Lehren dazu, ihren Intellekt über Bord zu werfen und sich nur auf ihre Gefühle zu verlassen. Es gilt nach wie vor, das richtige Gleichgewicht zwischen oben und unten zu finden. In den nächsten Abschnitten werden einige der wichtigeren Denkrichtungen untersucht, die nach unseren Ursprüngen, Grundlagen und Wurzeln suchen.

Die von Freud entwickelte psychoanalytische Methode muß auch als ein Versuch angesehen werden, der menschlichen Natur auf den Grund zu gehen und die Wurzeln des menschlichen Geistes zu erforschen. In vieler Beziehung ist es Freud gelungen, uns von unserer kopflastigen westlichen Denkweise zu befreien. Er hat uns auf die Tatsache aufmerksam gemacht, daß der Geschlechtstrieb (Libido) weitgehend unsere Gedanken und unser Verhalten motiviert. Er hat auch darauf hingewiesen, daß die in der Bibel verlangte Verehrung des Väterlichen ihr unterbewußtes Gegenstück hat: Wie Ödipus neigen viele Männer unbewußt dazu, die Vaterfigur zu hassen. Freud erhob auch die alte Kunst der Traumdeutung zur Wissenschaft. Er entdeckte, daß Träume diejenigen Gefühle symbolhaft ausdrücken, die unser Bewußtsein ablehnt oder unterdrückt. Träume sind die Kehrseite unseres bewußten Denkens und können durch geeignete Auslegung tiefe Wahrheiten enthüllen.

Aber Freud war auch ein Produkt seiner Zeit und seiner gesellschaftlichen Situation. Er wuchs unter autoritären Traditionen auf, zu denen im damaligen Wien noch eine prüde Moral kam. Frauen waren seiner Ansicht nach den Männern nicht ganz ebenbürtig, nicht nur wegen des fehlenden Penis, sondern auch deswegen, weil ihr Beitrag zur Kultur seiner Ansicht nach minimal war. In vieler Beziehung ähnelte Freud einem biblischen Patriarchen, und er sah in seinen eigenen Lehren eine Art Religion. Immer wieder ermahnte er seine Nachfolger, die Lehre rein zu erhalten und keine neuen Ideen hinzuzufügen. Den Begriff des Unbewußten, der schon seit Jahrhunderten bekannt war, erhob er zum Mittelpunkt seiner umfassenden Doktrin. Er sah den Zweck der Psychoanalyse darin, das Unterbewußtsein zu analysieren und zu beherrschen.

Leider beruhen seine Ideen größtenteils auf Selbstbeobachtung und der Analyse seiner neurotischen Patienten. Er beschäftigte sich hauptsächlich mit den krankhaften Aspekten der menschlichen Seele. Von normalen und gesunden Menschen ist in seinen Büchern kaum jemals die Rede. Durch diese einseitige Betrachtungsweise kam er nach jahrzehntelanger Forschung zu dem Schluß, daß das Unterbewußtsein ein Abfalleimer ist, ein chaotisches Sammelsurium von Instinkten, die weitgehend vom Körper beeinflußt werden und von Natur aus negativ und strukturlos sind. Typisch für seinen eigenen Geisteszustand war seine Angewohnheit, unaufhörlich Zigarren zu rauchen. Auch nachdem Krebsgeschwüre begonnen hatten, seinen Mund bis zur Kehle zu zerfressen, hielt er jahrelang an dieser Gewohnheit fest. Um die andauernden Schmerzen dieser selbstverursachten Krankheit zu lindern, nahm er Kokain. Daß seine Patienten eine noch ungesundere Einstellung zum Körper und zum Unterbewußtsein hatten, ist anzunehmen, und daraus ergibt sich Freuds Annahme, daß die menschliche Seele einem Abfalleimer gleicht.

Wir verdanken Freud viele interessante Einblicke in die seelischen Konflikte, die für die westliche Kultur typisch sind. Ohne seine intensive Forschungsarbeit wären manche psychologische Entdeckungen erst viel später gemacht worden. Wir haben gelernt, sexuelle Probleme offen zu diskutieren und erotische Rivalitäten innerhalb der Familie zu erkennen. Aber nach den Maßstäben fernöstlicher Weisheit erscheinen seine Theorien unrealistisch und einseitig, da sie den bewußten (Yang) Geist auf Kosten des unbewußten (Yin) Geistes begünstigen. Freud erkannte nicht, daß der unbewußte Geist nur dann seine destruktive Seite zeigt, wenn der bewußte Geist den Kontakt mit der Wirklichkeit verliert. Wenn der Geist jedoch sein gesundes Gleichgewicht findet, verwandelt sich der Abfalleimer in eine Quelle schöpferischer Energie. Im Unterbewußtsein sehen wir dann die Wurzel des Geistes, die in der östlichen Literatur oft als das »innere Selbst« beschrieben wird. Das innere Selbst wird zum treuen Verbündeten, wenn wir mit den kosmischen Gesetzen im Einklang leben.

Heutige Anhänger Freuds können es kaum glauben, daß er selbst das weibliche Geschlecht als minderwertig betrachtete. Es scheint, daß er selbst ein Opfer der Kollektivneurose war, die er zu kurieren suchte. In seinen Vorträgen und Artikeln hob er hervor, daß Frauen narzißtisch sind und daß sie mehr geliebt werden wollen, als selbst zu lieben. Ihre körperliche Eitelkeit ist seiner Ansicht nach darauf zurückzuführen, daß sie den mangelnden Penis und ihre allgemeine Minderwertigkeit durch Charme auszugleichen suchen. Das für Frauen typische Schamgefühl erklärt er damit, daß sie sich des Penismangels schämen. Im Laufe der Geschichte haben die Frauen auch kaum zur Zivilisation beigetragen, mit der Ausnahme, daß sie das Weben erfanden, um ihre Geschlechtsteile zu verdecken. Daher dürfen wir uns nicht von den Frauenrechtlern einreden lassen, daß Frauen wirklich ebenbürtig sind usw. (Aus einem Vortrag über Weiblichkeit, 1938).

In der letzten Zeit sind viele Therapien entwickelt worden, die auf den Theorien Freuds aufbauen. Sehr bekannt wurde die Urschrei-Therapie, die Arthur Janov praktiziert und in seinen Büchern beschreibt.[19] Janov geht wie Freud davon aus, daß die meisten Menschen in ihrer frühen Kindheit traumatische Erfahrungen erleiden, die dann im späteren Leben unbewußt destruktive Einflüsse ausüben. Aber während Freuds Patienten sich ihre Probleme auf dem Sofa liegend von der Seele redeten, schreien und gestikulieren Janovs Patienten wie Gorillas, um ihre unterdrückten Gefühle loszuwerden. Theoretisch werden dadurch innere Konflikte und Neurosen gelöst, die sich seit Jahrzehnten im Patienten aufgestaut hatten. Die schmerzhaften Kindheitserlebnisse werden unter der Leitung eines Urschrei-Experten noch einmal durchgemacht und dadurch neutralisiert. Dabei kommt es oft zum Weinen, Schreien und Erbrechen. Angeblich werden die Menschen durch diese Prozedur von ihren Komplexen befreit und können erstmalig ein gesundes, produktives und schöpferisches Leben führen. Laut Janov verschwindet dadurch auch die Sucht nach Nikotin, Alkohol, Drogen und übermäßigem Essen.

Nach den ersten drei Wochen der Behandlung soll dann der aufgestaute psychische Schmerz weitgehend beseitigt sein. Jedoch wird dem Kunden geraten, das Behandlungszentrum noch mindestens ein Jahr zu besuchen, um eine wirkliche Heilung zu erreichen. Die Kosten belaufen sich auf mindestens 10 000 DM und sind im voraus zahlbar. Einige tausend Menschen haben von diesem Angebot Gebrauch gemacht, obwohl ein Erfolg nicht garantiert wird und oft auch ausbleibt. Die von Janov beschriebenen großen Erfolge sind selten, und wissenschaftliche Untersuchungen von dritter Seite fehlen. Es bestehen Anzeichen dafür, daß die Methode in manchen Fällen schädlich ist. Sie verführt die Menschen leicht dazu, ihre gegenwärtigen Probleme auf wirkliche oder eingebildete Kindheitserfahrungen und elterliche Einflüsse zurückzuführen, anstatt selbst die Verantwortung zu übernehmen. Immer wieder wird dem Patienten totales Glück nach der nächsten Behandlung versprochen... nach dem nächsten Urschrei... oder nach dem übernächsten. In dieser Beziehung ähnelt die Methode der Psychoanalyse, und sie ist im Grunde nichts anderes als eine dramatisierte Version der Freudschen Methode. Hauptsächlich deswegen ist sie auch so gut verkäuflich und profitabel. Aber während Freud nie besonders viel verdiente, brachte Janov es in kurzer Zeit zum Multimillionär.

Solche und ähnliche Therapien enthalten viele brauchbare Ansätze, die uns helfen können, uns von unseren festgefahrenen westlichen Denkgewohnheiten zu befreien. Jedoch scheinen sie der Sache nicht ganz auf den Grund zu kommen. Es haftet ihnen etwas Gewolltes und Intellektuelles an, und in dieser Beziehung sind sie noch sehr westlich. Im folgenden Abschnitt soll von einer östlichen Methode die Rede sein, die in den letzten Jahrzehnten Millionen von Anhängern in den westlichen Ländern gewonnen hat.

Die Wurzeln begießen

Maharishi Mahesh Yogi, der die Methode der Transzendentalen Meditation im Westen eingeführt hat, benutzt gern das folgende Gleichnis:

Ein Gärtner entdeckte, daß einer seiner Bäume von einer Krankheit befallen war. Auf den Blättern zeigten sich Flecken und Parasiten. Behandelte er nun die Blätter mit einer Bürste und Insektenvertilgungsmitteln? Nein, er war klug genug, um das Problem bei der Wurzel anzupacken. Anstatt sich mit oberflächlichen Symptomen abzugeben, begoß er den Baum mit mineralreichem Wasser vom Fluß. Nachdem die Wurzeln das Wasser aufgesogen hatten, gesundete der Baum von Grund auf, und die Flecken und Parasiten verschwanden von den Blättern. Die Moral der Geschichte ist, daß Menschen, die krank und unglücklich sind, nicht mit oberflächlichen intellektuellen Methoden geholfen werden kann. Statt dessen müssen sie lernen, den Kontakt zum »inneren Selbst«, zum Urgrund der Seele zu finden. Allem Leben liegt das Sein zugrunde, das sich als unsichtbare, unbewußte schöpferische Intelligenz äußert. Dieses Sein kann nicht mit Worten beschrieben und mit dem Intellekt analysiert werden, aber es kann durch Meditation erfahren werden.

Besonders in den modernen Großstädten leiden die Menschen unter dem hektischen Tempo und dem Streß des Alltagslebens. Selten gönnen sie sich eine ruhige Minute, und zur wirklichen tiefen Entspannung kommt es fast nie. Unscheinbare Reibungen können sich anhäufen und im Laufe der Monate zu Krankheiten oder Neurosen führen. Sogar angenehme Ereignisse wie Feste, Ferien oder Besuche können nervlichen Streß verursachen. Wenn der Körper durch mangelnde Bewegung und zuviel Essen in schlechten Zustand gerät, entsteht die Gefahr der Kreislaufbeschwerden und Herzinfarkte. In den USA allein sterben jährlich über eine Million Menschen an Herz- und Gefäßkrankheiten. Trotz großangelegter Forschungsprojekte ist noch kein Heilmittel dagegen gefunden worden, und degenerative Krankheiten verbreiten sich weiterhin. Man ist jedoch zu dem Schluß gekommen, daß die geistige Einstellung eines Menschen dabei eine wichtige Rolle spielt. Viele Opfer des Stresses haben die Fähigkeit verloren, sich zu entspannen. Sie beschäftigen sich hauptsächlich mit der äußeren Welt der Objekte und betrachten das Leben als einen fortwährenden Kampf. Sie kultivieren also mit anderen Worten ihre aggressiven Yang-Eigenschaften auf Kosten der friedlichen Yin-Eigenschaften. Westliche Mediziner und Psychologen sind kaum in der Lage, dieses Problem wirkungsvoll zu behandeln. Gewöhnlich beschränken sie sich auf das Verschreiben von beruhigenden Medikamenten und die Ermahnung, sich zu beruhigen, weniger zu rauchen und Kaffee zu trinken usw.

Im Osten hat man jedoch den Kontakt zum inneren Selbst und zum ruhenden Zentrum nie verloren. Bei vielen Yogis ist der Yin-Aspekt der Persönlichkeit stark entwickelt, und einige von ihnen kann man als Urbild des Mütterlichen beschreiben. Sie sind besser als westliche Wissenschaftler in der Lage, uns zu unseren Ursprüngen zurückzuführen und uns die tiefe innere Ruhe zu geben, nach der wir uns oft sehnen.

Anhänger der Transzendentalen Meditation ziehen sich zweimal täglich an einen stillen Ort zurück, wo sie nicht gestört werden können. Sie setzen sich bequem hin und sagen ein Mantra, ein angenehm klingendes, aber bedeutungsloses Wort, das eine beruhigende Wirkung ausübt und den Geist zu seinen Ursprüngen zurückführt. Das Bewußtsein sinkt auf subtilere Ebenen herab, wo die schöpferischen Gedanken ihre Quelle haben. Es kommuniziert mit dem inneren Yin-Geist und vergißt die Außenwelt zeitweise. Die Vereinigung der beiden Geister erzeugt einen Zustand innerer Harmonie, der nervliche Spannungen löst, alte Wunden heilt und die äußere Welt mit der inneren synchronisiert.

Nach etwa fünfzehn Minuten kehrt der Meditierende erfrischt zum Normalzustand zurück und wendet sich dem Alltagsleben zu. Der Zustand der inneren Harmonie hält an und wirkt sich wohltuend auf seine Gedanken und Tätigkeiten aus. Obwohl die Meditation jedesmal wieder eine angenehme Erfahrung ist, wird sie nicht als Selbstzweck betrachtet. Man meditiert, um alle Aspekte des täglichen Lebens günstig zu beeinflussen. Hunderte von Experimenten an Universitäten in Dutzenden von Ländern haben die günstige Wirkung der TM (wie sie kurz genannt wird) bewiesen. Ein von der TM-Organisation veröffentlichter dicker Band erwähnt u. a. folgende Ergebnisse:

Verbesserte Fähigkeit, sich zu entspannen und sich vom Streß zu erholen.

Größere geistige Beweglichkeit und Konzentrationsfähigkeit.

Verbesserte Lernfähigkeit und schulische Leistung.

Größere Befriedigung und Produktivität bei der Arbeit.

Erhöhte Selbstverwirklichung und Persönlichkeitsentwicklung.

Verminderte Abhängigkeit von Drogen, Medikamenten, Alkohol, Nikotin usw.

Ein stärkeres Gefühl der inneren und äußeren Kontrolle.

Eine sinnvollere und erfreulichere Vorstellung vom Leben.

Weniger Unfälle und Krankheiten.

Größeres Selbstvertrauen und eine liebende Einstellung anderen gegenüber.

Erhöhte Fähigkeit, sich mit anderen zu verstehen usw.

Über drei Millionen Menschen sind in die TM-Methode eingeführt worden. Obwohl fast jeder davon auf die eine oder andere Weise profitiert, erreichen nicht alle den Zustand der tiefen Entspannung in den ersten Tagen. Manche erreichen ihn nie.

Menschen, die an ihrer geistigen und gefühlsmäßigen Entwicklung ein intensives Interesse haben, machen gewöhnlich die größten Fortschritte. Einerseits begünstigt die Meditation einen natürlichen Lebensstil ohne Streß und Drogen, andererseits bringt aber das Meditieren die besten Resultate, nachdem man sich von Drogen aller Art befreit hat. Manchen Menschen fällt dies schwer. TM-Zentren gibt es in allen größeren Orten und Universitätsstädten. Der größte Prozentsatz von Meditierenden findet sich unter Studenten.

Außer der TM-Methode gibt es auch viele andere Arten der Meditation, die jedoch im allgemeinen nicht so einfach, narrensicher und angenehm sind. Andererseits ist es natürlich übertrieben, wenn übereifrige TM-Lehrer meinen, daß ohne ihre Lehre niemand glücklich werden könne.

Kann eine solche Methode die Lösung aller unserer Probleme bieten? Können wir alle unsere nervlichen und körperlichen Verspannungen loswerden, indem wir zweimal am Tag meditieren? Warum sind manche Menschen bereit, Wohnung und Arbeit aufzugeben, um Meditationskurse für Fortgeschrittene oder einen Guru in Indien zu besuchen? Die Antwort ist so einfach wie die Methode der Meditation selbst: Unserer westlichen Kultur fehlt weitgehend das lebenswichtige Element, das die Menschen brauchen, um wirklich glücklich, gesund und schöpferisch zu sein. Weder in der Schule noch sonstwo wird uns verraten, daß das Leben eine unsichtbare Wurzel hat und daß jeder Mensch in sich eine unbewußte Quelle schöpferischer Energie besitzt. Unsere ganze Existenz dreht sich um oberflächliche oder auch »höhere« Werte. Unsere Erziehung und Wissenschaft betont die starre Logik des Yang-Geistes mit seinen ruhelosen, aggressiven und ausbeutenden Tendenzen.

Durch einige der östlichen Methoden können wir lernen, unsere Yin- und Yang-Kräfte miteinander zu koordinieren. Wir können eine Harmonie schaffen zwischen Sein und Haben, Ruhe und Aktivität, Entspannung und Spannung.

Wir sollten dabei jedoch nicht vergessen, daß die östliche Denkweise auch gewisse Gefahren in sich birgt, die Tendenz, zu stagnieren und sich mit Aberglauben zufriedenzugeben, weich und unberechenbar zu werden – und gegenüber den Problemen anderer gleichgültig zu werden.

Noch vor fünfzig Jahren galt es allgemein als erwiesene Tatsache, daß mit den Methoden der modernen westlichen Medizin fast alle Krankheiten geheilt werden können. Außerdem erwartete man, daß die medizinische Forschung bald aller körperlichen Leiden Herr werden würde. Seitdem wurden jährlich Tausende von neuen Medikamenten entwickelt, komplizierte Operationen ersonnen, raffinierte Prothesen gebaut und kostspielige Apparate entwickelt. Aber je höher der Aufwand stieg, desto kranker schienen die Menschen zu werden. In den letzten zwanzig Jahren sind beispielsweise die Krankenkassenausgaben in der Bundesrepublik Deutschland auf das Achtfache (!) gestiegen, und die Zahl der Ärzte hat sich verdoppelt. Trotzdem hat sich in dieser Zeit der Gesundheitszustand der Bevölkerung laufend verschlechtert.

Langsam kommen wir jetzt zu dem Schluß, daß wir von der modernen Medizin nicht zuviel erwarten dürfen. Autoren wie Ivan Illich haben sogar darauf hingewiesen, daß viele Krankheiten heute von den Ärzten selbst verursacht werden. Zu der langen Liste der Beschwerden, unter denen die moderne Menschheit leidet, kommen jetzt also noch die »iatrogenen« (iatros = Arzt, gen = erzeugt). Riesige Summen werden heute ausgegeben, um die von der modernen Heilbehandlung verursachten Schäden zu kurieren. Der Aufenthalt in Krankenhäusern wird nicht nur jedes Jahr teurer, sondern auch gefährlicher. Nirgends ist die Gefahr der Ansteckung mit gefährlichen Bakterien so hoch wie in den Krankenhäusern. Wer dort in geschwächtem Zustand eingeliefert wird, kann mit allen Arten von Infektionen rechnen.[20]

Die erschreckende Verschlechterung der Volksgesundheit ist jedoch hauptsächlich auf die Zunahme der degenerativen Krankheiten zurückzuführen: Ohne sichtbare äußere Ursachen degenerieren einfach lebenswichtige Organe wie das Herz, die Leber, die Blutgefäße, die Verdauungsorgane, die Gelenke. Oft kommt auch Krebs dazu, und jeder vierte Amerikaner muß heute schon damit rechnen, daß er früher oder später an Krebs erkrankt. Die Ärzte stehen dieser Lawine hilflos gegenüber, und häufig werden sie durch Arbeitsüberlastung selbst krank.

Offensichtlich müssen wir nach neuen Wegen des Heilens

suchen. Viele Menschen haben sich der Naturheilkunde zugewandt. Andere haben mit verschiedenen Methoden der alternativen Medizin Erfolg, nachdem sie von orthodoxen Ärzten als hoffnungslos aufgegeben wurden. Man erinnert sich an Hippokrates, den Gründer der westlichen Medizin, der bereits vor zwei Jahrtausenden sagte: »Der Arzt kann eine Krankheit behandeln, aber nur die Natur kann heilen.«

In zunehmendem Maße interessiert man sich auch für fernöstliche Heilmethoden, die man vor einigen Jahrzehnten noch belächelte. Es wird viel über die erstaunlichen Erfolge der Akupunktur berichtet. Natürlich wollen Europäer noch nicht recht glauben, daß schwierige Krankheiten durch Nadelstiche geheilt werden können. Aber in unserer verzweifelten Lage sind wir bereit, alles zu versuchen. Den Chinesen erschien es jedoch schon seit Jahrzehnten ganz logisch, daß das Yin/Yang-Gleichgewicht in den verschiedenen Organen erhalten werden muß und daß die dieser Polarität entsprechenden Ströme durch Nadeln in die richtigen Nervenbahnen geleitet werden können.

Der chinesischen Lehre zufolge entwickelt sich in den Organen dort eine Schwäche oder Krankheit, wo der Kreislauf der Ströme unterbrochen oder übermäßig angeregt ist. Der Energiefluß wird also durch Akupunktur geregelt und normalisiert. Durch den ganzen Körper ziehen sich unsichtbare Meridiane (Nervenbahnen) von Kopf bis Fuß und durch alle Organe. Bestimmte Meridianpunkte sind besonders empfindlich. Wenn dort eine Nadel plaziert wird, werden alle von dem betreffenden Meridian durchlaufenen Organe beeinflußt. Teilweise kann man diese Resultate auch durch die sogenannte Akupressur erreichen, wobei statt Nadeln die Fingerspitzen in die Meridianpunkte gedrückt werden. Beim Shiatsu und Do-In werden auf ähnliche Weise verschiedene Punkte des Körpers massiert und stimuliert. Bei der Fußreflexologie beschränkt man sich auf die Behandlung der Fußsohlen, die durch Nervenbahnen mit allen Körperteilen verbunden sind.

Eine weitere fernöstliche Heilmethode und Philosophie ist unter dem Namen »Makrobiotik« bekannt (makro = groß, bios = Leben). Auch sie beruht auf dem Yin/Yang-Prinzip und sucht Gesundheit und Vitalität durch körperliches und seelisches Gleichgewicht zu verbessern. Der Gründer dieser Bewegung war der Japaner George Ohsawa, der als junger Mann schwer unter degenerativen Krankheiten litt. Nachdem ihn die Ärzte als hoffnungslosen Fall aufgegeben hatten, begann er, sich über verschiedene Heilmethoden zu informieren. Dabei studierte er auch eingehend die alte orientalische Heilkunde, die seit dem Einzug der westlichen Medizin aus der Mode gekommen war. Innerhalb weniger Jahre gelang es ihm, sich durch die Anwendung der alten Methoden selbst zu heilen.[21]

Daraufhin heilte er auch mehrere Verwandte und Bekannte auf dieselbe Weise. Er kam zu dem Schluß, daß die moderne Ernährung, die moderne Lebensweise und die moderne Medizin die Gesundheit der Menschen langsam zerstören. Er begann, die alten, auf dem Yin/Yang-Prinzip beruhenden Heilmethoden in weiten Kreisen bekanntzumachen, und besuchte verschiedene westliche Länder. Die Hauptgefahr sah er in der modernen Ernährung, bei der die Yin- und Yang-Elemente nicht ausgewogen sind. Besonders in den westlichen Ländern nehmen die Menschen zu viele Nahrungsmittel zu sich, bei denen eines der Elemente jeweils stark überwiegt, nämlich Zucker, Milchprodukte und Fett (Yin) und Fleisch (Yang). Früher dagegen blieben die Menschen gesund, weil ihre Hauptnahrung aus Vollkorn bestand, das fast alle nötigen Nährstoffe in der richtigen ausgewogenen Mischung enthält. Nach der Lehre Ohsawas kann ein Mensch nur dann körperlich und geistig gesund sein, wenn er das Yin/Yang-Gleichgewicht beachtet und Extreme vermeidet. Wer seit Jahren eine ungesunde Zivilisationskost genossen hat, soll erst eine Zeitlang nur ungeschälten Reis essen, um den Körper zu reinigen.

Ohsawa maß vielleicht der Ernährung eine übermäßig große Bedeutung zu, weswegen viele Menschen die ganze Makrobiotik ablehnen. Seine Lehre enthält jedoch eine Menge nützliches Wissen, das später auch durch die Bücher seiner Schüler N. Muramoto und Michio Kushi bekanntgemacht worden ist. Kushi gründete die East-West-Foundation in Boston, die verschiedene Zeitschriften und Bücher veröffentlicht und Kurse abhält. Einige der Bücher sind in den letzten Jahren auch in Deutschland erschienen, und es gibt in Deutschland auch makrobiotische Zentren. In den USA hat Kushi die Erewhon Food Distribution Co. gegründet, die über zehntausend Einzelhändler mit makrobiotischen Nahrungsmitteln versorgt. Die von Kushi veröffentlichte Monatszeitschrift *East West Journal* ist in den

USA allgemein bekannt und genießt hohes Ansehen. Es wird geschätzt, daß mehrere Millionen Amerikaner sich bisher durch diese Zeitschrift an eine gesündere Ernährungs- und Lebensweise gewöhnt haben.

In bezug auf das Alltagsleben formulierte Kushi folgende Regeln:

1. Erhalte dein Vertrauen in die Ordnung des Universums.

   Im kosmischen Zusammenspiel hat alles seinen Sinn, und durch diese Erkenntnis erhebst du dich über die unvermeidlichen Schwankungen und Krisen des täglichen Lebens.

2. Verlasse dich auf dein eigenes Urteil.

   Folge nicht kritiklos den Meinungen und Irrtümern anderer.

3. Fühle dich für dein Leben verantwortlich.

   Fast alles, was dir zustößt, Gutes oder Schlechtes, hast du selbst direkt oder indirekt verursacht. Dies gilt besonders für deinen Gesundheitszustand.

4. Sei dir deiner Unwissenheit bewußt.

   Akzeptiere die Unberechenbarkeit des Lebens und deine eigene Unwissenheit. Niemand kann alles wissen, und durch diese Erkenntnis gewinnst du innere Freiheit.

5. Du bist, was du ißt.

   Was du durch deinen Verdauungstrakt gehen läßt, übt einen entscheidenden Einfluß auf dein körperliches und geistiges Wohlergehen aus.

6. Sei dem Leben für Schwierigkeiten dankbar.

   Bequemlichkeit macht schwach, Hindernisse machen stark. Wer alle Schwierigkeiten vermeidet, kann nicht gesund und glücklich bleiben.

7. Dein Gegner ist dein Freund.

   Dein Feind zeigt dir deine Schwächen. Er weiß, was du nicht weißt. Lerne von ihm.

8. Alles wandelt sich.

   Im Universum und im menschlichen Leben befindet sich alles in ständiger Bewegung. Yin bringt Yang hervor und umgekehrt. Der Anfang enthält bereits das Ende; das Ende bringt einen neuen Anfang.

9. Gebe und empfange.
   Bleibe produktiv und großzügig, verteile deine Energien
   an andere, und empfange deren Gaben.
10. Sei fröhlich und beweglich.
   Habe klare und positive Gedanken. Ärgere dich nicht.
   Ärger macht krank. Lachen ist gesund.

Das Yin/Yang-Konzept ist auch von einigen westlichen Heilern
aufgegriffen worden. Der in Österreich geborene Dr. Randolph
Stone begründete die Polaritätstherapie. Diese holistische
(ganzheitliche) Methode macht von vielen natürlichen Heilmethoden Gebrauch, um ein Gleichgewicht von Körper, Seele und
Geist herzustellen. Die Betonung liegt auf der Krankheitsverhütung und umfaßt den ganzen Menschen, nicht nur das eine
oder andere Symptom. Dem Betroffenen wird klargemacht,
daß er weitgehend selbst für seine Gesundheit verantwortlich
ist. Krankheitssymptome werden als nützliche Hinweise begrüßt, die uns auf das fehlende Gleichgewicht im Organismus
aufmerksam machen. Sie werden nicht wie in der orthodoxen
Medizin bekämpft und beseitigt, sondern als Fingerzeige benutzt, die eine grundlegende Heilung des ganzen Menschen ermöglichen.
   Ähnliche Methoden werden auch von anderen westlichen
Naturheilern und Homöopathen angewandt. Sie unterscheiden
sich von der orthodoxen Therapie dadurch, daß sie eine grundlegende Harmonie mit der Natur anstreben und den Menschen
mit der Quelle seiner Lebenskraft vertraut machen.

Unsere biologischen Wurzeln

Durch die Vertreter der humanistischen Psychologie sind wir in
der letzten Zeit darauf aufmerksam gemacht worden, daß eine
erstaunlich enge Verbindung zwischen den Menschen und allen
anderen Lebewesen besteht. Der Begründer dieser »dritten
Richtung« in der Psychologie, Abraham Maslow, war mit der
Zoologie gut vertraut. Dadurch war er in der Lage, den ge-
meinsamen Hauptnenner bei Menschen und Tieren zu erkennen. Maslow entdeckte beispielsweise in allen Lebewesen das
Bedürfnis, sich zu entwickeln, und viele Anhänger der »Growth

Psychology« (Wachstumspsychologie) berufen sich auf seine Werke. Ein großer Teil seiner Forschung bezog sich auf das menschliche Bedürfnis nach Selbstverwirklichung. Darin unterschied er sich wesentlich von seinen Kollegen der Freudschen und sozialpsychologischen Richtung.

Vor allem ist Maslow durch seine »Rangordnung der Bedürfnisse« bekannt. Diese besagt, daß alle höheren und niederen Bedürfnisse in biologischer Beziehung wünschenswert sind, daß sie alle zum biologischen Erfolg beitragen. Unsere höhere Natur ist also ebenso instinktabhängig wie unsere niederen Instinkte. Zu unserer höheren Natur gehört dabei unser Bedürfnis nach sinnvoller Beschäftigung, nach Verantwortlichkeit und schöpferischer Tätigkeit und nach einer sinnerfüllten Beziehung zur kosmischen Ordnung durch Philosophie und Religion. Unsere »geistigen« Erlebnisse brauchen sich daher nicht auf die übernatürliche Sphäre zu beschränken, sondern sie können auch von weitgehend biologischer Natur sein.

Vor allem wendet sich Maslow gegen die Zweiteilung, durch die wir in der westlichen Welt so leicht unsere natürlichen Erlebnisse von den übernatürlichen trennen. Unsere Religion ist durch diese Trennung weltfremd und steril geworden, während unsere Wissenschaft sich auf grob-mechanische Denkweisen beschränkt und die höheren menschlichen Ideale und Ziele außer acht läßt. Unsere Religion verlangt blinden und bedingungslosen Glauben, während man in unserer Wissenschaft nur das in Betracht zieht, was sich logisch beweisen läßt. Durch dieses einseitige Schwarzweißsehen werden alle Gebiete des Lebens verzerrt und vergiftet. Es geht das Bewußtsein verloren, daß Gegensätze sich ergänzen, daß sie zusammen erst ein ausgewogenes Bild ergeben, wie dies im Yin/Yang-Konzept symbolisch dargestellt ist.

Durch unsere schizophrene Denkweise haben wir im Westen eine Religion entwickelt, die den Kontakt mit dem Leben verloren hat. Wir trennen das Heilige vom Profanen und verlieren die Fähigkeit, heilige Aspekte in unserem täglichen Leben zu sehen. Unsere alltäglichen Tätigkeiten haben ihren höheren Sinn verloren. Unser Himmel ist weit oben und hat mit unseren niederen Bedürfnissen nur noch wenig zu tun.

Gleichzeitig ist unsere Wissenschaft zweckfrei und objektiv geworden, sie bezieht sich nicht mehr auf den Menschen und die menschlichen Ideale und Bedürfnisse. Sie wird zum Selbstzweck, und die Wissenschaftler lassen sich nur noch von kalter Logik leiten. Der Zweck des Lebens ist nicht mehr Selbstverwirklichung oder die Harmonie mit den kosmischen Gesetzen, sondern die Anpassung des Menschen an die Gegebenheiten, zum Beispiel an die Gegebenheiten unserer kopflastigen Kultur.

Maslow spricht oft von unserer »inneren Natur«, die er im biologischen Sinn auffaßt. Diese unterscheidet sich vom Freudschen Unterbewußtsein dadurch, daß sie eine gesunde und positive Grundlage für die »äußere Natur« bildet. Sie wird nur dann bösartig, grausam oder destruktiv, wenn sie bewußt unterdrückt wird. Kriminelle und perverse Neigungen lassen sich beispielsweise meistens auf die Unterdrückung der inneren Natur zurückführen. Bei gesunden und glücklichen Menschen läßt sich dagegen beobachten, daß sie sich weitgehend von ihrer inneren Natur leiten lassen und eine Harmonie zwischen innerer und äußerer Natur gefunden haben. Die enge Parallele zwischen dieser Vorstellung und dem Yin/Yang-Konzept ist offensichtlich. Die innere Yin-Natur ist nach Maslow subtil und unaufdringlich, sie wird leicht von der äußeren Yang-Natur (dem Bewußtsein) verdrängt. Jedoch verschwindet sie selten ganz und versucht fortwährend, sich auszudrücken.

In Maslows Rangordnung der Bedürfnisse gibt es fünf Hauptebenen:[22]

1. Körperliche Bedürfnisse wie Hunger, Durst und das Atembedürfnis.
2. Sicherheitsbedürfnisse und das Verlangen nach Abwesenheit von Schmerz, Bedrohung und Krankheit.
3. Das Bedürfnis nach Zugehörigkeit, Zuneigung und Liebe.
4. Das Bedürfnis nach Anerkennung und Selbstachtung und das Gefühl des persönlichen Erfolgs.
5. Das Bedürfnis nach Selbstverwirklichung und der Entwicklung des eigenen Potentials.

Diese Bedürfnisse werden gewöhnlich in der hier genannten Reihenfolge befriedigt. Manchmal kann jedoch ein Bedürfnis niederer Art übersprungen oder später berücksichtigt werden. Wir können also kaum unser geistiges und seelisches Potential entwickeln, solange unsere grundlegenden irdischen Bedürfnisse unbefriedigt sind. Wir kommen wiederum zu dem Schluß, daß wir mit den Füßen auf der Erde stehen müssen, bevor wir in den höheren Sphären etwas erreichen können. Wir müssen fest mit der irdischen Wirklichkeit verwurzelt sein, bevor unser Geist gesunde Früchte tragen kann.

Maslows Lehre beruht dementsprechend auch auf der Untersuchung normaler und erfolgreicher Menschen. Darin unterscheidet sie sich grundlegend von der Lehre Freuds, die sich hauptsächlich mit der Pathologie neurotischer Menschen beschäftigt. Jedoch ging es Maslow nicht so sehr darum, Freud zu widerlegen. Vielmehr wollte er Freud ergänzen und ein Bild des gesunden und normalen Menschen entwerfen. Durch langjährige Untersuchungen und Unterhaltungen mit bekannten Persönlichkeiten entdeckte er, daß Menschen, die ein hohes Maß an Selbstverwirklichung und Zufriedenheit erreicht haben, gewisse gemeinsame Züge aufweisen. Beispielsweise sind sie menschlicher und zeigen geistige Klarheit und Wirklichkeitsnähe. Ihre Erlebnisfähigkeit zeichnet sich durch größere Frische und Spontaneität aus. Sie sind orgineller, schöpferischer und haben gleichzeitig ein ausgeprägtes Gefühl der eigenen Identität. Ihre Kontakt- und Liebesfähigkeit ist überdurchschnittlich. Oft haben sie Erlebnisse transzendenter Natur, und sie leben weitgehend im Einklang mit ihrem inneren Selbst. Vor allem verachten sie sich nicht und arbeiten nicht gegen die eigene Natur.

Neben den Lehren Maslows sind in den letzten Jahrzehnten auch viele andere Theorien und Praktiken der Selbstverwirklichung entstanden. Allen ist gemeinsam, daß sie den Menschen zu seinen seelischen Wurzeln zurückführen und ihn aus den Sackgassen seiner wirklichkeitsfremden Ideen befreien. Bei den bekannten »est«-Seminaren von Werner Erhart wird den Teilnehmern beispielsweise auf brutale Weise klargemacht, daß ihre schönen Theorien wertlos sind und daß sie alle ihre Niederlagen und Enttäuschungen selbst verursacht haben. Nachdem diese vernichtende Erkenntnis akzeptiert ist, werden die Teilnehmer auf die »endgültige Wahrheit« vorbereitet, die jedoch nicht in Worten ausgedrückt werden kann.

Das »est«-Seminar vermittelt im wesentlichen die Erfahrung, daß die meisten Menschen heutzutage »aus zweiter Hand« leben. Sie haben nicht mehr den Mut, sie selbst zu sein und ihren eigenen Sinnen zu trauen. Sie denken nicht mehr ihre eigenen Gedanken und verlassen sich nicht mehr auf ihre eigenen Erlebnisse. Sie haben sich von der Gesellschaft verleiten lassen, erzwungene Rollen zu spielen, die Überzeugungen anderer anzunehmen und sich der öffentlichen Meinung anzupassen. Sie haben sich an bequeme, aber falsche Vorstellungen gewöhnt.

Das »est«-Training reißt den intellektuellen Überbau rücksichtslos ab und zeigt den Menschen, wie sie sich selbst finden und ihre Selbstachtung wiedergewinnen können. Dadurch bekommen sie wiederum das Gefühl, daß sie ihr Leben meistern. Sie empfinden sich nicht mehr als hilflose Opfer ihrer Kindheitserlebnisse oder ihrer Eltern, Lehrer und Arbeitgeber. Sie betrachten sich nicht mehr als Objekte von Regierungen, Interessengruppen, Ausbeutern, Massenmedien, Reklame usw. Sie sind jetzt davon überzeugt, daß ihr Leben von ihren eigenen Gedanken und Handlungen gestaltet wird und daß sie selbst für ihren Erfolg oder Mißerfolg verantwortlich sind.

Hunderttausende haben in den USA an den »est«-Seminaren teilgenommen. Manche beschweren sich über die autoritäre Art der Seminarleiter und nennen die Prozedur eine Gehirnwäsche, durch die den Menschen eine falsche Identität gegeben wird. Die meisten Teilnehmer sind jedoch der Ansicht, daß das Erlebnis ihnen dazu verholfen hat, sich selbst zu finden und ihr Potential zu verwirklichen.

Drogen für Streßgeschädigte und Aussteiger

Drogen wie Alkohol, Marihuana, Haschisch, LSD und Opium haben eines gemeinsam: Sie bringen Yin-Eigenschaften in den Menschen hervor. Verspannte Menschen benutzen sie, um sich zu entspannen und um Hemmungen zu überwinden. Andere nehmen Drogen, um das Gefühl der Einsamkeit loszuwerden und aus ihrem geistigen Käfig herauszukommen. Manche Menschen finden Drogen nützlich, um sich selbst zu finden und aus gesellschaftlichen Rollen auszubrechen.

Daß diese Entspannung gewöhnlich mit einem Gefühl der Ekstase und Befreiung verbunden ist, ändert nichts an der Tatsache, daß sie von Menschen gesucht wird, die das Yin-Element in sich entwickeln wollen. Da dieses Element in unserer westlichen Kultur unterentwickelt oder unterdrückt ist, sind Drogensüchtige gewöhnlich auch an okkulten und östlichen Lehren interessiert. Normalerweise ist das Drogenerlebnis darüber hinaus mit zwangloser Geselligkeit verbunden. Der im Westen schon lange gebräuchliche Alkohol wird im gesellschaftlichen und begrenzten Rahmen akzeptiert. Nur der einsame Trinker wird gewöhnlich als Alkoholiker bezeichnet.

Viele Alkoholiker suchen in der Flasche eine Rückkehr zur Geborgenheit des Kindesalters und zu einem Zustand der Problemlosigkeit. Maskuline Frauen trinken Alkohol, wenn sie weicher und femininer sein wollen. Wenn Männer gewohnheitsmäßig Cannabis rauchen, bilden sich bei ihnen manchmal ausgeprägte Brüste. Überspannte Geschäftsleute sehnen sich nach der Arbeit nach einem alkoholischen Getränk, um sich zu entspannen. Ehrgeizige Intellektuelle nehmen LSD, um aus ihren künstlichen Gedankengebäuden auszubrechen und sich neuen Erfahrungen zu öffnen. Kinder aus bürgerlichen Familien rauchen Haschisch, um ihre enge Mentalität abzuschütteln und sich von den elterlichen Vorurteilen zu befreien.

Je künstlicher und verspannter eine Gesellschaft wird, desto mehr Alkoholiker und Drogensüchtige wird sie hervorbringen. Menschen, die einen natürlichen Lebensstil bevorzugen und den Kontakt mit ihrem inneren Selbst nicht verloren haben, sehnen sich selten nach Drogen, obwohl sie bei gesellschaftlichen und zeremoniellen Gelegenheiten von ihnen Gebrauch machen mögen. Drogen sind daher nicht so sehr die Ursache von seelischen und gesellschaftlichen Problemen, sondern eher das Symptom eines unterdrückten Konfliktes, das als Warnsignal dienen sollte. Wenn die Sucht sich auf krankhafte Weise verbreitet, können wir daraus schließen, daß unsere Kultur und Lebensweise die Yang-Eigenschaften zu sehr betont. Wir sind dann zu kopflastig und überspannt geworden und haben den Kontakt mit dem Körper, der Natur, der Erde und den Wurzeln unseres Seins verloren. Weitere Begleiterscheinungen dieser Mentalität sind:

— Überbetonung des Intellekts auf Kosten der subtilen intuitiven Fähigkeiten.
— Feindliche Einstellung gegenüber dem Körper und Unfähigkeit, sich im Körper zu Hause zu fühlen. Mechanisti-

sche Auffassung der Medizin und Vernachlässigung der dem Menschen innewohnenden Heilkräfte.

— Übermäßige Beschäftigung mit der äußeren Wirklichkeit und mit oberflächlichen und materiellen Werten. Vernachlässigung des inneren schöpferischen Potentials.

— Neigung, in dualistischen Entweder-oder-Begriffen zu denken und Kampf und Gewalt als Normalzustand zu sehen. Unfähigkeit, Konflikte und Probleme zu lösen.

— Vorliebe für Yang-Werte, gewaltsamen Sport und männliche Gottheiten – auf Kosten der Yin-Werte, der Freude an der Natur und der Dankbarkeit gegenüber der Mutter Erde.

— Vernachlässigung des Bedürfnisses nach Liebe und Zuneigung; körperliche Liebe wird als Sport oder Zerstreuung betrachtet oder als Mittel zu materiellen Zwecken.

Die Anziehungskraft der Drogen liegt teilweise darin, daß sie die Menschen und die Geschlechter zusammenbringen. Besonders Haschisch wird oft zur Steigerung der erotischen Sensibilität im Kreise Gleichgesinnter genommen. Mit den Schranken und Hemmungen verschwinden jedoch schließlich auch der Geschlechtstrieb und die allgemeine Unternehmungslust. Bald verringert sich die Arbeitslust, so daß die Lebensnotwendigkeiten auf zweifelhafte Weise beschafft werden müssen. Dies mag zunächst als ein gutes Mittel gegen die überspannte und arbeitswütige westliche Mentalität erscheinen. Aber letzten Endes kommt man zu dem Schluß, daß die Drogen lediglich die bestehende Einseitigkeit mit einer neuen Einseitigkeit ersetzen und daß sie die selbstregulierenden Kräfte des Organismus und der Gesellschaft stören. Die langfristigen Wirkungen auf Geist und Körper sind fast ausnahmslos unerwünscht. Drogen wirken sich nur in den Händen derer günstig aus, die sich nicht viel aus ihnen machen. Solche Menschen haben jedoch Zugang zu natürlicheren Wegen, innere Harmonie und transzendente Erlebnisse zu schaffen. Sie können auch gesellige Ereignisse genießen, ohne sich dabei auf Drogen verlassen zu müssen.

7. Die fernöstliche Lebensweise

China ist anders

In China finden wir die älteste überlebende Zivilisation der
Welt. In anderen Teilen der Welt hat es auch uralte Zivilisatio-
nen gegeben, aber die heute dort lebenden Menschen haben zu
ihnen kaum noch ein lebendiges Verhältnis. In China fühlen
sich dagegen die Menschen heute mit ihrer jahrtausendealten
Geschichte eng verbunden. Die Sprache hat sich wenig verän-
dert, und es fällt nicht schwer, Texte zu lesen, die vor Beginn
unserer westlichen Zeitrechnung geschrieben wurden. Selbst im
kommunistischen China zitieren die Zeitungen oft Texte aus
Perioden, die unserer europäischen Steinzeit entsprechen.

Trotzdem haben wir bisher nur wenig von diesem Land er-
fahren. Was wir über China wissen, erscheint oft geheimnisvoll
und schwer verständlich. Bis vor kurzem war das legendäre
Reich der Mitte hinter dem Himalajagebirge und der Wüste
Gobi verborgen. Seit Tausenden von Jahren bestand die einzige
Verbindung zwischen Europa und dem Fernen Osten aus einer
Handelsroute, die nur selten von Karawanen, Missionaren und
Reisenden wie Marco Polo benutzt wurde. Europäer hatten
engere Verbindungen mit Indien, was durch die gemeinsame
indoeuropäische Sprachwurzel, ethnische Blutsverwandtschaft
und vergleichbare Denkweisen erleichtert wurde.

China ist ein riesiges, gewaltiges Land mit einer hochentwik-
kelten eigenständigen Kultur. Die Bevölkerung besitzt große
Vitalität und bildet mit fast einer Milliarde ein Viertel der Erd-
bevölkerung. Im Laufe der Geschichte hat China alle fremden
Einflüsse und Invasionen absorbiert, integriert und verdaut.
Dies ist teilweise auf die überlegene, erdverbundene Philoso-

Chinesische Landschaft, 17. Jhdt.

phie zurückzuführen, die einen Sinn für Gleichgewicht, Humor und kosmische Harmonie erweckt. Auch ihre natürliche Lebensweise und ihr Familiensinn haben den Chinesen geholfen, ihre Identität über die Jahrtausende erfolgreich zu bewahren.

Die chinesische Kunst zeichnet sich durch klare Linien und gefühlsmäßige Einfachheit aus. Unnötige Einzelheiten sind weggelassen, und jeder Pinselstrich ist wesentlich. Bekannt ist die Geschichte von dem König, der mehreren Künstlern auftrug, ein bestimmtes Pferd zu zeichnen. Einer der Künstler war nach zehn Minuten fertig und ging nach Haus. Die anderen brauchten Wochen und Monate, ohne jedoch das Bild des ersten Künstlers zu übertreffen. Der König bat den ersten Künstler, ihm das Geheimnis seines Erfolgs zu verraten. Dies war die Antwort: »Ich habe mich dreißig Jahre lang darin geübt, das Unwesentliche wegzulassen.«

Die meisten chinesischen Kunstwerke bilden Menschen in natürlicher Umgebung ab, zwischen Bambushainen, Wasserfällen, Seen, Bergen usw. Während westliche Gemälde oft wichtige und reiche Individuen darstellen und von Kirche, Staat oder Kaufleuten in Auftrag gegeben wurden, zeigen chinesische mehr das tägliche Leben einfacher Menschen in ihrer natürlichen Umgebung. Die ganze chinesische Kultur ist ihrem Wesen nach mehr bäuerlich als feudal. Viele Gegenstände des täglichen Gebrauchs wurden mit großem künstlerischen Können hergestellt, und antike chinesische Teller werden heutzutage von Sammlern in aller Welt mit Gold aufgewogen.

Die Chinesen glauben auch heute noch an die kosmische Urkraft Ki (Chi), die sich überall im Weltall sowie im menschlichen Leben äußert und in allen Menschen latent verborgen ist. In allen alten chinesischen Schriften wird betont, daß die Menschen nur dann richtig denken und handeln können, wenn sie mit dem Ki harmonieren, das in der Bauchgegend (in der Nähe des Sonnengeflechts) seinen Sitz hat und durch das Herz zum Ausdruck kommt. Es gibt in China und Japan verschiedene Methoden, diese Harmonie herzustellen – wie zum Beispiel das Tai Chi (Schattenboxen), Judo und Aikido (Selbstverteidigung), Shiatsu und Do-In (Massage), Zen-Meditation usw. In Japan wird dem Bedürfnis nach Harmonie im Rahmen des häuslichen Lebens durch die Tee-Zeremonie und die Blumenanordnung (Ikebana) Ausdruck gegeben. Bekannt sind auch die japanischen Gärten, in denen Pflanzen, Bäume und Steine symbolisch angeordnet werden.

Viele der chinesischen Vorstellungen, die sich seit Urzeiten entwickelt hatten und die teilweise im *Buch der Wandlungen* enthalten sind, wurden vor etwa 2600 Jahren von Konfutse formuliert. In seinen Werken beschrieb er, daß wir nur dann klare Gedanken haben können, wenn wir auf unser Herz hören. Unsere Handlungen können wiederum nur dann gut sein, wenn wir klare Gedanken haben. Alles Denken und Wissen wird durch den Kontakt mit dem Herzen bereichert und harmonisiert. Alle üblen Taten werden von Menschen begangen, die diesen Kontakt verloren haben. Wo religiöse Menschen im Westen Gott um Frieden und Gnade bitten, suchen die Chinesen den Einklang mit dem Ki, indem sie auf die Eingebungen des Herzens lauschen. Konfutse benutzte niemals die Vorstellung eines Gottes und zog es vor, nicht über das Thema zu sprechen. Das chinesische Wort, das unserem Wort »Gott« am nächsten kommt, ist vielleicht »Yang«, die männliche Hälfte der Urkraft Ki.

Über die Kunst, klare Gedanken zu haben, sagte Konfutse, daß wir den »ruhenden Punkt« in uns kennen müssen. Dadurch gewinnen wir klare und praktische Begriffe, die es uns ermöglichen, auch in den verwirrendsten und gefährlichsten Umständen richtig und wirkungsvoll zu handeln. Er erklärte, daß alle Dinge ihre unterirdischen Wurzeln und überirdischen Zweige haben. Alles hat einen unsichtbaren Ursprung und ein sichtbares Entfalten. Wir dürfen nicht die Reihenfolge der Dinge verwirren, ebenso wie wir nicht den Unterschied zwischen Kopf und Fuß vergessen dürfen. Diese Reihenfolge muß auch in bezug auf die gesellschaftlichen Verhältnisse beachtet werden, und die meisten chinesischen Philosophen erwähnen dies auf die eine oder andere Weise. Gewöhnlich wird das durch die folgende Geschichte illustriert:

Ein König wird mit den chaotischen Zuständen in seinem Land nicht mehr fertig und fragt einen ehrwürdigen weisen alten Mann um Rat. Der Weise erklärt, daß man zuerst in den Provinzen Ordnung schaffen muß, um die Zustände im ganzen Land zu normalisieren. Um die Provinzen richtig zu regieren, muß man erst in den Dörfern und Städten für Frieden sorgen. Die Menschen in den Dörfern und Städten können aber nur dann gut sein, wenn es innerhalb der Familien harmonisch zugeht. Ordnung in der Familie ist wiederum nur dann möglich, wenn sich Mann und Frau gut verstehen. Männer und Frauen können sich aber nur dann verstehen, wenn sie mit ihren Herzen im Einklang leben, wenn sie mit dem Ki und der kosmischen Ordnung harmonieren. Eine solche Harmonie kann nicht durch Gesetze, Polizisten oder Armeen geschaffen werden – sie kann nur von einem König inspiriert werden, der mit dem Ki harmoniert.

Die Urkraft Ki setzt sich wiederum aus Yin und Yang zusammen. Yin und Yang sind die beiden kosmischen Elemente, die sich gegenseitig ergänzen und in einer sich fortwährend wandelnden Beziehung miteinander stehen. Im Ki-Symbol kommt diese dynamische Polarität gut zum Ausdruck. Jede der beiden Hälften enthält den Keim der anderen Hälfte und teilt gewisse Eigenschaften der Gegenseite. Wenn die Yang-Seite sich zu extrem entwickelt, entsteht eine Neigung zur Yin-Seite hin, und umgekehrt.

Wenn der westliche Geist dieses Symbol betrachtet, neigt er dazu, sich mit einer Hälfte zu indentifizieren und die andere Hälfte abzulehnen. Er projiziert leicht seine Einseitigkeit und seine inneren Konflikte auf das Symbol. Er neigt dazu, das helle Yang-Element vorzuziehen und das dunkle Yin-Element abzulehnen. Diese Art von Schwarzweißdenken würde ein gebildeter Chinese als grob und kindisch empfinden, da sie der sich stetig wandelnden Wirklichkeit nicht gerecht wird.

Die geradlinige und logische westliche Denkweise hat natürlich auch ihre guten Seiten, solange sie nicht auf Kosten der lebensnahen Intuition kultiviert wird. Sie kann nur dann von Nutzen sein, wenn sie von geistig ausgewogenen Menschen angewandt wird. Im Osten wie im Westen kennt man den Spruch: »Wenn ungeeignete Menschen die richtigen Methoden anwenden, dann erbringen die richtigen Methoden unerwünschte Ergebnisse.« Unsere einseitige Besessenheit mit der Yang-Mentalität hat uns bereits an den Abgrund der ökologischen und atomaren Katastrophe gebracht und hat eine Zersetzung der Familie und Gesellschaft bewirkt. Damit soll nicht gesagt sein, daß es im Fernen Osten solche Probleme nicht gibt oder daß die chinesische Kultur der unseren in jeder Beziehung überlegen ist. Was sich aus dem Vergleich der beiden Kulturen jedoch offensichtlich ergibt, ist, daß beide Seiten voneinander lernen können.

Einige östliche und westliche Symbole:

Das Kreuz,
ein grundsätzlich
männliches Symbol,
vertikal, kopflastig,
geradlinig.

Zeichen der
japanischen
Schinto-Religion,
Baum auf Erde
stehend.

Tai Chi,
dynamisches Gleich-
gewicht zwischen Yin
und Yang, Mann und
Frau.

Zen befreit von Illusionen

Obwohl die Wurzeln der Zen-Lehre im (indischen) Buddhismus und (chinesischen) Taoismus liegen, hat sie sich in den letzten achthundert Jahren zu einem typisch japanischen Phänomen entwickelt. Die buddhistische Grundidee ist jedoch geblieben: Alle unsere Sorgen und Probleme sind Buddha zufolge durch unsere eigenen Illusionen verursacht. Wir machen uns also das Leben durch unrealistische Denkgewohnheiten schwer, wir verlassen uns zu sehr auf Denkgebäude, die den Tatsachen des Lebens nicht entsprechen. Wir müssen uns darin üben, die ursprünglichen Wahrheiten zu erkennen und Vorurteile aufzugeben. Dies können wir unter der Leitung eines Zen-Meisters durch tägliche »Za-Zen«-Meditation und andere Übungen erreichen.

Diskussionen und intellektuelle Spekulationen werden beim Zen vermieden. Statt dessen wird Erleuchtung durch direkte Erlebnisse und Erkenntnisse im Alltagsleben gesucht. Man lebt im Jetzt und Hier und findet Anlässe zur religiösen Einsicht in den praktischen Aspekten des Tages.

Umgekehrt wird auch den praktischen Seiten des täglichen Lebens religiöse Bedeutung beigemessen. Jede Tätigkeit kann als Weg (japanisch »Do«, chinesisch »Tao«) zur Erleuchtung dienen. Ein bekanntes Beispiel dafür ist die Tee-Zeremonie, ein gesellschaftlicher Ritus, der direkt der Zen-Lehre entspringt. Weiterhin äußert sich der Zen-Geist in der japanischen Kalligraphie, im Ikebana, in der Haiku-Dichtung und in anderen Künsten. Beim Judo und Bogenschießen kommen die Einfachheit, Spontaneität und Geistesgegenwart der Zen-Mentalität besonders zum Ausdruck.

In dem Buch *Zen und die Kunst des Bogenschießens* von Eugen Herrigel wird dies eingehend beschrieben.[23] Herrigel brachte fünf Jahre unter der Leitung eines Meisters damit zu, das »religiöse Ritual« des Schießens und die dazu nötigen spontanen, mühelosen Bewegungen zu erlernen. Während dieser Jahre veränderte sich sein ganzes Wesen von Grund auf, bis es ihm gelang, mit dem Bogen und dem Ziel eine Einheit zu bilden, so daß der Pfeil wie von selbst auf das Ziel zuflog. Das Buch ist besonders zu empfehlen, weil es den Zen-Geist anhand von Erlebnissen und Beispielen veranschaulicht und intellektuelle Erklärungen vermeidet.

Den meisten Zen-Schülern wird von Zeit zu Zeit ein »Koan« (Rätsel) aufgegeben, durch das sie ihren Reifegrad beweisen können. Das Koan ist eine scheinbar unlogische Aussage, in der ein tieferer Sinn verborgen liegt. Anfänger erhalten beispielsweise oft Sprüche wie die folgenden, über die sie zunächst stundenlang meditieren, bevor sie dem Meister eine Lösung anbieten, die meist zurückgewiesen wird:

»Was für ein Gesicht hattest du, bevor deine Eltern geboren wurden?« oder:
»Wenn du mit den Händen klatschst, entsteht ein Geräusch. Was hörst du, wenn du nur mit einer Hand klatschst?«

Die Antwort auf das zweite Koan ist vielleicht, daß man beide Hände zum Klatschen braucht, ebenso wie man zum Laufen zwei Beine braucht. Yin und Yang brauchen einander ebenso wie Mann und Frau. Wenn die Welt einen Vater hat, dann hat sie auch eine Mutter. Zum klaren Denken braucht man Logik, aber auch Intuition usw.

Japanische Poesie zeichnet sich durch ihre Naturnähe und Spontaneität aus. Bekannt sind die Haiku-Gedichte, die jeweils nur einige Zeilen umfassen und gewöhnlich naheliegende Naturszenen zum Thema haben:

Eiszapfen werden kleiner.
Ich höre schon Vögel.
Bunter Krokus bricht durch den Schnee.

Vor einigen Jahren schrieb ein amerikanischer Psychologe ein aufsehenerregendes Buch mit dem Titel *The Japanese Mind*.[24] Er hatte durch intensive Untersuchungen festgestellt, daß die Japaner das Leben auf ganz besondere Weise erfahren. Ihr Gehirn registriert z. B. Töne wie Vogelgesang und menschliche Stimmen als gleichartig. Sie empfinden also die von verschiedenen Tieren geäußerten Töne als eine »Sprache«, während dieselben Töne von Menschen anderer Nationalität als bloßes Geräusch empfunden werden. So erklärt sich die Naturnähe und intuitive Denkweise der Japaner, und nicht einmal die naturnahen Chinesen ähneln ihnen in dieser Hinsicht. Sehr groß ist jedoch der Unterschied zur westlichen Denkweise, die sich bewußt von der Natur distanziert. Während in Japan viele Tempel bestimmten Tieren gewidmet sind, werden Tiere in der Bibel nur als Blutopfer und Nahrungsmittel erwähnt. Der katholischen Theologie zufolge haben Tiere (und übrigens auch Heiden) keine Seele und dürfen daher gefoltert und mißbraucht werden.

Japaner haben eine besonders enge Beziehung zu Tieren, Pflanzen und Bäumen. Überall findet man Statuen von Tieren, und jedes Tier hat eine symbolische Bedeutung. Füchse gelten als Symbole irdischen Erfolgs, und Hundestatuen bewachen Tempel. Der chinesischen Astrologie entsprechend, sind sogar die Jahre nach Tieren benannt: Es gibt das Jahr der Ratte, des Stieres, des Tigers, der Katze, des Drachen usw. Wenn Bäume für bestimmte Zwecke gefällt werden müssen, hält man Begräbniszeremonien zu Ehren der Baumseelen. Es ist kein Zufall, daß sich ähnliche »heidnische Bräuche« auch bei den amerikanischen Indianern finden, die wahrscheinlich über Sibirien und Alaska aus dem Orient einwanderten. Man kann es als eine Ironie des Schicksals betrachten, daß die Japaner heute sogar auf vielen Gebieten der Technik, Wirtschaft und Wissenschaft den Westen überflügeln. Der Grund dafür ist nicht so sehr, daß die japanische Kultur makellos ist, sondern daß der westlichen Kultur das Gleichgewicht fehlt. Wir klatschen sozusagen mit einer Hand, wir laufen auf einem Bein und verlassen uns zu sehr auf das väterliche (Yang) Element.

In seinem Buch *Weisheit des lächelnden Lebens* beschreibt Lin Yutang, wie er als Sohn eines christlichen Pfarrers in China aufwuchs.[25] In seiner Jugend hatte er die christliche Lehre ganz selbstverständlich akzeptiert, und später bereitete er sich selbst auf den Beruf seines Vaters vor. Während seines Studiums tauchten jedoch die ersten religiösen Zweifel auf. Er beobachtete beispielsweise, daß viele Christen Gott um kleine Gaben baten, um gutes Wetter, Regen, Erfolg beim Angeln oder andere Dinge. Später dankten sie dann Gott, wenn die Angelegenheit zu ihren Gunsten ausfiel, als ob Gott nichts Besseres zu tun hätte, als Millionen von Einzelwünschen zu erfüllen. Diese weitverbreitete Gewohnheit erschien ihm naiv und unverschämt. Er hatte mehr Verständnis für die »heidnische« Überzeugung, daß die Menschen für ihr Leben selbst verantwortlich sind, daß sie erwachsene Individuen sind und keine kleinen Kinder des allmächtigen Vaters. Mußte man es nicht als selbstsüchtig und kindisch bezeichnen, wenn Menschen beispielsweise um Regen baten, wenn ihre Nachbarn sich Sonnenschein wünschten?

Eine andere Sache, die Lin Yutang störte, war das Konzept der Erbsünde, derzufolge alle Menschen Sünder waren, weil sie »in Sünde empfangen« und das Produkt des sündhaften Geschlechtsaktes waren. Er fragte sich, warum die Menschheit von ihren Sünden nur dadurch gereinigt werden sollte, daß ein Heiliger vor zweitausend Jahren getötet wurde. Auch hatte er seine Zweifel über die Motive der Christen, gute Taten zu vollbringen. Waren sie nicht nur darum gut, um in den Himmel zu kommen und weil sie Angst vor der Hölle hatten? Für eine solche Art der Religiosität hatten die chinesischen Heiden nur Mitleid und Verachtung übrig.

Die christliche Vorstellung der Unsterblichkeit erschien Lin Yutang arrogant und undankbar. Die Christen sind nicht mit der Unsterblichkeit des gesamten Lebensvorgangs zufrieden, mit dem großen Strom des Lebens, der fortwährend in die Ewigkeit fließt und von dem sie einen Teil bilden. Sie sind nicht damit zufrieden, daß sie diesen wunderbaren Körper erhalten haben, der fast göttliche Eigenschaften hat. Sie selbst wollen ewig leben!

Im Vergleich zur komplexen christlichen Theologie ist der chinesische Heidenglaube sehr einfach und natürlich. Heiden betrachten sich jedoch keineswegs als unreligiös, obwohl sie nicht solch ein frommes Gebaren an den Tag legen. Chinesen neigen weniger zu der Überzeugung, daß sie eine patentierte religiöse Formel besitzen, die auf dem »Wort Gottes« beruht. Toleranz und Religionsfreiheit haben im Fernen Osten eine lange Tradition. Niemals gab es dort so etwas wie die europäische Inquisition, die im Namen Gottes Millionen unschuldiger Menschen zu Tode folterte oder lebendig verbrannte.

Im Vergleich dazu fand Lin Yutang die chinesischen Heiden ganz verständig. Sie schienen einen gesunden Sinn für Anstand und Humor zu haben. Sie verlangten im Leben weder zuviel noch zuwenig, und sie erfreuten sich gleichermaßen der irdischen wie der himmlischen Genüsse. Eine gute Mahlzeit konnte ihnen ebensoviel bedeuten wie ein gutes Buch. Große Ideen schienen ihnen nicht wichtiger als die Harmonie zwischen Mann und Frau.

Die Chinesen legten vor allem auf Gleichgewicht und Mäßigung Wert. Großer Reichtum erscheint ihnen ebenso unerwünscht wie große Armut. Die westliche Neigung zur Perfektion und zum Extrem liegt ihnen fern. Auch wenn sie in der Mäßigung eine Tugend sehen, übertreiben sie diese Tugend nicht. Obwohl sie die Gesellschaft verbessern wollen, erstreben sie keine starre Ordnung. Sie erwarten kein vollkommenes Glück und auch keine vollkommene Ehe. Immer suchen sie den Mittelweg und vermeiden Extreme. Sogar im Himmel suchen sie keine absolute Vollkommenheit, sondern ein vernünftiges Gleichgewicht der Kräfte. Die Menschen haben daher ihrer Ansicht nach nichts zu fürchten, solange sie sich vernünftig verhalten und ihren Sinn für Humor bewahren. Alles im Leben gleicht sich letzten Endes aus: Auf den Tag folgt die Nacht, der Ebbe folgt die Flut, die Bäume wachsen nicht in den Himmel, der böse Mensch fällt in seine eigenen Fallen, und der arrogante Mensch macht sich selbst das Leben schwer.

Lin Yutang, der viele Jahre in den USA zubrachte und auch Europa besuchte, dachte viel über den Unterschied zwischen der westlichen und östlichen Lebensweise nach. Als Vertreter einer älteren und reiferen Kultur kann er uns helfen, die Probleme unserer kulturellen Kinderkrankheiten zu erkennen:

— In unserer westlichen Gesellschaft haben wir wenig Zeit füreinander, denn »Zeit ist Geld«. Wir haben nicht einmal Zeit für uns selbst und fühlen uns schuldig, wenn wir nicht irgendwie tätig sind. Wir haben die Fähigkeit verloren, uns der Muße und der Schönheit der Natur zu erfreuen.

— Bei uns schämen sich die älteren Menschen ihres Alters, sie versuchen, jung und aktiv zu erscheinen. In unserer Wertskala nehmen Würde und Reife keinen hohen Platz ein. Es ist schlimm genug, wenn jüngere Menschen sich nicht entspannen können. Im Alter wird aus dieser Unfähigkeit jedoch eine Art Geisteskrankheit, die oft wirkliche Krankheiten verursacht. Darüber hinaus glauben die meisten Jugendlichen, daß alte Leute nichts zu bieten haben und daß sie der Gesellschaft nur zur Last fallen.

— Im Westen wissen die Menschen noch nicht, daß Einsamkeit und innere Sammlung im Leben von großer Wichtigkeit sind. Sie sind noch Anfänger in der Kunst, nach einem anstrengenden Tag im Bett zu liegen. Viele Geschäftsleute könnten gesünder und reicher sein, wenn sie sich ab und zu ein paar Stunden Ruhe gönnten. Sie würden dann die geistige Klarheit gewinnen, die sie zur erfolgreichen Durchführung ihrer Angelegenheiten brauchen. In solchen Perioden des Schweigens verschwinden unwesentliche Gedanken, während die wichtigen Punkte klarer hervortreten. Muskeln entspannen sich, die Sinne werden wacher, und das Bewußtsein findet den Kontakt mit den unterbewußten Quellen.

— Im Westen spielt der Sex-Appeal eine große Rolle. Die Frau wird zum Spielzeug, man sieht sie nicht als Mittelpunkt der Familie. Männer und Frauen ergänzen sich nicht, sondern konkurrieren miteinander um Geld und Erfolg.

— Im Westen sind die Menschen in vieler Beziehung übermäßig hygienisch. Trotzdem macht es uns nichts aus, mit Leuten aller Art die Hände zu schütteln. Im Orient zieht man es vor, die eigenen Hände zusammenzulegen, wenn man andere begrüßt oder sich verabschiedet.

— Die westlichen Kleidungsstücke sind nicht besonders natürlich, sie eignen sich nicht für den menschlichen Körper. Sie behindern den Körper mit Gürteln, Kragen, Schlipsen, Hüten und engen Schuhen. Sie sind weder ästhetisch noch hygienisch, noch ökonomisch. Sie dienen hauptsächlich als

Statussymbole und um Aufmerksamkeit zu erregen, sind jedoch unbequem und unpraktisch.

— Unsere Stühle sind zu hoch, man kann in ihnen nicht entspannen. Wir sollten entweder ihre Beine abschneiden oder unsere Füße beim Sitzen auf einer Fußbank ruhen lassen. Unsere Gesundheit würde sich auch verbessern, wenn wir öfter auf dem Fußboden sitzen oder hocken würden. Nirgends fühlt man sich verspannter als auf den hohen Stühlen in amerikanischen Bars. Hohe Stühle mögen im Büro unvermeidlich sein, sie sind jedoch an anderen Orten fehl am Platze. Jeder Tag soll einen Zyklus von Arbeit und Spiel bilden, von Spannung und Entspannung. Wenn Geist und Körper sich nie entspannen, wird man nervös und krank. Besonders Frauen verlieren durch eine solche Lebensweise ihre weiblichen Eigenschaften.

— Im Westen sind die meisten Konversationen nüchtern und geschäftsmäßig. Den Menschen fehlen die Gelassenheit und der Sinn für Humor und leichte Nuancen. Im Fernen Osten werden die Geselligkeit und Freundschaft durch die Tee-Zeremonie und bei anderen Gelegenheiten kultiviert. Die Utensilien und die Atmosphäre werden dabei sorgfältig und mit viel Gefühl vorbereitet, und der Persönlichkeit jedes Besuchers wird Rechnung getragen.

— Unsere westlichen Schulen benutzen die Methoden der Massenproduktion und betonen mechanische Tests und Prüfungen. Die Schüler müssen sehr viel Wissen anhäufen und entwickeln nicht ihre Denkfähigkeit, ihre Urteilsfähigkeit, ihren ästhetischen Geschmack und ihre Kreativität.

— Unsere Nahrung ist gewöhnlich mit wenig Phantasie zubereitet. Oft fehlt es ihr an Frische, Geschmack und Vielfalt, oder sie ist totgekocht oder künstlich behandelt.

— Unsere Häuser fügen sich nicht organisch in die Landschaft. Oft sehen sie aus wie kleine rechteckige Industriegebäude auf plattgewalzter Erde. Die Gärten sehen gewöhnlich ebenso künstlich und rechteckig aus.

Konfutse betonte oft, daß seine Lehre nicht neu sei und daß sie weitgehend auf alten Schriften wie dem *Buch der Wandlungen* beruhte. Sein Zeitgenosse Laotse, der als Gründer des Taoismus gilt, benutzte auch die Vorstellung des kosmischen Gleichgewichts zwischen Yin und Yang. Aber während Konfutse mehr nach rechts lehnte und eine milde Form des Patriarchats mit Selbstdisziplin, Etikette und Hierarchie empfahl, war Laotse mehr liberal eingestellt. Seine Vorstellungen über die Welt und unsere Rolle in ihr sind in seinem Buch *Tao te king* (»Das Buch von Sinn und Leben«) beschrieben. Es enthält nur 81 kurze Gedichte und ist somit eines der dünnsten Bücher der Weltliteratur. Jeder Vers steckt voller tiefer Beobachtungen, und es heißt, daß sogar Konfutse die Weisheit des *Tao te king* nur teilweise ermessen konnte. Der bekannte Sinologe Joseph Needham nannte es das tiefste und schönste Werk der chinesischen Literatur.

Als das Wesen des Universums beschreibt Laotse die »Ewige Mutter«, die allen Dingen zugrunde liegt und Ordnung sowie Wandlung bewirkt. Diese geheimnisvolle Kraft ist unsichtbar und namenlos:[26]

> Der Name, der genannt werden kann, ist nicht der wirkliche Name. Die Wahrheit, die sich mit Worten beschreiben läßt, ist nicht die ewige Wahrheit.
> Der Anfang von Himmel und Erde läßt sich nicht beschreiben.
> Nur relative Dinge kann man in Worte fassen, jede Beschreibung ist nur ein Vergleich.
> Wer das versteht, kann auch erkennen, daß das Relative mit dem Absoluten Wesen des All eine Einheit bildet.
>
> . . .
>
> Wenn man eine Sache gut oder schön nennt, dann hat man eine andere Sache schlecht oder unschön genannt.
> Wenn man eine Sache leicht nennt, hat man eine andere Sache schwer genannt.
> Das Hohe und das Tiefe sind zwei Aspekte derselben Harmonie.

Laotse

Der Weise geht daher sanft vor und lenkt mit wenigen sanften Worten. Er handelt im Einklang mit den natürlichen Gesetzen und verbirgt sein Ich.

. . .

Das Tao erscheint, von außen gesehen, leer, ist jedoch mit unerschöpflicher Energie gefüllt. Diese steht jedem zur Verfügung, der ihr Wesen versteht. Es weist den Weg und klärt die innere und äußere Verwirrung. Es hat keinen Anfang und kein Ende.

Laotse gab der kosmischen Urkraft den provisorischen Namen *Tao,* was soviel heißt wie »Weg« und eine Bewegung von Menschen und Ereignissen durch Zeit und Raum andeutet. Das Tao entwickelt sich aus sich selbst, ordnet sich selbst und wandelt sich fortwährend nach ewigen Gesetzen. Es ist die Grundlage aller Dinge im Himmel und auf Erden. Seine mütterliche Kraft übt einen sanften Einfluß auf den Gang der Dinge aus, ohne jedoch offensichtlich zu herrschen: ». . . Es ist die unfaßbare Mutter, die Wurzel des All.« Wenn man die Schriftsymbole des sechsten Gedichts aus dem Chinesischen wörtlich übersetzt, erhält man etwa folgende Bedeutung: »Die geheimnisvolle Kuh (das weibliche Element) ist unsterblich, auf ihr beruhen Himmel und Erde. Sie ist formlos wie eine Wolke, die sich fortwährend ändert.«

Laotse zufolge sollte es unser Ziel sein, im Einklang mit dieser Kraft zu leben. Wir sollen bescheiden, sanft und anpassungsfähig sein. Wer sich gewaltsam in den natürlichen Ablauf der Dinge einmischt, schadet sich nur selbst und schafft Chaos. Unsere Gedanken sollen wirklichkeitsnah und flexibel sein, und nötigenfalls sollen sich unsere Meinungen so oft wie das Wetter ändern. Wir sollen uns durch den Kontakt mit dem Tao stark fühlen, uns jedoch nach außen hin schwach und unscheinbar zeigen. Die Sucht nach Macht, Besitz und Ruhm bringt kein Glück, weil uns diese Dinge von der Gnade anderer abhängig machen.

Auf gesellschaftlichem Gebiet soll sich die Regierung möglichst wenig einmischen. Alle Menschen haben den angeborenen Wunsch, gut und anständig zu sein, und eine einfache und unschuldige Lebensweise erweckt diese Eigenschaften. Eine gute Regierung beeinflußt die Gesellschaft unmerklich, indem sie Entwicklungen im Frühstadium beeinflußt, anstatt später Gewalt anzuwenden. Alle Bemühungen, durch Gesetze, Polizisten oder Krieg Ordnung zu schaffen, bringen nur noch mehr Unordnung und Leid.

Wenn die Gesellschaft dagegen mit dem Tao harmoniert, fallen die Interessen des einzelnen mit denen der Gemeinschaft zusammen. Geschickte Anführer formulieren ihre Anordnungen so, daß sie mit der menschlichen Natur übereinstimmen, und sie geben ein gutes Beispiel, indem sie Angeberei und Prunk vermeiden. Die Anführer sollten nicht vergessen, daß auch sie dem Volk entstammen, daß sie ihre Stellung dem Volk verdanken und daß sie ein Produkt der Gesellschaft sind, die sie zu führen suchen. Sie sollten ein Gefühl der Wechselseitigkeit bewahren und die Stimmung des Volkes beachten. Große Probleme sind gewöhnlich die Folge von unscheinbaren Konflikten, die früher mißachtet oder totgeschwiegen wurden. Geschickte Anführer sind erfolgreich, weil sie gewissenhaft alle Einzelheiten beachten, während starke und aggressive Anführer durch ihr grobes Auftreten Konflikte und Katastrophen herbeiführen. Das Volkseinkommen sollte ziemlich gleichmäßig verteilt werden, damit kein Neid aufkommt und die Menschen nicht zum Stehlen verführt werden.

Fast auf jeder Seite des *Tao te king* kann man eine Anspielung auf die sanfte Yin-Lebensweise oder das mütterliche Element in der gesellschaftlichen oder kosmischen Ordnung entdecken. Vielleicht hängt das mit Laotses eigenem Leben zusammen. Einer chinesischen Überlieferung nach wurde er im Jahr 604 vor unserer Zeitrechnung als Sohn eines Bauern geboren. In seiner Jugend zeigte er großes Interesse an der Philosophie und den alten Schriften. Später wurde er Archivar an einem Fürstenhof, wo er einen Einblick in das höfische Leben und die Politik gewann. Bald ekelten ihn die Intrigen, Extravaganzen und das oberflächliche Treiben an, und er sehnte sich zurück nach dem natürlichen Leben auf dem Lande.

Wir können annehmen, daß er unter den alten Schriften auch einige Beschreibungen alter Kulturen und Gebräuche fand, die dem in seinem Buch angedeuteten matriarchalischen Modell nahekamen. Daß solche friedfertigen Gesellschaften früher in China, in Südostasien und auch in anderen Teilen der Welt bestanden, wird heute von Archäologen und Historikern bestätigt.

Laotse spricht von den Vorfahren, die den rechten Weg kannten und im Einklang mit dem Tao lebten. Sie lebten einfach, brauchten keine aufwendige Regierung und hatten nur wenige Waffen. Sie hatten keine großen Ambitionen und hielten vermutlich nicht viel vom technischen Fortschritt. Solche Kulturen sind anscheinend im Laufe der Jahrtausende von kriegerischeren Patriarchaten verdrängt worden, ebenso wie auch in Europa die prähistorischen Yin-Kulturen von unserer gegenwärtigen Yang-Kultur verdrängt wurden. Nur sehr wenige Beschreibungen der alten Kulturen und Gebräuche blieben erhalten, und im *Tao te king* haben wir vielleicht das reinste und umfassendste Beispiel. In den von B. Szekely übersetzten Lehren der Essener, die auf zentralasiatische Wurzeln zurückgehen, sind ähnliche Gedanken überliefert. Diese fanden wiederum teilweise Eingang in das Neue Testament, da Jesus mit den Essenern in Verbindung stand, wie bereits im Kapitel 2 erwähnt.

Der Name Laotse ist übrigens ein Ehrentitel, der »der Alte« oder auch »weises Kind« bedeutet, und der wirkliche Name ist Li Pe-jang. Es wird erzählt, daß Laotse im hohen Alter seine Heimat verließ. An der Grenze bat ihn der Wachtposten, noch ein paar weise Worte für seine Landesgenossen zu hinterlassen. Er erfüllte den Wunsch und schrieb an einem einzigen Tag das tiefste und schönste Werk der chinesischen Literatur, das *Tao te king*. Danach zog er sich in die von ihm geliebte Einsamkeit zurück und wurde nicht mehr gesehen.

I Ging: die kosmische Familie

Manche Menschen sehen im *Buch der Wandlungen*, auf chinesisch *I Ging*, einen geheimnisvollen Text zum Wahrsagen. Andere bezeichnen es als eine Quelle tiefer psychologischer und philosophischer Weisheit. Manche Menschen erkennen darin das Modell einer sinnvollen kosmischen Ordnung. Andere wiederum nennen es eine sinnlose Mischung von steinzeitlichen Binsenweisheiten und Aberglauben.

Studenten ziehen dieses Buch zu Rate, wenn sie entscheiden wollen, ob sie heute studieren oder schwimmen gehen sollen. Mädchen lassen sich vom *I Ging* beraten, wenn sie wissen wollen, welcher junge Mann für sie geeignet ist. In seinem Vorwort zur von R. Wilhelm übersetzten Ausgabe beschreibt C. G. Jung, wie er manchmal stundenlang unter einem alten Baum saß und seine Fragen durch das Buch beantworten ließ. Die Resultate brachten immer wieder erstaunliche Erkenntnisse und unerwartete Gedankenverbindungen, sie warfen Licht auf gedankliche Vorgänge, die ihm vorher unklar geblieben waren. Manchmal wurden schwierige und schon lange bestehende Probleme durch die auf diese Weise gewonnenen Perspektiven innerhalb von Minuten gelöst. Jung erklärte sich dieses Phänomen durch eine gewisse »Synchronizität« zwischen Vorgängen in der Welt der Materie und der Welt des Geistes. Wenn er also ein bestimmtes Orakel zu einer bestimmten Zeit aufschlug, so entsprach dies bestimmten gleichzeitigen Ereignissen in der wirklichen Welt.

Der englische Psychologe Stan Gooch erwähnt das *Buch der Wandlungen* in vielen seiner Schriften, und er kommt zu dem folgenden Schluß: »Das *I Ging* vermittelt uns anscheinend einen Zugang zu der Dimension der Ewigkeit, in der die Grenzen von Zeit und Raum überschritten werden ... Ich persönlich habe nicht die leiseste Ahnung, wie man ein solches Buch von Anfang an zusammenstellen könnte, und niemand hat darauf eine Antwort. Tatsache ist jedoch, daß dieses geheimnisvolle Buch praktische Ergebnisse bringt.«[27]

Die ersten Anfänge des *I Ging* waren auf Knochen geritzte Schriftzeichen, die mit dem Wetter, der Ernte, der Jagd und anderen praktischen Angelegenheiten zu tun hatten. Solche vier- bis fünftausend Jahre alten Knochen sind bei Ausgrabungen gefunden worden. Später wurden die Texte auf Tierhäute übertragen, und König Wen gab dem Buch seine vorläufige Fassung um das Jahr 1200 v. Chr. Darauffolgende Generationen haben Kommentare hinzugefügt, und der Text wurde verschiedene Male neu zusammengestellt. Zitate aus den Werken von 218 Philosophen und Gelehrten wurden im Laufe der Zeit eingefügt. Konfutse soll viele der Kommentare geschrieben haben. Gleichzeitig betrachtet er das Buch als seine wichtigste Quelle der Inspiration und Weisheit. Es heißt, daß er sein Exemplar so oft benutzte, daß es mehrere Male neu gebunden werden mußte. Sein Zeitgenosse Laotse sah das Buch auch als Grundlage seiner Philosophie an, und dasselbe gilt für fast alle anderen chinesischen Philosophen. Tatsächlich sind alle Bereiche des chinesischen Lebens seit Jahrtausenden von diesem Buch beeinflußt worden, und einer Legende zufolge ist ein lebendes Wesen von übernatürlicher Kraft in seinen Seiten verborgen.[28] Sogar im heutigen kommunistischen China wird das *Buch der Wandlungen* als bedeutungsvoll anerkannt, obwohl einige von Konfutse stammende Kommentare patriarchalischer Natur abgelehnt werden.

Viele westliche Leser finden das Buch wegen der in ihm erwähnten Familienstruktur besonders interessant. Die achtköpfige Familie besteht hier aus Vater (Yang), Mutter (Yin), drei Söhnen und drei Töchtern. Alle Mitglieder der kosmischen Familie und ihre Beziehungen untereinander sind in 64 »Hexagrammen« genau beschrieben. Hexagramm 44 beschreibt beispielsweise die Beziehung zwischen Vater und ältester Tochter mit allen Nebenerscheinungen auf der Ebene des einzelnen, der Familie, des Königreichs und des Kosmos. Dazu kommen noch allgemeine Ratschläge und Weisheiten, die sich auf diese Situation beziehen, mythische Symbole, mehrdeutige Aussagen und geheimnisvolle Voraussagen.

Jedes Hexagramm ist aus sechs Linien zusammengesetzt, die jeweils entweder gebrochen – – (Yin) oder gerade — (Yang) sind. Hexagramm 46 sieht zum Beispiel so aus:

Die oberen und unteren drei Linien bilden jeweils ein Trigramm, die in diesem Falle die Mutter und älteste Tochter darstellen.

Wer das *Buch der Wandlungen* um Rat fragen will, benutzt entweder fünfzig Stäbe oder drei Münzen, um das im Augenblick zutreffende Hexagramm zu ermitteln. Man zieht sich an einen stillen Ort zurück und konzentriert sich einige Minuten auf die Frage, die man beantwortet haben möchte. Wenn man mit der richtigen Einstellung an das Buch herantritt, ergibt sich fast ausnahmslos eine anscheinend bedeutsame Antwort. Dasselbe kann man natürlich auch von Horoskopen und Tarot-Weissagungen behaupten. Aber das *Buch der Wandlungen* ist so geschickt und umfassend konstruiert, daß es eine reichere Mischung von Gedankenverbindungen hervorbringt und Ahnungen konkretisiert, die bereits latent im Leser vorhanden sind. Der Geist des Lesers erkennt seine eigenen Antworten im Hexagramm, er projiziert seine gegenwärtige Polarität in das Buch. Auf jeder Seite findet er grundlegende menschliche Erfahrungen wie Liebe und Haß, Freundschaft und Feindschaft, Sieg und Niederlage, in reiche Symbole, Archetypen und mythische Figuren gekleidet. Ganz automatisch bezieht der Leser die Elemente dieser Konstellation auf sein eigenes gegenwärtiges Problem und auf mögliche Antworten.

Das Buch zeichnet sich durch seine Fähigkeit aus, das Bewußtsein des Lesers zeitweise von seiner engen Perspektive zu befreien und eine bewußtseinserweiternde Erfahrung zu vermitteln, die oft verblüffende Einsichten mit sich bringt. Das ist vermutlich der Grund, warum intellektuell oder künstlerisch interessierte Menschen darin mehr Erleuchtung finden als andere. Einerseits verstricken sie sich öfter in einseitige Gedankengebäude, von denen sie hier auf heilsame Weise befreit werden, und andererseits macht es ihnen mehr Spaß, sich mit geistigen Rätseln zu beschäftigen und neue Antworten zu finden.

Das *Buch der Wandlungen* kann uns helfen, vergessene Perspektiven zu entdecken und vielversprechende Zukunftsmöglichkeiten zu erforschen. Es erweckt gewisse unbewußte Fähigkeiten und wirft Licht auf diejenigen Aspekte der Wirklichkeit, die das Bewußtsein nur teilweise begreift. Es kann uns eine wirklichkeitsnähere Vorstellung der Zukunft (und Vergangenheit) vermitteln, und insofern kann es als Orakel und Wahrsagebuch dienen. Was es letzten Endes enthüllt, ist jedoch weder die Zukunft noch die Vergangenheit, unseren gegenwärtigen Geisteszustand.

Wenn mein Hexagramm beispielsweise besagt, daß ich Erfolg haben werde, sobald ich den Rat des weisen Prinzen befolge, so ist das nicht so sehr ein Orakel, sondern ein vernünftiger Hinweis. Ebenso kann man andere Sätze auslegen – wie: »Es gibt keine Ebene, die nicht in Hügeln endet. Es gibt keinen Frieden, der nicht in Unruhe endet. Wenn man jedoch richtig handelt und sich der Entwicklungen bewußt ist, wird man keine Fehler machen.«

Zweifellos kann das Buch uns helfen, im Einklang mit unserem unbewußten (Yin) Geist zu leben. Andererseits sollten wir nicht vergessen, daß es (und das Unterbewußtsein) gewisse Aspekte der Wirklichkeit außer acht läßt, die unser Bewußtsein ohne Schwierigkeiten erkennt. Wir können uns nur dann ein brauchbares und praktisches Bild vom Leben machen, wenn unser Verstand und unsere Intuition harmonisch zusammenarbeiten. Wer sich durch das *Buch der Wandlungen* (oder andere Orakel) dazu verleiten läßt, sich zu sehr auf undefinierbare Ahnungen zu verlassen, verliert früher oder später den Kontakt mit der wirklichen Welt und macht sich selbst und anderen das Leben schwer. Die brauchbarsten Antworten erhält man vom *I Ging,* wenn man es nur gelegentlich benutzt, um Antworten auf dringende Fragen zu finden, die der Intellekt allein nicht beantworten kann. Nur in diesem Sinne wurde das Buch im alten China benutzt, und in diesem Sinne wurde der Text damals zusammengestellt.

Übrigens wird dieses Buch heute von vielen Physikern mit großem Interesse gelesen, wie Fritjof Capra dies in seinem Buch *Der kosmische Reigen* beschreibt.[29] Die Vorstellung, daß sich alles bewegt und stetiger Wandlung unterworfen ist, entspricht natürlich den Erkenntnissen der Atomphysik. Darüber hinaus spielt jedoch das Konzept der Polarität, das dem *I Ging* zugrunde liegt, in der Physik eine zentrale Rolle. Die Materie hat beispielsweise zwei Aspekte: Sie kann als Schwingung oder als Atomstruktur gesehen werden. Ob der eine oder andere Aspekt überwiegt, hängt von der Situation ab. Das Licht kann die Form von Quanten (Photonen) annehmen, oder es kann als schwingendes Kraftfeld erscheinen. Elektronen können entweder als Teilchen stillstehen oder sich als Wellen bewegen. Selbst zwischen der Relativitätstheorie und dem Yin/Yang-Konzept lassen sich nach Capra eine Reihe von Parallelen ziehen.

Der Physiker Werner Heisenberg, der den Nobelpreis für seine Arbeit auf dem Gebiet der Atomforschung erhielt, sagte einmal: »Nach jedem Experiment sehen wir uns selbst wie im Spiegel, denn die Resultate ergeben sich aus den Fragen, die wir gestellt haben.« Andere Denker haben betont, daß wir nur unsere Vorstellungen von den Dingen kennen, nie aber das Ding an sich. Havelock Ellis sagte in *The Dance of Life:* »Die von uns gesehene Welt ist ein System von Vorstellungen. Sie ist ein Symbol, mit deren Hilfe wir uns orientieren. Die Aufgabe der Wissenschaft ist es, das Symbol so brauchbar wie möglich zu machen. Aber letzten Endes bleibt unsere Welt ein Symbol, das wir für praktische Zwecke benutzen und das einem anderen Ziel dient. Alles Denken ist nur ein Vergleich . . . Jeder lebt in seinem eigenen Universum und macht sich seine eigenen Vorstellungen, und auch diese wandeln sich fortwährend . . .«[30]

Solche Gedanken finden sich überall in der chinesischen Literatur, die maßgeblich vom *Buch der Wandlungen* beeinflußt ist. Im Westen halten wir jedoch immer noch an der starren Weltvorstellung fest, derzufolge jeder einzelne glaubt, im Besitz der »ewigen Wahrheit« zu sein oder absolut recht zu haben. Wer so denkt, glaubt gewöhnlich auch, daß es sich nicht lohnt, die Meinungen anderer anzuhören oder die Rechte anderer zu berücksichtigen. Geistig erstarrte Menschen haben auch kein Interesse daran, ihre eigenen Vorstellungen laufend der Wirklichkeit anzupassen und sich nach neuen Ideen umzusehen.

8. Der Aufstieg des Patriarchats

Von einem Extrem zum anderen

Wenn Eskimos das Wort »Essen« hören, denken sie an Fisch und Seehundfleisch. Wenn ein Zentralafrikaner dasselbe Wort hört, denkt er wahrscheinlich an Bananen. Ähnliche Unterschiede ergeben sich, wenn verschiedene Menschen das Wort »Religion« hören. Im Fernen Osten denkt man dabei an die Harmonie der Gegensätze in der Natur oder an Yin und Yang, während man sich im Westen gewöhnlich den Vatergott vorstellt, der auf uns herabblickt.

In der letzten Zeit haben jedoch Untersuchungen auf verschiedenen Gebieten unsere enge Auffassung von Religion und Gesellschaft erweitert. Wir beginnen, unsere Geschichte mit einer offeneren und vorurteilsloseren Einstellung zu interpretieren. Daß in vielen frühen Gesellschaften die Mutter eine relativ wichtige Rolle spielte, war uns schon klar, seitdem Morgan und Bachofen vor hundert Jahren ihre Erkenntnisse veröffentlichten. In der letzten Zeit ist dieses Bild jedoch durch weitere konkrete und aufregende Beweisstücke ergänzt worden. Eine amerikanische Bildhauerin, die sich für die Rolle der Frau in verschiedenen Gesellschaften interessierte, entdeckte beispielsweise überraschende Einzelheiten in vielen alten Schriftstücken. In ihrem Buch *When God was a Woman* beschreibt Merlin Stone, wie sie mehrere Jahre damit zubrachte, die Spuren alter Mutterreligionen und Matriarchate in verstaubten Aufzeichnungen und Wälzern zu verfolgen.[31] Sie fand mehr als genug Beweise, um den Titel ihres Buches (»Als Gott eine Frau war«) zu rechtfertigen. Tatsächlich zeigte sich, daß die meisten Steinzeitkulturen ihrer Natur nach friedlich und matriarchalisch waren, daß sie jedoch vor einigen tausend Jahren schrittweise durch patriarchalische »Streitaxtkulturen« wie die unsrige ersetzt wurden.

Ob die alten Kulturen ein optimales Gleichgewicht zwischen Vater und Mutter im Sinne des chinesischen Yin/Yang-Konzeptes erreichten, ist jedoch eine andere Frage. Einige von ihnen waren verhältnismäßig reich, sie lebten in sinnlichem Überfluß und waren kulturell hoch entwickelt. Vielleicht haben sie zuwenig Wert auf Verteidigung gelegt und waren daher hungrigen Erobererstämmen nicht gewachsen. Dies scheint beispielsweise in Vorderasien der Fall gewesen zu sein, wo die hungrigen Israeliten die reichen Kulturen des gelobten Landes zerstörten und das Land besetzten. Im Alten Testament ist dies aus der Warte der Sieger dargestellt, die für die Besiegten kein gutes Wort übrig haben.

Solche Berichte deuten an, daß die matriarchalischen Kulturen teilweise die weiblichen (Yin) Werte überbetonten und dadurch ihre Fähigkeit verloren, mit den Notfällen und den harten Tatsachen des Lebens fertig zu werden. Sie wurden dann früher oder später von aggressiven patriarchalischen (Yang) Gesellschaften erobert oder überlagert. Als fruchtbares Land im Laufe der Jahrhunderte knapper wurde und der Bevölkerungsdruck sich steigerte, fanden mehr bewaffnete Konflikte statt. Die Verlierer wurden dann unterworfen oder ausgerottet. Dabei hatten die Patriarchate einen natürlichen Vorteil, da sie durch ihre Yang-Religion auf Krieg und Schwierigkeiten vorbereitet waren, während die Matriarchate mehr auf Lebensgenuß und Frieden eingestellt waren.

Wir mögen diese Entwicklung als grausam empfinden. Gleichzeitig aber müssen wir zugeben, daß wir selbst auch Produkte eines solchen Evolutionsvorganges sind und latente kriegerische Eigenschaften haben.

Heute scheint es, daß sich die westliche Kultur innerhalb der letzten Jahrtausende von einem Extrem zum anderen entwickelt hat: vom frühen Matriarchat zum gegenwärtigen Patriarchat. Indem wir uns diese Kenntnis zunutze machen, können wir beginnen, ein neues Gleichgewicht zu finden. Im folgenden Abschnitt wollen wir uns noch etwas eingehender mit der Entwicklung des Patriarchats befassen.

Auch in vorgeschichtlichen Zeiten erschien es den Menschen völlig unbezweifelbar, daß nur Frauen Kinder gebären können. Die Rolle der Männer bei der Fortpflanzung war nicht so offensichtlich. Kinder wußten immer, wer ihre Mutter war, konnten jedoch die Identität des Vaters oft nur vermuten. Die eheliche Treue wurde damals nicht allzu ernst genommen, und oft wurden die Partner gewechselt. Im Mittelpunkt der Familie stand daher die Mutter, und die Quelle des Lebens wurde gewöhnlich als eine weibliche Kraft empfunden. Dementsprechend glaubte man auch, daß die Menschheit von der »großen Mutter« abstammte. Es wäre jedoch irreführend, solche frühen Gemeinschaften als Matriarchate zu bezeichnen, in denen die Mütter mit Gewalt herrschten. Der mütterliche Einfluß machte sich mehr auf subtiler und gefühlsmäßiger Ebene bemerkbar, und die Stämme wurden durch ein Gefühl der Zugehörigkeit und Blutsverwandtschaft zusammengehalten. Diese gesellschaftliche Struktur bezeichnet man als »matrilinear«, das heißt, Eigentum und Privilegien gehen normalerweise von der Mutter auf die Tochter über.

Skulpturen vorgeschichtlicher Göttinnen sind in allen Teilen Europas und Asiens gefunden worden. Die Hauptgöttin war in Sumer als Nana bekannt, als Isis in Ägypten, als Ischtar in Babylon, unter einer Vielzahl von Namen wie Devi, Kali, Shakti usw. in Indien und als Astarte im biblischen Kanaan. Die meisten Tempel wurden von Priesterinnen verwaltet, und viele Gottesdienste drehten sich um das Thema der Fruchtbarkeit. Einige matrilineare Gesellschaften überlebten bis in die Bronzezeit und werden auch in Büchern wie der Bibel beschrieben. Bestimmte matrilineare Traditionen wurden noch einige Zeit ausgeübt, nachdem das Patriarchat bereits die Macht übernommen hatte. Sie wurden dann von der überlegenen Kultur als heidnische Kulte, Aberglauben, okkulte Riten oder Teufelskulte bezeichnet. Die Venusfiguren nannte man dementsprechend »Idole« oder »Fruchtbarkeitssymbole«. Anhänger von Mutterreligionen waren als »Heiden« bekannt und die Priesterinnen als »Tempelprostituierte«.

Die neuen, männlich orientierten Gesellschaften erschienen zuerst um das dritte Jahrtausend v. Chr., und gewöhnlich ka-

Vorgeschichtliche Muttergöttin, ca. 20 000 v. Chr.

men sie aus nördlichen Gegenden. Sie gehörten der indoeuropäischen Rasse an und zeichneten sich durch Gewaltsamkeit und Machtgier aus. Die Männer wurden gewöhnlich mit ihren Waffen begraben, und Archäologen sprechen daher von Streitaxtkulturen. Dies waren die Vorfahren der weißen Rasse, die später als Kelten, Slawen, Arier und Hebräer bekannt wurden. Die ersten Hebräer werden in alten Schriften als blauäugig und hellhäutig beschrieben. Aus ihnen entstand bald die Oberschicht des Judenvolkes, der Stamm der Leviten. Das Volk selbst war größtenteils semitischen Ursprungs.

Moses war ein Levit, ebenso wie fast alle israelitischen Anführer nach ihm. Das Alte Testament war von Leviten geschrieben und wurde von ihnen als ein Instrument der Herrschaft und Belehrung benutzt. In den »Leviten«, dem lateinisch *Leviticus* genannten dritten Buch Moses, wird eindeutig klargemacht, daß Leviten nur untereinander heiraten dürfen, um das Blut rein zu erhalten. Nur Leviten dürfen Priester des Jehova werden und die Gaben des Volkes entgegennehmen. Jehova befahl den Juden, ein Zehntel ihres Einkommens den Priestern am Tabernakel zu übergeben – in der Form von Vieh, Getreide, Brot, Früchten, Wein usw.

An vielen Stellen des Alten Testaments werden die »üblen Bräuche« der heidnischen Kanaaniter beschrieben, die den scheußlichen Gott Aschtoret anbeteten. In Wirklichkeit handelte es sich dabei um die Göttin Astarte. Es wird dazu aufgerufen, die Heiden im Namen Jehovas auszurotten. Der Bibel zufolge war das Land der Kanaaniter (das heutige Israel) von Jehova dem auserwählten Volk der Juden vorbehalten, und die Bibel beschreibt eine Reihe von blutigen Eroberungen: »Der Herr, unser Gott, lieferte König Sihon in unsere Hände; wir töteten ihn und seine Söhne und sein ganzes Volk. Wir eroberten dann alle seine Städte und töteten alle Einwohner, Männer, Frauen und Kinder; wir ließen niemand überleben ... Wir metzelten alle Einwohner von Bashan nieder und hinterließen keine Überlebenden ... im ganzen eroberten wir sechzig Städte ... Auf diese Weise übergaben wir alle Männer, Frauen und Kinder in diesen Städten dem Tode« (5. Mose, Kap. 2 u. 3).

Aus anderen Abschnitten des Alten Testaments ersehen wir, warum die Juden die Heiden auf solch fanatische und hysterische Weise verfolgten. Viele von ihnen fürchteten, den Versuchungen der sinnlichen und verführerischen fremden Kulturen nicht widerstehen zu können, und einige Juden beteten heimlich Göttinnen an. Sogar König Salomon fühlte sich von der Göttin Astarte angezogen. Daraus erklärt sich, warum das ihm zugeschriebene *Hohelied* die einzige Stelle in der Bibel ist, die das Lob der Frauen und der Erotik singt. Der Rest der Bibel betont immer wieder dieselbe Botschaft: Körperliche Triebe müssen unterdrückt werden, der Geschlechtstrieb ist sündhaft, Frauen sind die Wurzel allen Übels, Jehova verbietet die Anbetung von Göttinnen, alle Heiden, die den Göttinnen-Kult betreiben, müssen ausgerottet werden.

Aus dieser Einstellung erklären sich die Erfolge des frühen Patriarchats. Hunderte von solchen Eroberungen fanden in der Alten Welt statt und sind längst vergessen. Nur wenige sind aufgezeichnet worden, und das Beispiel der Leviten ist hier erwähnt, weil die Bibel in unserer Kultur eine wichtige Rolle spielt.

Die Inquisition

Im Laufe der Geschichte sind eine verdächtig hohe Anzahl von Kriegen und Verfolgungen im Namen Jehovas unternommen worden. Wenn Menschen durch ein religiöses System schuldbewußt und verklemmt werden, dann neigen sie auch mehr dazu, ihre verdrängte Aggression auf Feinde und Sündenböcke zu projizieren. Die christliche Kirche hat sich im Mittelalter einer Reihe von Greueltaten schuldig gemacht, die weder vor noch nach Christi Geburt ihresgleichen gefunden haben. Die sogenannte Inquisition wurde in Rom sorgfältig von den Päpsten geleitet und von den örtlichen Kirchen ausgeführt.

Es wird geschätzt, daß zwischen dem vierzehnten und siebzehnten Jahrhundert zwei bis fünf Millionen Menschen durch die Kirche zu Tode gefoltert, erhängt oder lebendig verbrannt wurden. Wenn man davon ausgeht, daß die Inquisition dreihundert Jahre andauerte und daß ihr drei Millionen Menschen zum Opfer fielen, so waren das durchschnittlich zehntausend Opfer in jedem Jahr. In einigen Dörfern wurde die Bevölkerung buchstäblich dezimiert. Sogar in Amerika verbrannten die

Puritaner Hexen auf dem Scheiterhaufen und folterten Tausende von »Sündern«, obwohl sie selbst wegen ihrer Religion aus Europa vertrieben worden waren.

Hexenhängung in England, 16. Jhdt.

Die Inquisition war ein großes Geschäft, denn die Verwandten der Opfer mußten die Kosten der Gerichtsverhandlung, der Folterung und der Hinrichtung bezahlen. Bemerkenswert war die Tatsache, daß fast alle Opfer dem weiblichen Geschlecht angehörten, während die Richter, Priester, Henker, Bischöfe und Päpste alle Männer waren. Die »Hexen« waren Frauen jeden Alters, manchmal sogar kleine Mädchen. Besondere Untersuchungskommissionen nahmen Anklagen der Bürger entgegen und brachten Briefkästen an Kirchentüren an: Jeder, der einen verhaßten Nachbarn oder Rivalen loswerden wollte, brauchte nur ein Stück Papier mit dem Namen und geeigneten Anschuldigungen in den Briefkasten zu stecken. Menschen, die man des kleinsten Vergehens verdächtigte, wurden in die Folterkammer gezerrt und gezwungen, ihren Bund mit dem Teufel einzugestehen. Wer einmal in die Folterkammer kam, konnte damit rechnen, daß er sie nur als Krüppel oder als Leiche verlassen würde.

Wenn eine Hexe ihre Schuld bekannte, war sie offensichtlich schuldig. Wenn sie schwieg, gab ihr der Teufel die Kraft dazu, und ihr Mund wurde mit Werkzeugen aufgebrochen. Wenn sie schrie, galt das als Täuschungsmanöver. Wenn sie nicht schrie, war das ein Beweis ihrer Verstocktheit. Wenn sie unter der Folterung zusammenbrach, war der Teufel ausgetrieben. Wenn sie bei der Wasserprobe ertrank, war sie unschuldig, aber wenn sie nicht ertrank, schuldig, denn das reine Wasser hatte sie nicht angenommen, usw. Alle diese Einzelheiten waren in den offiziellen kirchlichen Anweisungen im *Malleus Maleficarum,* dem »Hexenhammer«, enthalten. Wenn eine Hexe ihre Schuld bekannte, wurde sie durch Erwürgen oder Enthaupten gnädig von ihren Qualen befreit. Andernfalls wurde sie weiterhin mit glühenden Eisen behandelt, ihre Brüste wurden mit besonderen »Spinnen« ausgerissen, ihre Hände wurden abgehackt usw., bevor sie endlich auf dem Scheiterhaufen lebendig verbrannt wurde.

Die Folterung selbst wurde in mehreren Stufen vorgenommen, von der Anwendung von Daumenschrauben bis zur Streckung des ganzen Körpers durch besondere Maschinen. Manche der Sünder wurden von hohen Gebäuden heruntergeworfen, bis die meisten Knochen gebrochen waren, oder die Knochen wurden einzeln gebrochen. Hexen mußten auf dem »spanischen Esel« oder dem »Jungfrauenstuhl« reiten, wonach sie mit brennendem Schwefel und kochendem Öl begossen wurden.

Die Folterknechte machten Aufzeichnungen über ihre Fortschritte mit jedem einzelnen Opfer. In einem Protokoll aus dem Jahre 1672 heißt es: ».. . Spanische Stiefel angewendet. Erst rechte Schraube, dann linke Schraube angezogen. Sie schrie: ›Lieber Jesus, hilf mir. Ich habe nichts zu gestehen, auch wenn sie mich zu Tode foltern.‹ Schraube weiter angezogen. Sie sagt, sie ist keine Hexe. Rechte Schraube angezogen. Sie schrie laut auf: ›Liebe Mutter, komm und hilf mir, o Jesus, hilf mir.‹ « So wurde die Folterung fortgesetzt, und die Schrauben wurden noch sechzehn weitere Male angezogen, bis ihr Körper steif wurde. Dann wurde ihr Mund aufgebrochen, damit sie ihre Schuld eingestehen konnte. Aber sie schrie nur wie ein Hund.

Wenn Freunde und Verwandte von Opfern an den Richter schrieben, um deren Unschuld zu bestätigen, so machten sie sich nur selbst verdächtig. In den Prozessen wurden die Hexen gezwungen, die eigenartigsten Geständnisse zu machen. Einige hatten demnach Kinder und Leichen gegessen, andere waren auf dem Besenstiel geflogen. Oder sie hatten Milch aus einem Messerstiel gezogen, Mitmenschen durch den bösen Blick getötet und Geschlechtsverkehr mit dem Teufel gehabt.[32]

Die Beschneidung

Eng verbunden mit dem biblischen Patriarchat ist die Sitte der Beschneidung des Penis bei kleinen Jungen. Sie wird fast nur in den drei Kulturkreisen praktiziert, die auf dem Alten Testament begründet sind: bei Christen, Juden und Mohammedanern. Darüber hinaus gibt es nur einige rückständige Stämme in der Südsee, die diesen Brauch kennen, und im schwarzen Afrika wird hier und dort Klitoridektomie (Entfernung der Klitoris bei kleinen Mädchen) praktiziert. Der Bibel zufolge befahl Abraham im Alter von neunzig Jahren allen Juden, sich beschneiden zu lassen: »Jeder Mann, dessen Vorhaut nicht beschnitten ist, wird aus dem Volk der Juden ausgestoßen, denn er hat meinen Vertrag gebrochen.«

Was wird mit dieser Operation bezweckt? Der Überlieferung zufolge soll dadurch eine Art Reinigung erreicht werden; das arabische Wort für Beschneidung bedeutet zugleich auch »Reinheit« *(Tuhur)*. Heute wird dies oft im hygienischen Sinn interpretiert, hauptsächlich bezweckt die Operation jedoch eine Reinigung auf sinnlicher Ebene: Der Penis soll seine sündhafte sinnliche Empfindlichkeit verlieren, und der Geist muß von der Versuchung sinnlicher Lust befreit werden. Wir finden hier die bekannte feindliche Einstellung der Vaterreligion gegen alles, was mit Erotik und Frauen zu tun hat. Ebenso wie die Israeliten auf Befehl Jehovas alle Aspekte der gehaßten Mutterreligion ausrotten sollten, so sollten sie auch den Teil des Penis abschneiden, der das höchste sexuelle Lustgefühl auslöst und den Mann an die Frau bindet. Der Geschlechtsakt muß ein pflichtmäßiger mechanischer Akt im Dienste Jehovas sein, er darf nicht in Vergnügen ausarten.

In Amerika wird heute die Operation routinemäßig ausgeführt und von den Krankenkassen anstandslos bezahlt, als ob sie medizinisch notwendig wäre. Die Vereinigung amerikanischer Kinderärzte hat sich jedoch energisch gegen die Beschneidung ausgesprochen und sie als unnötig und gefährlich bezeichnet. Bei der Operation ergeben sich nicht selten Komplikationen und Verstümmelungen, gelegentlich mit Todesfolge.

Sigmund Freud, der selbst beschnitten war, ersparte seinen Söhnen diese Operation. Durch seine psychoanalytische Arbeit war er zu der Erkenntnis gekommen, daß sie bei Männern tiefe seelische Narben hinterläßt und die Wahrscheinlichkeit der Impotenz erhöht. Später im Leben haben sie das unbewußte Gefühl, daß sie in ihrer Geschlechtlichkeit beeinträchtigt sind und daß sie gefühlsmäßig an die männliche Hierarchie und den Vater gebunden sind. Beim Geschlechtsakt sind sie weniger empfindlich, da das Frenulum (das der weiblichen Klitoris entspricht) mit der Vorhaut entfernt worden ist. In dieser Beziehung mögen sie härter und männlicher erscheinen, aber der Akt ist für sie weniger eine umfassende gemeinsame Erfahrung als ein mechanischer Vorgang.

Trotz aller Gegenargumente werden in den USA heute noch immer neunzig Prozent der neugeborenen Jungen dieser Prozedur unterworfen. In Israel und in den arabischen und mohammedanischen Ländern liegt die Zahl näher bei hundert Prozent. Ungefähr ein Sechstel der männlichen Weltbevölkerung ist heute beschnitten.

Die Operation wird oft als eine harmlose Routine beschrieben. Ärzte wissen jedoch, daß es sich dabei um eine grausame und abstoßende Kinderquälerei handelt. Gewöhnlich wird das Baby auf einem besonderen Brett festgeschnallt – ohne jegliche Betäubung. Die Vorhaut wird dann durch ein Spezialinstrument festgeklemmt und abgeschnitten. Das Baby schreit, kämpft und zappelt verzweifelt und wird gewöhnlich ohnmächtig. Der Vorgang ist so ekelhaft, daß sogar Studenten oder Krankenschwestern sich oft erbrechen und das Bewußtsein verlieren. Zahllose kleine Opfer von Abrahams Vertrag mit Jehova werden durch den Eingriff zu lebenslänglichen Krüppeln, einige sterben, und alle erleiden sie tiefe psychische Wunden.[33] In der Türkei wird die Operation an sechsjährigen Jungen bei vollem Bewußtsein vorgenommen, mit anschließender Familienfeier.

Die Beschneidung wird hauptsächlich in Ländern praktiziert, die für ihre aggressive Mentalität bekannt sind. Im prüden viktorianischen England wurde sie als Buße für die Erbsünde betrachtet. Heute wird sie jedoch in England und Europa kaum noch angewandt. Der Trend zur religiösen Ehrlichkeit wird sich vermutlich bald in weiteren Ländern durchsetzen. Hinzu kommt das Interesse vieler moderner Frauen an der natürlichen Geburt. Keine gutinformierte und vernünftige Mutter wird es zulassen, daß ihr neugeborener Sohn gefoltert und verstümmelt wird – und kein gutinformierter und vernünftiger Vater wird ihr widersprechen.

Obwohl die Beschneidung in der Bundesrepublik und ihren Nachbarländern relativ selten praktiziert wird, sind wir etwas ausführlicher darauf eingegangen, weil sie uns in symbolhafter Weise wesentliche Kennzeichen der westlichen vaterrechtlichen Gesellschaft erklärt.

Vor- und Nachteile des Patriarchats

Zweifellos hat das patriarchalische System seine starken Seiten, durch die es in den letzten Jahrtausenden so erfolgreich geworden ist. Der Glaube an einen einzigen stark profilierten Gott ist offensichtlich einfacher und bequemer als die Vorstellung einer vielfältigen oder undefinierbaren kosmischen Ordnung mit mehreren Gottheiten. Außerdem kann man sich bei einem männlichen Gott auf klare und rationale Entscheidungen verlassen. In Notfällen und Kriegszeiten ist es oft besser, einem allmächtigen Gott und einem autoritären Anführer zu folgen. Zum langen Beraten und Nachdenken ist in solchen Perioden gewöhnlich keine Zeit. Außerdem neigt das Patriarchat mehr dazu, neue Methoden auszuprobieren und Eroberungen zu machen.

Vielleicht kann man aus der bisherigen geschichtlichen Entwicklung schließen, daß das Patriarchat und der Monotheismus den meisten früheren Systemen überlegen waren. Unsere frühen Vorfahren müssen das Patriarchat als eine große Entdeckung und einen Segen empfunden haben, der viele ihrer Probleme mit einem Schlag löste. Durch den bedingungslosen Glauben an den einen Gott verschwanden viele Zweifel, und viele schwierige Entscheidungen wurden den Menschen durch die Bibel und die Kirche abgenommen. In der Familie gab es seltener offenen Streit, denn der Mann hatte das Wort. Das Land wurde ohne Widerspruch von einem König regiert, dessen Ahnen gewöhnlich göttlichen oder hohen Ursprungs waren. Religiöse Zweifel gab es offiziell nicht. Wer sie dennoch äußerte, wurde verstoßen oder verbrannt.

Daß diese Patentlösung keine wirkliche Lösung war, dämmerte den Massen anscheinend erst nach vielen Jahrhunderten.

Abgesehen von einigen »Ketzern«, scheint es wenig Widerstand gegen das System gegeben zu haben: Kaum jemand kam den Millionen von »Hexen« zu Hilfe, die zu Tode gefoltert wurden. Vielleicht hat uns in den letzten Jahrhunderten der Kontakt mit dem Fernen Osten geholfen, die Einseitigkeit unserer Weltvorstellung zu erkennen. Langsam wird uns klar, daß unsere Denkmodelle auf groben Vereinfachungen beruhen und daß wir die andere Hälfte des Lebens wieder entdecken müssen, die durch das Patriarchat unterdrückt worden ist. In Rußland ist in den letzten sechzig Jahren ein gigantischer Versuch gemacht worden, das Patriarchat abzuschütteln und den Monotheismus abzuschaffen. Das Ergebnis kann man jedoch kaum als Erfolg bezeichnen.

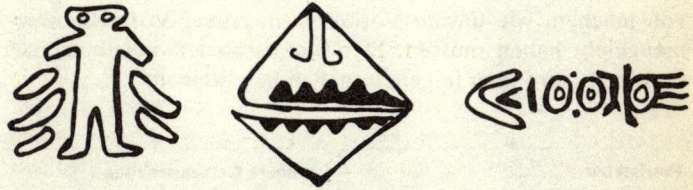

Indianische Keramikmuster

In den USA hat man vor kurzem einen Indianerstamm »entdeckt«, der nach matrilinearen Prinzipien lebt. Plötzlich wurden die vorher verachteten Rothäute von vielen amerikanischen Intellektuellen mit größtem Interesse studiert. Es handelt sich um die Hopi-Indianer in Arizona ((*Hopi* bedeutet »Friede«). In den Hopi-Dörfern werden der »Vatergott im Himmel« und die »Mais-Muttergöttin« gleichermaßen verehrt. Die meisten Kinder fühlen sich der Mutter mehr zugehörig als dem Vater, und Privateigentum wird von der Mutter an die Tochter vererbt, obwohl alles Land der Gemeinde gehört. Der Vater hat auch wichtige Funktionen bei der Jagd, im Krieg und bei religiösen Zeremonien. Er steht aber nicht im Mittelpunkt der Familie, und männliche Werte werden nicht höher geschätzt als weibliche. Wie der Name schon sagt, sind die Hopis sehr friedfertig. Sie lieben ein ruhiges Leben und machen sich nicht viel aus Fortschritt. Ihr Leben ist einfach, und sie ernähren sich hauptsächlich vom selbstangebauten Mais. Ihr Lebensstil ist von der sie umgebenden modernen Zivilisation bedroht, und ihre sorgfältig ausgewogene Kultur wird sich vielleicht nicht mehr lange halten.

Wenn man das Hopi-Dorf *Second Mesa* besucht, wird man zunächst als Weißer nicht gern gesehen. Wem es jedoch gelingt, mit den Indianern Freundschaft zu schließen, der gewinnt einen Einblick in frühere Zeiten. Der Kontrast zur hektischen amerikanischen Zivilisation wird einem im Laufe der Tage immer klarer. Man bemerkt, daß man selbst das Ergebnis einer jahrtausendealten monotheistischen Kultur ist. Man glaubt vielleicht, sich relativ einfach von diesem Einfluß freimachen zu können, aber viele unserer Denk- und Lebensgewohnheiten sind unterbewußt von ihm geprägt. Durch den Kontakt mit solchen Indianern kann man sich eine ungefähre Vorstellung davon machen, wie unsere Vorfahren in grauer Vorzeit zusammengelebt haben müssen. Den Unterschied zwischen damals und jetzt kann man folgendermaßen beschreiben:

Patriarchat	Frühere Gemeinschaften
Zentrale Kontrolle, Disziplin und Hierarchie mit alten Männern an der Spitze.	Vorwiegend freiwillige Vereinigung von Familien und Stämmen unter dem Einfluß von Vätern und Müttern.
Pflicht, Gehorsam und Selbstaufopferung werden erwartet.	Beziehungen basieren mehr auf Zu- und Abneigungen.
Betonung von Besitz und Einfluß, umweltorientierter Einstellung und Eroberung.	Eigenes Land und alte Traditionen werden kultiviert. Auf innere und äußere Harmonie wird großer Wert gelegt.
Die Natur wird aggressiv ausgebeutet und unterjocht.	Es werden Frieden und Wohlstand durch Harmonie mit der Natur und den Naturgesetzen angestrebt.
Die Geschichte wird als eine Serie von Kriegen und Heldentaten aufgefaßt.	Die Geschichte wird mehr als eine Entwicklung des Stammes im Einklang mit kosmischen Gegebenheiten aufgefaßt.
Männliche Eigenschaften werden zur erwünschten Norm: Rationales und entschiedenes Auftreten wird auch von Frauen erwartet. Jeder konkurriert mit jedem.	Männliche und weibliche Eigenschaften werden gleichermaßen geschätzt. Die Menschen können hart, aber auch sanft sein, sie verlassen sich gleichermaßen auf Verstand und Intuition.

Patriarchat	Frühere Gemeinschaften
Frauen unterdrücken ihre weiblichen Eigenschaften, sie imitieren die »Herren der Schöpfung«.	Frauen betrachten sich als gleichwertig, lassen aber auch die Eigenart der Männer gelten.
Die Probleme der Gemeinschaft werden mit Gesetzen und Strafen bekämpft.	Konflikte werden weitgehend durch harmonisches Zusammenleben vermieden. Verbrechern wird eine Gelegenheit zur Wiedergutmachung gegeben.

Die Hopis wundern sich oft über die eigenartigen Vorstellungen der Weißen. Ihre Welt ist nicht von einem selbstherrlichen Vatergott erschaffen. Der erste Indianer wurde nicht von einer listigen Frau zum sündhaften Geschlechtsakt verführt. Ihre Frauen sind nicht dem Manne untertan. Die Hopis haben auch nicht das Gefühl, daß sie mit einer Erbsünde belastet sind, weil sie ein Produkt des sündhaften Geschlechtsaktes sind. Ihr Leben ist kein fortwährender Wettstreit um Einfluß, Geld und Güter. In *Second Mesa* hat jede Familie ein einfaches selbstgebautes Haus, und die Felder gehören der Gemeinschaft. Natürlich gibt es bei den Hopis auch Probleme, aber der Problemkomplex des Patriarchats ist ihnen kaum bekannt.

9. Formen des Zusammenlebens

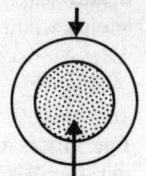

Die inneren und äußeren Funktionen

Man kann sagen, daß alle Lebewesen eine äußere Schale und einen inneren Kern haben. Dies trifft auch auf gesellschaftliche Organismen wie Familien, Stämme, Völker und wirtschaftliche Unternehmen zu. Manche Mitglieder übernehmen vorwiegend »äußere« Funktionen, während andere sich »inneren« Funktionen widmen. Zu den äußeren Funktionen gehören der Kontakt mit der Umwelt und die Verteidigung gegen feindliche Einflüsse. Zu den inneren Funktionen gehören die biologischen und wirtschaftlichen Vorgänge, die Produktion und Reproduktion. Ein Soldat oder Politiker hätte demnach eine vorwiegend äußere Funktion, während eine Mutter oder ein Arzt sich mehr mit inneren Vorgängen beschäftigten.

Diese beiden Elemente der Gesellschaft können auf verschiedene Weise zusammenarbeiten, oder sie können sich auch feindlich gegenüberstehen. Auf der Ebene des einzelnen besteht ein ähnliches Verhältnis zwischen dem Bewußtsein und dem Unterbewußtsein, dem Verstand und den Gefühlen, dem Kopf und dem Herz, dem »Ich« und dem »Selbst«, den geistigen und körperlichen Funktionen. Die Parallele geht so weit, daß man zwischen einer demokratischen und einer autoritären Charakterstruktur unterscheiden kann, wenn man das Verhältnis zwischen dem »äußeren« und »inneren« Menschen beschreibt. Was in diesem Kapitel über die Gesellschaftsstruktur gesagt wird, bezieht sich also indirekt auch auf die psychologische Struktur des einzelnen, und umgekehrt. Wenn Freud beispielsweise das Unterbewußtsein als einen Mülleimer voller chaotischer Triebe bezeichnet (vgl. Kapitel 6), so lassen sich daraus Schlüsse über seine eigene Charakterstruktur und auch über seine Einstellung zur Gesellschaft ziehen.

Im menschlichen Zusammenleben verteilen sich die inneren und äußeren Rollen gewöhnlich zwischen Mutter und Vater, Zivilist und Soldat, Bürger und Polizist, Belegschaft und Verwaltung, Opposition und Regierung usw. Beide Rollen sind gleich wichtig, und sie ergänzen und benötigen sich gegenseitig. Die Menschen mit äußeren (Yang) Funktionen richten ihre Aufmerksamkeit mehr auf die Umwelt und die äußere Struktur, während die Menschen mit inneren (Yin) Funktionen in bezug auf die inneren Angelegenheiten und die gefühlsmäßige Atmosphäre die Hauptrolle spielen.

Im Idealfall genießen die beiden Elemente gegenseitiges Vertrauen und helfen einander. Der Polizist empfängt beispielsweise ein Gehalt von den Bürgern und übernimmt dafür den Schutz der Bürger. Der Manager eines Unternehmens organisiert den Arbeitsvorgang und die Verkaufsstrategie und erhält dafür seinen Anteil vom Verkauf der von der Belegschaft hergestellten Güter. Die Bürger wählen einen Politiker und bieten ihm Prestige und hohes Gehalt, erwarten dafür jedoch, daß ihre Interessen erfolgreich vertreten werden.

Jegliche interne oder externe Veränderung kann jedoch das empfindliche Gleichgewicht zwischen den beiden Elementen stören. Im Konfliktfall mißverstehen und mißhandeln sich die Partner auf die eine oder andere Weise. Die Menschen mit äußeren Funktionen blicken dann herab auf die »chaotischen, hinterlistigen und unvernünftigen« Gegner, während die Menschen mit inneren Funktionen durch aktiven oder passiven Widerstand versuchen, den »kalten und starren« Plänen ihrer Gegner entgegenzuwirken.

Menschen mit äußeren Funktionen . . .
. . . beschäftigen sich mehr mit der äußeren Struktur der Dinge. Geistig und/oder körperlich sind sie mehr auf die Probleme und Möglichkeiten der Umwelt eingestellt. Daher sind sie gewöhnlich mehr bewußt, entschieden, rational, aggressiv, ehrgeizig, ungeduldig und unruhig. Sie müssen immer auf unerwartete Veränderungen in der Umwelt gefaßt sein oder diese vorwegnehmen. Sie fungieren als Wächter und Beschützer der Gemeinschaft und sorgen für einen sinnvollen Rahmen, innerhalb

dessen die Menschen mit inneren Funktionen ihre Aufgaben erfüllen können. Gleichzeitig sind sie auf die materielle und seelische Unterstützung von innen her angewiesen. Im Konfliktfall leiden beide Seiten.

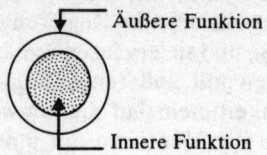

Menschen mit inneren Funktionen . . .

. . . kümmern sich mehr um die Erhaltung des Lebens auf biologischer und wirtschaftlicher Ebene. Sie sorgen dafür, daß die Gemeinschaft gesund bleibt und das Leben genießt. Diese Funktionen sind so kompliziert, daß sie sich nur relativ langsam entwickeln können, in günstiger und sicherer Umgebung und nach erprobtem Muster. Menschen mit solchen Funktionen neigen daher dazu, geduldig und besonnen vorzugehen, den Frieden zu bewahren und Neuerungen zu vermeiden. Am wohlsten fühlen sie sich im Kreise von guten Freunden und Verwandten. Sie sind nicht angriffslustig, haben keine harte Schale und verlassen sich daher gern auf den Schutz der Menschen mit äußeren Funktionen. Im Konfliktfall leiden beide Seiten.

Oberschicht und Unterschicht

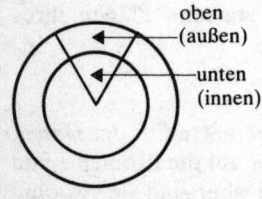

Wir neigen dazu, die äußeren Funktionen in der Gesellschaft als »hoch« zu bezeichnen und die inneren Funktionen als »niedrig«. Damit verbunden ist die Annahme, daß das Hohe immer besser ist als das Niedere (siehe auch Kapitel 6). Der Hauptgrund dafür ist, daß unser Bewußtsein Yang-Eigenschaften hat und unser Weltbild oft einseitig zugunsten der Yang-Werte verzerrt.

Ebenso wie wir zu wissen glauben, daß unser Bewußtsein besser ist als unser Unterbewußtsein oder daß der Himmel besser ist als die Erde, nehmen wir auch an, daß die gesellschaftliche Oberschicht besser ist als die Unterschicht. Daraus ergibt sich dann die »logische« Folgerung, daß beispielsweise Väter wichtiger sind als Mütter, daß Soldaten wichtiger sind als Zivilisten, daß Polizisten mehr Rechte haben als Bürger usw.

Zweifellos bringen die Spitzenstellungen oft viel Ansehen und Einkommen mit sich. Aber sind sie wirklich so erstrebenswert? Würden sich die meisten Menschen beispielsweise in der Rolle des amerikanischen Staatspräsidenten glücklich fühlen? Sie würden bald entdecken, welche seelische Lasten dieser Mann Tag und Nacht ertragen muß. Fortwährend ist er unter Druck, muß lebenswichtige Entscheidungen treffen, die Kritik von Freund und Feind ertragen, Reden halten und geheimen Besprechungen beiwohnen. Er muß sich daran gewöhnen, daß er in dieser hohen und machtvollen Position keine richtigen Freunde mehr hat. Immer muß er mit der Möglichkeit von Intrige, Niederlage, Schande und sogar Ermordung rechnen.

Ein kleiner Handwerker andererseits wird nicht in den Schlagzeilen erwähnt werden, und sein Einkommen wird bescheiden bleiben. Es wird für ihn und seine Familie aber immer ausreichen und sogar einigen Überschuß abwerfen. Er wird Zeit für seine Familie, seine Freunde und sein Hobby haben. Seine Arbeit mag vielleicht nicht allzu aufregend sein, aber er weiß, daß sie nützlich ist. Wenn seine Kinder einen »höheren« Beruf ergreifen wollen, so steht ihnen der Weg frei. Ob sie sich aber dann »oben« wohler fühlen werden, ist eine andere Frage.

Diese beiden Extremfälle sollen illustrieren, daß jeder Mensch den richtigen Mittelweg finden muß, der ihm persönlich zusagt. Das Glück liegt weder oben noch unten, es liegt weder außen noch innen, sondern es liegt irgendwo in der Mitte. Der Präsident wird sich oft weniger Aufregung wünschen, während der Handwerker sich mehr wünscht. Das Geheimnis liegt im Gleichgewicht zwischen Abenteuer und Geborgenheit, zwischen Ehrgeiz und Zufriedenheit, zwischen Spannung und Entspannung, zwischen Yin und Yang.

Die Gesellschaft im ganzen braucht auch dieses Gleichgewicht, wenn sie gedeihen soll. Sie braucht Menschen, die Freude am Risiko und Konflikt haben. Ebenso braucht sie Menschen, die friedlich und gemeinschaftlich zusammenleben wollen. Die Menschen mit inneren Funktionen sind das Herz der Gesellschaft, und die Menschen mit äußeren Funktionen sind der Kopf der Gesellschaft. Keines der beiden Elemente kann ohne die Hilfe des anderen glücklich oder erfolgreich werden.

Solange jedoch die Menschen glauben, daß die Oberschicht in jeder Hinsicht besser ist als die Unterschicht, wird es Reibung, Klassenkampf und innere Konflikte geben. Viele werden versuchen, höhere Klassen zu erreichen, indem sie ihre inneren (Yin) Eigenschaften unterdrücken. Sie beneiden andere, die es geschafft haben, und verachten sich selbst. Sie werden leicht neurotisch und entwickeln psychosomatische Krankheiten, Herzanfälle oder Magengeschwüre. Ihre Kinder werden arrogant und versuchen, ihre nicht vorhandene Überlegenheit zu beweisen. Bald ist die ganze Familie verspannt und verkünstelt.

Gleichzeitig hassen die »unten« gebliebenen Menschen die Oberschicht und sehen in ihr eine Klasse von Parasiten, die auf Kosten des Volkes leben. Sie wollen nicht von Snobs regiert werden und verweigern die Mitarbeit. Dies äußert sich dann oft in Streiks und der Forderung nach höheren Löhnen. Die wirkliche Wurzel des Konflikts liegt jedoch darin, daß sich die Unterschicht in ihrer Menschenwürde verletzt fühlt. Sie fühlt sich von der Oberschicht verachtet und vergessen, und sie verachtet sich auch selbst. Sie glaubt an das Märchen vom problemfreien Leben in den höheren Klassen.

Verwaltung und Personal

Auch in privaten und öffentlichen Betrieben und Organisationen findet sich die in den letzten Abschnitten beschriebene Anordnung der inneren und äußeren Elemente: Die äußeren Funktionen werden normalerweise von der Verwaltung ausgeübt, die inneren dagegen hauptsächlich vom Personal. Dabei sollten wir uns grundsätzlich von der Vorstellung befreien, daß die Verwaltung »höher« und daher besser ist als das Personal. Es handelt sich vielmehr um ein wechselseitiges Verhältnis, bei dem beide Seiten auf ihre eigene Weise kompetent sein müssen, wenn die Organisation gut funktionieren soll.

Die Verwaltung vertritt die Organisation gegenüber der Außenwelt, kümmert sich um die allgemeine Struktur, besorgt Maschinen (Kapital) und Rohstoffe und verkauft das Endprodukt.

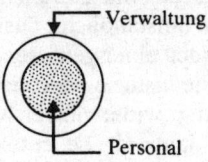

Das Personal kümmert sich um den komplizierten Produktionsvorgang, macht Reparaturen, sorgt für gute Zusammenarbeit und bestimmt das Arbeitsklima und die zwischenmenschliche Atmosphäre.

Diese beiden Funktionen ergänzen und überschneiden sich teilweise, und daher ist ein fortwährender Gedankenaustausch wichtig. Autoritäre Verwalter neigen dazu, sich in Angelegenheiten einzumischen, die am besten vom Personal erledigt werden können. Übermäßig liberale Verwalter überlassen dagegen dem Personal gern solche Aufgaben, die am wirkungsvollsten »von oben her« geregelt werden können. In einer gutfunktionierenden Organisation werden die Kanäle der vertikalen und horizontalen Verständigung offengehalten, um Reibungen und unnötige Überschneidungen zu vermeiden. Das Überleben der Organisation hängt von einem gesunden Gleichgewicht zwischen demokratischen und autoritären Verwaltungsmethoden ab, das allen Mitgliedern die Gelegenheit gibt, ihr Potential voll zu nutzen. Das Personal muß das Gefühl haben, daß es alle seine Probleme frei mit den Vorgesetzten besprechen kann, und umgekehrt. Das allgemeine Betriebsklima muß offen, vertrauensvoll und konstruktiv sein – nicht exklusiv, mißtrauisch und kritisch.

Kein Führungsstil eignet sich für alle Situationen oder alle Menschen, und es gibt keine Patentlösung. Demokratische Führung in einer Firma mag beispielsweise zuerst angenehmer erscheinen, kann aber letzten Endes zum Bankrott führen. Es mag nicht immer genug Zeit dasein, um die Probleme auf demokratische Weise zu besprechen. Dem Personal steht auch vielleicht nicht genug Information zur Verfügung, um die richtigen Entscheidungen zu fällen – oder es kann von selbstsüchtigen Zielen motiviert sein, die der Organisation schaden. Darüber hinaus gibt es auch die »Ohne-mich«-Menschen, die sich am demokratischen Prozeß nicht beteiligen.

Autoritäre Führung mag manchmal als ideale Lösung erscheinen, weil sie umständliche Diskussionen und Abstimmungen vermeidet. Nach einer gewissen Zeit stellt sich jedoch dann beim Personal eine lustlose oder verärgerte Haltung ein, die zu schlechter Leistung, widerwilliger Mitarbeit, Streiks und sogar Sabotage führen kann.[34] Die autokratische Verwaltung neigt außerdem dazu, die Arbeit in einfache Routineposten aufzuteilen, um Ausbildungskosten zu sparen und leichter Arbeitskräfte austauschen zu können. Dies verursacht Langeweile und nachlassendes Interesse an der Arbeit, was wiederum durch Aufsicht, Kontrolle und fortwährende Mahnungen ausgeglichen werden muß. Der Appell an das Pflichtbewußtsein des Personals ist jedoch auf die Dauer erfolglos oder bewirkt sogar das Gegenteil.

Erfolgreiche Führungskräfte verstehen es, das vernünftige Selbstinteresse des Personals anzusprechen und gleichzeitig an seinen Idealismus zu appellieren. Sie wissen, was sie wollen, haben aber auch Zeit für den Kontakt mit den Untergebenen. Sie sehen ihre eigene Arbeit als eine Herausforderung, und sie schaffen Gelegenheiten für ihre Mitarbeiter, sich zu entfalten.

Das Personal bildet andererseits die Grundlage der Organisation und ist für die »innere Struktur« verantwortlich. Es bestimmt die Einzelheiten des Produktionsvorgangs und das Betriebsklima. Es ermöglicht den menschlichen Zusammenhalt und das Wohlbefinden des einzelnen. Es ist im Idealfall der Verwaltung für die wirkungsvolle und ertragreiche Koordination des Betriebs dankbar und trägt seinerseits zu wichtigen Entscheidungen bei.

Die optimale Organisation ist so strukturiert, daß die Interessen des einzelnen mit denen der Gemeinschaft synergetisch, das heißt im harmonischen sich potenzierenden Zusammenwirken, übereinstimmen. Keine Untergruppe darf die Macht oder die Absicht haben, andere Gruppen oder die Öffentlichkeit auszubeuten.

In normalen Zeiten kann die Gesellschaft gedeihen, wenn die Yin- und Yang-Elemente sich gegenseitig ergänzen und unterstützen. Aber wie steht es mit Notfällen und kritischen Perioden? Was soll geschehen, wenn beispielsweise die Anführer eine von außen kommende Gefahr erkennen, die für das Volk noch nicht sichtbar ist? Sollten die Anführer dann defensive oder aggressive Handlungen einleiten, um Zeit zu gewinnen, und die Einzelheiten dem Volk später erklären?

In solchen Fällen ist es oft die Pflicht der Führung, im Interesse der ganzen Gemeinschaft schnell zu handeln, obwohl das nicht demokratisch ist. In solchen Situationen demokratisch zu handeln würde viel Zeitverlust mit sich bringen und könnte den Untergang der Gesellschaft zur Folge haben. Schiffskapitäne und Offiziere finden sich oft in dieser Lage. Man erwartet dann von ihnen, daß sie schnell die richtige Entscheidung treffen, ohne die Zustimmung anderer vorher einzuholen.

Nachdem die Gefahr vorüber ist, sollte das ursprüngliche demokratische Verhältnis natürlich wiederhergestellt werden. Wenn das nicht geschieht, werden die lebenswichtigen inneren (Yin) Funktionen der Gesellschaft bald vernachlässigt, weil die Anführer naturgemäß nach außen orientiert sind und vorwiegend Yang-Eigenschaften aufweisen. Ihnen fehlt weitgehend die Fähigkeit, innere Bedürfnisse nach Lebensfreude, Gesundheit, Liebe und Fortpflanzung zu befriedigen. Wenn ein Diktator glaubt, diese Angelegenheiten besser regulieren zu können als das Volk, wird er früher oder später die Vitalität und Lebensfähigkeit der ganzen Gesellschaft gefährden. Er hat sozusagen den Krieg gewonnen und den Frieden verloren. Wenn es wahr ist, daß der Krieg der Vater aller Dinge ist, dann sollte man auch hinzufügen, daß der Frieden die Mutter aller Dinge ist. Patriarchalische und vaterreligiöse Denkgewohnheiten begünstigten kriegerische Zustände, während der mütterliche Einfluß den Frieden begünstigt.

Diktatoren versuchen manchmal, die autoritäre Regierungsform dadurch zu rechtfertigen, daß sie Krisen künstlich herbeiführen. Dadurch erschöpfen sie jedoch langsam die inneren (Yin) Reserven und die Geduld der Gesellschaft. Es ist dann die Aufgabe des Volkes, seine Unterstützung zu versagen, Einspruch zu erheben, zu sabotieren oder zu revoltieren, bis die Führung aufwacht und den inneren Bedürfnissen die nötige Beachtung schenkt.

Man kann also sagen, daß in einer gesunden Gesellschaft ein gutes Gleichgewicht zwischen demokratischen und autoritären Einflüssen besteht, um ein Überleben in allen möglichen Situationen zu gewährleisten. Die reine Demokratie würde früher oder später äußeren Gefahren und innerer Unentschlossenheit zum Opfer fallen. Die reine Diktatur würde früher oder später die lebenswichtigen inneren Funktionen der Gesellschaft untergraben und zur Erschöpfung oder Revolution führen.

Schlechte Zeiten begünstigen autoritären Führungsstil und männliche, nach außen orientierte (Yang) Tugenden, um mit äußeren Gefahren und Krisen fertig zu werden.

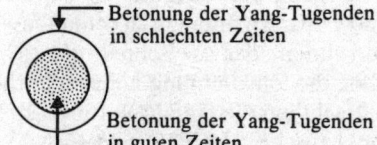

Betonung der Yang-Tugenden in schlechten Zeiten

Betonung der Yang-Tugenden in guten Zeiten

Gute Zeiten begünstigen demokratischen Führungsstil und weibliche, nach innen orientierte (Yin) Tugenden. Frieden, Wohlstand und ein Gefühl der Geborgenheit herrschen vor.

Beispiele kann man auch im täglichen Leben zu Hause, bei der Arbeit und in der kleinen oder großen Politik beobachten. Eltern haben die Pflicht, ihre Kinder auch gegen deren Willen vor gewissen Gefahren zu beschützen. Kinder haben ihrerseits das Recht, sich autoritären Eltern und sinnlosen Anweisungen zu widersetzen. Von einem Mann erwartet man, daß er seine Frau beschützt, auch wenn sie sich der Gefahr noch nicht bewußt ist. Die Frau entzieht dem Mann ihrerseits ihre Unterstützung, wenn er arrogant und herrschsüchtig wird. In der Gesellschaft fällt den politischen Führern die Funktion zu, in Krisenzeiten schnell zu handeln, auch wenn das Volk noch keine Zeit gehabt hat, die Situation von allen Seiten zu begutachten. Andererseits hat das Volk das Recht, in normalen Zeiten eine repräsentative Regierungsform zu verlangen.

Anführer, die in Notzeiten dem Volk die kritischen Entscheidungen überlassen, müssen als unfähig und verantwortungslos bezeichnet werden. Die meisten Bürger sind der Ansicht, daß die Führung ihre Interessen vertreten und wichtige Entscheidungen treffen soll. Das Wort »Demokratie« (Volksherrschaft) ist daher etwas irreführend. Man könnte es so auffassen, daß das Volk selbst die Regierung führen soll, aber das hieße, daß der Körper den Kopf beherrschen soll. Der Idealzustand im Sinne von Yin und Yang ist jedoch die wechselseitige Beziehung zwischen zwei gleichwertigen Elementen, die beide ihren individuellen Wirkungsbereich haben. Man sollte ein neues Wort prägen, das die konstruktive Wechselbeziehung zwischen dem Volk und seiner demokratisch gewählten Führung beschreibt.

Schlußfolgerung: Das Volk hat eine bestimmte lebenswichtige Funktion, und die Führung hat ihrerseits eine eigene, ebenso wichtige Funktion. Weder das Volk noch die Führung können gedeihen, wenn die eine oder andere Funktion vernachlässigt wird. Es kommt auf das gesunde Gleichgewicht und die gegenseitige Verständigung an. Wenn diese Vorbedingung erfüllt ist, können die verschiedenen Elemente der Gesellschaft miteinander harmonieren, manchmal auch ohne Abstimmung und Mehrheitsbeschlüsse. Eine sogenannte Demokratie kann in Wirklichkeit eine Oligarchie oder Plutokratie sein, wenn die Wähler von eigennützigen Interessengruppen manipuliert werden. Andererseits kann eine dem Namen nach weniger demokratische Gesellschaft gerade das richtige innere Gleichgewicht haben, um auf historische Herausforderungen oder Krisen eine entschiedene Antwort zu geben.

Nach Toynbee entwickelt sich die Geschichte der Kulturen in Zyklen oder Spiralen, wobei man im Auf und Ab der Yin- und Yang-Kräfte verschiedene Phasen beobachten kann:[35]

1. Durch Bevölkerungsbewegungen, Naturkatastrophen oder andere historische Herausforderungen wird der Prozeß der kulturellen Entwicklung in Gang gesetzt. Ausgehend von kleinen schöpferischen Minderheiten, bildet sich der dynamische Kern einer aufsteigenden Kultur.

2. Fortschritt, hohe Ziele, große Projekte kennzeichnen die zweite Phase. Es kommt zu territorialen, industriellen, wissenschaftlichen oder anderen Eroberungen unter der Führung von großen Persönlichkeiten. Das Volk ist zunächst voller Lebenskraft und unterstützt die Expansion.

3. Die Führung hat sich etabliert und verliert ihre Anpassungsfähigkeit. Das Volk ist erschöpft, es wird unzufrieden und beginnt seine Mitarbeit zu verweigern. »Subversive Elemente« werden zunächst von der Regierung unterdrückt, werden aber immer stärker und zahlreicher.
4. Die Weltmachtträume sind ausgeträumt. In einer Zeit des Interregnums freut man sich wieder des Lebens, genießt gutes Essen, entdeckt die Liebe neu. Langsam wird dieser Lebensstil jedoch übermäßig kultiviert, und man wird seiner müde. Das Volk fängt wieder an, sich nach Abenteuern, Helden und großen Idealen zu sehnen. Es werden energische und ehrgeizige Anführer gewählt. Ein neuer Zyklus beginnt wieder mit der ersten Phase, siehe oben.

Innere und äußere Unterdrückung

Wie wir gesehen haben, besteht jeder gesellschaftliche Organismus aus einem inneren (Yin) Element und einem äußeren (Yang) Element. Das äußere Element ist normalerweise sichtbarer und »höher«, es formuliert Gesetze und Entscheidungen und tritt daher als Führung in Erscheinung. Es ist jedoch auf die moralische und materielle Unterstützung des weniger sichtbaren Elements der Gesellschaft angewiesen und wird daher seinerseits von ihm geführt. Es besteht dieselbe Wechselwirkung zwischen Yin- und Yang-Elementen wie beim einzelnen zwischen Bewußtsein und Unterbewußtsein. Menschen, die dies nicht erkennen, sehen nur das äußere Element und neigen zu psychischer und gesellschaftlicher Unterdrückung. Sie wissen nicht, daß beide Teile für ihr Wohlbefinden und Überleben voneinander abhängen.

Unfähige politische Führer glauben beispielsweise, daß sie die Opposition fortwährend unterdrücken müssen, um an der Macht zu bleiben. Sie glauben, alle Lösungen und Antworten bereits zu kennen, und wollen die Meinung anderer nicht hören. Wenn das Volk nicht mitmacht, wird es subversiv und destruktiv genannt und noch mehr unter Druck gesetzt.

Entsteht die repressive Mentalität zuerst im einzelnen und wird dann auf die Gesellschaft projiziert? Oder soll man die Schuld in der Gesellschaft sehen, in der die Menschen schon als

Kinder dressiert und unterdrückt werden? Oder sind vielleicht äußere Gefahren schuld, durch die die Gesellschaft zur autoritären Denkweise gezwungen wird? Der Grund mag in Einzelfällen schwer zu entscheiden sein. Aber jedenfalls wissen wir, daß eine bestimmte Charakterstruktur für Menschen typisch ist, die in repressiven Gesellschaften leben. Es gibt hier und dort Ausnahmen: Manche unterdrückte Menschen bewahren ein gewisses Maß innerer Freiheit, und manche Menschen in »freien« Ländern zeichnen sich durch ihre repressive Mentalität aus.

Menschen, die in repressiven Gesellschaften leben, unterdrücken gewöhnlich ihre Gefühle und wollen die innere und äußere Wirklichkeit nicht zur Kenntnis nehmen. Sie lehnen die Wahrheit und berechtigte Zweifel ab und unterdrücken die Signale vom eigenen Körper. Ebenso wie sie durch ihre Anführer gezwungen werden, gegen ihre Überzeugung zu handeln und zu sprechen, zwingen sie auch ihren Körper und unterdrükken dessen Funktionen.

Wir neigen dazu, für die Unterdrückten in solchen Gesellschaften Mitleid zu empfinden und die Unterdrücker zu hassen. Tatsächlich leiden jedoch beide Elemente gleichermaßen unter der Repression. Beiden ist gemeinsam, daß sie sich selbst unterdrücken und mit der Wirklichkeit nicht zurechtkommen. Hinter der glorreichen Fassade von Reichtum und Ruhm lebt die Oberschicht in einer selbstgeschaffenen Hölle. Sie fühlt sich von allen Seiten bedroht, sogar von Freunden und Verwandten. Sie leidet unter Schuldgefühlen und Verfolgungswahn. Ihre Familien zeigen alle Symptome der Repression. Die Kinder fühlen sich oft unterdrückt und suchen ihre Minderwertigkeitsgefühle dadurch zu kompensieren, daß sie Schwächere hassen oder Tiere foltern.

Jeder Machthaber unterdrückt nicht nur die gesellschaftlich Schwächeren, sondern auch sein inneres Selbst, seine Yin-Natur, sein Unterbewußtsein. Er ist also neurotisch. Gleichzeitig wird er von einem unterbewußten Zerstörungstrieb und von Angstträumen gequält. Jeden Augenblick kann die Niederlage oder Katastrophe über ihn hereinbrechen. Jederzeit kann er von seinen Konkurrenten beseitigt oder zumindest kaltgestellt werden. Er kann es sich nicht leisten, irgendwelche Zweifel oder Schwächen zu zeigen. Immer muß er die Fassade des

Selbstbewußtseins bewahren. Dasselbe trifft, wie die Geschichte gezeigt hat, auch für weibliche Unterdrücker zu.

Menschen, die ihre Mitmenschen und ihre eigenen Gefühle unterdrücken, fürchten sich gewöhnlich vor der Psychologie, da diese ihre abnormen Tendenzen bloßstellt. Sie fühlen sich nur im Kreise Gleichgesinnter sicher und unterwerfen sich den Normen ihrer Klasse. Wer sich diesen Normen widersetzt, wird als subversives Element verdammt und bestraft. Besonders diejenigen, die auf erotischem Gebiet anders denken und handeln, werden verurteilt. Dies wird in den Büchern von Max Horkheimer und Adorno eingehend beschrieben.[36]

Repressive Sozialstruktur
Die Oberschicht glaubt, Ordnung durch strenge Gesetze und Strafen aufrechterhalten zu müssen. Sie vermutet überall Subversion und passiven Widerstand.

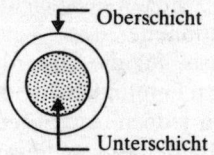

Oberschicht

Unterschicht

Die Unterschicht lebt in stetiger Angst vor willkürlicher Bestrafung. Sie gibt sich unterwürfig oder widerspenstig und leistet heimlich Widerstand.

Repressive Charakterstruktur
Das Bewußtsein glaubt, chaotische und sündhafte Triebe unterdrücken zu müssen. Es wird von irrationalen Vorstellungen gestört.

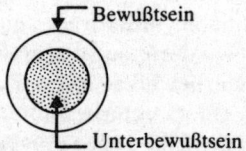

Bewußtsein

Unterbewußtsein

Das Unterbewußtsein wird mißachtet und unterdrückt, es äußert sich destruktiv und chaotisch in der Form von Verfolgungs- und Zerstörungswahn.

Repressive Menschen bewundern gewöhnlich die Macht und die Mächtigen, und sie interpretieren liberale Verhaltensweisen als Schwäche. Gegenüber der Obrigkeit zeigen sie sich gern gehorsam, respektvoll und dankbar. Ihren verborgenen Haß richten sie gegen Außenstehende und Fremde. Sie möchten Außenstehende für die Handlungen bestraft sehen, die ihnen selbst verboten sind.

Dies beginnt oft schon in der Kindheit, wenn sie strenger körperlicher Disziplin unterworfen und von autoritären Eltern zur Reinlichkeit gezwungen werden. Später im Leben suchen sie sich von diesem Zwang zu befreien, indem sie Witze über die Toilette und Exkremente machen und Flüche benutzen, die in diese Kategorie passen. Die meisten von ihnen schämen sich auch, zarte Gefühle auszudrücken. Sie verfallen leicht in billige Sentimentalität, die gelegentlich in Brutalität umschlägt.

Es fehlt ihnen das gesunde innere Gleichgewicht, das es ihnen erlauben würde, auf großzügige Weise ordentlich zu sein und ihre Gefühle auf vernünftige Weise auszudrücken. Durch ihren inneren Konflikt zwischen Yin- und Yang-Kräften empfinden sie sich vorwiegend nicht als Menschen, sondern als Herren oder Sklaven.

Rechte und linke Theorien

Von den wichtigeren gesellschaftlichen Theorien sollen hier zwei Extreme kurz diskutiert werden, die auf unsere Kultur einen großen Einfluß gehabt haben. Menschen, die politisch rechts stehen, beziehen sich gern auf Platos *Staat,* während links stehende im *Kommunistischen Manifest* von Karl Marx ihre Bibel sehen. Wenn man diese beiden Lehren auf das chinesische Yin/Yang-Konzept bezieht, ergeben sich einige wertvolle Erkenntnisse mit praktischen Konsequenzen.

Das Zentralthema der Marxschen Philosophie ist die Theorie des historischen Materialismus. Diese Theorie besagt im wesentlichen, daß unsere Geschichte nicht von Herrschern, Helden und Generälen gemacht wird, sondern daß sie sich als ein Ergebnis von ökonomischen und gesellschaftlichen Bedingungen entwickelt. Dabei ist es kein Zufall, daß der Begriff »Historischer Materialismus« das Wort »Mater« (Mutter) enthält.

Man kann in der Theorie einen Versuch sehen, das patriarchalische und vaterreligiöse System durch ein mütterlicheres System zu ersetzen. Marx und Engels waren mit der Literatur über das Mutterrecht von Lewis Morgan, J. J. Bachofen u. a. vertraut und haben diese öfter erwähnt. Nach Marx muß die Befreiung der Frau mit der Befreiung des Arbeiters Hand in Hand gehen, da beide vom vaterrechtlichen System ausgebeutet werden.

Die ersten Kommunisten lebten in einer Zeit, in der die Arbeiter in Europa von Feudalherren und Fabrikbesitzern rücksichtslos ausgenützt wurden. Besonders in England, wo die industrielle Revolution begann, arbeiteten Frauen und Kinder in den Kohlebergwerken unter den erbärmlichsten Bedingungen. Sechsjährige Kinder mußten in Webereien arbeiten, und viele Männer schufteten täglich sechzehn Stunden, um ein kärgliches Leben fristen zu können. Für die Alten, Schwachen und Kranken gab es keinerlei Sozialversicherung. Gleichzeitig machten viele Fabrikbesitzer und Feudalherren riesige Profite, während andere im gnadenlosen Konkurrenzkampf bankrott gingen. Die privilegierte Stellung der Oberschicht wurde durch die calvinistische Interpretation der Bibel gerechtfertigt. Danach belohnt Gott die sparsamen und arbeitsamen Menschen, während er die faulen und schmutzigen Proletarier durch Armut bestraft. Das Wort »Proletarier« beschreibt ursprünglich Menschen mit vielen Kindern. Wer mehr Kinder hat, als er ernähren kann, darf sich Calvin zufolge nicht über Armut beschweren. Ricardo und Malthus bestätigten diesen Gedankengang und erklärten, daß die Arbeiterklasse sich immer bis zur äußersten Grenze vermehrt und daß ihr Wachstum nur durch Hunger und Misere gebremst werden kann.

Als Marx und sein Freund Engels das *Kommunistische Manifest* schrieben, waren sie hauptsächlich von humanitären Gefühlen und sozialem Gewissen bewegt. Engels war selbst ein Fabrikbesitzer, der aus der Ungerechtigkeit des Systems finanziellen Nutzen gezogen hatte. Er unterstützte daher gern Marx und andere Idealisten. Das Ergebnis war zunächst das Manifest, ein relativ dünnes Buch, das eine dynamische und packende Idee enthielt und die Fragen der Zeit behandelte. Es erschien im Jahre 1848 und wurde sofort ein großer Erfolg. Es prangerte ein rücksichtsloses und korruptes Gesellschaftssystem an, dessen sich die sensibleren Menschen schon seit Jahren geschämt hatten. Es verdammte eine Religion, die die hungernden Massen auf ein besseres Leben im Jenseits vertröstete. Es erklärte weiterhin, daß die repressive Klassengesellschaft zur Entwürdigung der Frauen beiträgt, weil diese in der patriarchalischen Hierarchie nicht viel zu sagen haben.

Die Diagnose stimmte weitgehend, und das Buch trug dazu bei, einige Regierungen auf ihre Verantwortung aufmerksam zu machen und die sozialen Programme einzuleiten, die wir heute als selbstverständlich hinnehmen. Könige und Regierungen begannen langsam zu erkennen, daß sie für alle Untertanen verantwortlich waren und nicht nur für die privilegierte Oberschicht. Während sie vorher selbstherrlichen Vätern glichen, die ihre erfolgreicheren Kinder belohnten, zeigten sie jetzt mehr mütterliche Eigenschaften, indem sie sich um alle Kinder kümmerten.

Marx hatte also in vieler Hinsicht recht, und sein Einfluß hat viel Gutes bewirkt. Jedoch trieb er später seine Theorie zum Extrem und erreichte teilweise das Gegenteil von dem, was er suchte. Wie allen seinen Nachfolgern gelang es ihm nicht, ein gesundes Gleichgewicht zwischen väterlichen und mütterlichen Einflüssen herzustellen. Vom Extrem des Patriarchats und des Monotheismus fiel er in das andere Extrem des utopischen Sozialismus, in dem niemand regiert und jeder seine Aufgaben freiwillig tut. Seine »Diktatur des Proletariats« betrachtete er als Vorstufe zur totalen Harmonie, die sich nach mehreren Generationen Volkserziehung automatisch ergeben würde.

In seinem späteren Werk *Das Kapital* erklärte er, daß alle Regierungen beseitigt werden müssen, daß alle Religionen »Opium fürs Volk« sind, daß alles Privateigentum vom Übel ist und verstaatlicht werden muß, daß alle gesellschaftlichen Unterschiede zwischen Mann und Frau verschwinden müssen usw. Als typischer Vertreter jüdisch-christlicher Traditionen konnte er sich nicht von der einseitigen Entweder-oder-Denkweise befreien, die uns in der Vergangenheit schon so viel Unglück gebracht hat. Er glaubte, die Welt vom Vaterglauben und der damit verbundenen Besitzgier zu befreien, benutzte aber dabei selbst die starren westlichen Denkmodelle.

Über die Hälfte der Weltbevölkerung sieht inzwischen im Marxismus ihre neue Religion, und der Einfluß verbreitet sich weiterhin mit erstaunlicher Geschwindigkeit. Überall in der Welt lassen Menschen ihre alten Überzeugungen fallen und begrüßen den neuen Glauben, der allen Unterdrückten Freiheit und Gleichheit verspricht.

Aber überall dort, wo der Marxismus heute praktisch angewandt wird, hat sich eine neue Form der Unterdrückung und Ungleichheit entwickelt – zusammen mit einem gigantischen bürokratischen Monopol. Die Oberschicht in Rußland besitzt heute keine Fabriken und Landgüter, aber sie hat alle Privilegien der feudalen Oberschicht und das Recht, ihre Kinder in besonderen Eliteschulen erziehen zu lassen, Obwohl dieses System vielleicht dem Zarenreich vorzuziehen ist, kommt es doch der im *Kommunistischen Manifest* beschriebenen Utopie in keiner Weise nahe. Daran wird sich auch in der Zukunft kaum etwas ändern. Man kann nur hoffen, daß die Chinesen eines Tages, ausgehend von Marx, den Weg zu einer ausgewogeneren Gesellschaftsordnung finden. Sie sind ja dafür bekannt, daß sie fremden Ideen einen neuen und praktischen Sinn verleihen. Außerdem entstand bei ihnen vor Jahrtausenden die Vorstellung von der Harmonie zwischen oben und unten, Vater und Mutter, Himmel und Erde, Regierung und Opposition, Yin und Yang. In China entstand vor langer Zeit auch die dauerhafteste und friedlichste Kultur der Erde.

Der Kommunismus wird heute gewöhnlich als der Erzfeind des Kapitalismus angesehen, und beide Systeme versuchen allen Ernstes, sich gegenseitig zu beseitigen. Tatsächlich ist jedoch der Kommunismus ein Produkt und eine Ergänzung des besitzorientierten Patriarchats. Im einen System wird der Privatbesitz verherrlicht und im anderen der Kollektivbesitz, und man kann eigentlich keines von ihnen als ideal bezeichnen. Im alten Rußland, wo der Kommunismus nach der Revolution zuerst praktisch verwirklicht wurde, war er einfach eine Reaktion gegen ein unerträgliches System, in dem die Bauern und Arbeiter ausgenutzt und auf ein besseres Leben im Himmel vertröstet wurden. Nach der Revolution glaubten die Massen, daß alle gesellschaftlichen Probleme dadurch gelöst werden können, daß man die drei Wurzeln des Übels beseitigt: Privateigentum, Oberschicht und Religion. Stalin, der einige Jahre in einem Priesterseminar verbracht hatte, wandte sich gegen die Kirche und wurde ihr Erzfeind. Um die scheinbaren Übeltäter auszurotten und ihre Rückkehr zu verhindern, liquidierte er etwa zehn bis fünfzehn Millionen Mitglieder der Oberschicht, des Bürgertums, der Intelligenz und der Geistlichkeit. Indem sie die Spitze der gesellschaftlichen Pyramide zerstörten, hofften die Kommunisten, die erste Phase der ewigen Gleichheit und Harmonie einzuleiten. Sie glaubten, den parasitischen Überbau ein für alle Mal beseitigt zu haben.

Aber es stellte sich bald heraus, daß sie damit von einem alten repressiven System in ein neues gefallen waren. Die kommunistische Ideologie erklärt das damit, daß die Gesellschaft durch die gegenwärtige autoritäre Phase gehen muß, bevor die ersehnte Freiheit für alle erreicht werden kann. Nach einigen Jahrzehnten wird dann die Regierung nicht mehr gebraucht, weil alle Menschen freiwillig den Regeln der Menschlichkeit folgen. Inzwischen wird auch der Rest der Welt zum Kommunismus bekehrt sein, und es gibt keinen Krieg mehr.

Gegenwärtig warten die meisten Kommunisten noch auf diese Utopie. Aber ihre Kinder und Enkelkinder werden langsam erkennen, daß es nie eine Gesellschaft ohne Regierung geben wird, ebenso wie es nie Menschen ohne Kopf geben wird. Kopflose Gesellschaften sind ebenso unerwünscht wie kopflastige Gesellschaften.

Die Lösung liegt nicht in der Unterdrückung des einen oder anderen Elementes, sondern in der synergetischen Koordination aller Elemente. Als synergetisch bezeichnet man eine Gesellschaft, bei der die Interessen des einzelnen mit denen der Gemeinschaft übereinstimmen und sich gegenseitig ergänzen.

Der Zar hätte die Revolution und die darauffolgende Katastrophe vermeiden können, wenn er dem Volk eine Stimme in der Regierung gegeben hätte. Aber er hatte durch seine patriarchalischen, vaterreligiösen Vorstellungen den Kontakt mit der Wirklichkeit verloren. Als Vertreter verschiedener Arbeitergruppen vor dem Palast erschienen, um ihre Anliegen vorzutragen, ließ er sie niederschießen.

Ebenso unheilverkündend erscheint die Tatsache, daß es auch heute noch im Westen Regierungen gibt, die aus der Geschichte nicht gelernt haben und die unteren Klassen mißachten, betrügen und ausbeuten. Anscheinend läßt es sich nicht verhindern, daß noch viele Millionen verzweifelter Menschen in die Arme der Kommunisten getrieben werden.

Das in der Bibel beschriebene patriarchalische Modell der Gesellschaft hat die westliche Kultur maßgebend beeinflußt. Die zweitwichtigste Wurzel unserer Kultur liegt im alten Griechenland, und Plato wird oft als der Vater der westlichen Philosophie bezeichnet. Daher ist es angebracht, Platos Vorstellungen in bezug auf die Gesellschaft und die politischen Zustände im alten Griechenland hier kurz zu beschreiben und sie auf das Yin/Yang-Konzept zu beziehen.

Die alten Griechen prägten das Wort »Demokratie« (Volksherrschaft), und Athen wurde zeitweise durch Mehrheitsbeschluß regiert. Aber die Wähler gehörten alle der wohlhabenden Oberschicht an, und der Rest der Bevölkerung hatte nichts zu sagen. Frauen waren von der Politik ausgeschlossen, und die Sklaven galten ohnehin nicht als vollwertig. Die Idee der Demokratie, wie wir sie heute kennen, entstand nicht in Griechenland, sondern in Nordeuropa.

Das griechische Modell der Gesellschaft wird im Gegenteil heute gern von Rechtsextremisten zitiert. Besonders der *Staat* von Plato wird oft herangezogen, um rechtsgerichtete politische Ideen zu rechtfertigen – nach dem Prinzip: Eine Ideologie muß doch in Ordnung sein, wenn sie mit dem »Vater der westlichen Philosophie« übereinstimmt. Platos idealer Staat entspricht dem Modell Spartas, wo eine relativ kleine Elite die übrige Bevölkerung absolut beherrschte. Das Verhältnis zwischen Spartanern und Heloten (Sklaven) war etwa 1 : 13. Heloten, die sich nicht unterordneten oder anderweitig verdächtig erschienen, wurden von besonderen Mordkommandos nachts erledigt.

Die von Plato beschriebene ideale Gesellschaft wird von auserwählten Philosophen (wie ihm selbst) regiert und wendet etwas feinere Methoden an. Bürger, die sich der Regierung nicht fügen, werden beispielsweise in politische Erziehungslager geschickt, wo sie bleiben, bis sie sich reumütig fügen oder bis sie sterben. Nur politisch einwandfreie Bürger dürfen in das Ausland reisen. Bei ihrer Rückkehr werden sie daraufhin geprüft, ob ihre Einstellung durch fremde Einflüsse gelitten hat. Wenn das der Fall ist, kommen auch sie in ein Erziehungslager. Die Elite lebt gemeinschaftlich, und die Ehe wird abgeschafft. Der Staat bestimmt, wer mit wem zu schlafen hat, um vollwertige Nachkommen zu erzeugen. Der Staat erzieht auch die Kinder, die nie erfahren, wer ihre Eltern sind. Frauen werden grundsätzlich als gleichwertig anerkannt und erreichen manchmal hohe Positionen, obwohl ihre Fähigkeiten oft denen der Männer unterlegen sind. Alle Mitglieder der Elite werden ermutigt, miteinander zu schlafen, entweder mit Vertretern des anderen Geschlechts oder mit denen des eigenen. Da nun die Männer den Frauen etwas überlegen sind, wird die Liebe zwischen Männern als die höchste Form der Liebe anerkannt. In Platos *Staat* werden also die Frauen, die körperliche Liebe zwischen den Geschlechtern und die Familie ebenso abgewertet wie in der Bibel.

Auch aus Platos bekannten Dialogen kann man seine autoritäre Einstellung erkennen. Gewöhnlich belehrt in ihnen ein herablassender und allwissender Philosoph (wie er selbst) einen wißbegierigen und unterwürfigen Studenten. Die Rolle des Studenten ist es, zum Dialog durch Phrasen beizutragen wie: »Ja, Meister, wie könnte es anders sein?« oder »In der Tat, deine Gedanken sind die reine Wahrheit« oder »Noch niemals habe ich diese Dinge klarer ausgedrückt gehört«. Diese Art von klassischer Weisheit wurde in europäischen Eliteschulen jahrhundertelang gelehrt. Aber langsam beginnt man, diese Sorte von Monologen durch echte Dialoge zu ersetzen: zwischen Lehrer und Schüler, Regierung und Opposition, Verwaltung und Personal, Mann und Frau usw. Gleichzeitig lernt jeder einzelne, wie er (oder sie) einen Dialog zwischen dem bewußten Yang-Element und dem unbewußten Yin-Element herstellen und erhalten kann. Davon soll in einem späteren Kapitel die Rede sein.

Die Gemeinschaften der Essener

Die bereits in Kapitel 2 erwähnten Essener sind für uns deswegen interessant, weil sie ein Bindeglied zwischen Ost und West darstellen. Einerseits ist das Neue Testament maßgeblich von ihren Lehren beeinflußt, und andererseits wissen wir, daß diese Lehren auf zentralasiatische Quellen zurückgehen. Die folgenden Einzelheiten sind weitgehend den von E. B. Szekely übersetzten Texten entnommen.[37] Diese basieren wiederum auf alten Schriften, die Szekely in jahrelanger Arbeit im Vatikan und anderen Bibliotheken aufspürte. Dazu kommen noch die um 1947 entdeckten Schriftrollen vom Toten Meer, die von der Qumran-Gemeinschaft stammen.

Das von Szekely entworfene Bild der friedlichen und tugendhaften Essener ist vielleicht etwas idyllisch. Sicher gab es in diesen Gemeinschaften auch Fanatiker, Extremisten und Außenseiter. Aber viele Geschichtsschreiber des Altertums sprechen von den Essenern mit großer Hochachtung. Der römische Historiker Plinius und Philon von Alexandria berichten beispielsweise von ihrem weitreichenden Einfluß, ihrer ungewöhnlichen Weisheit und ihrem Wissen auf dem Gebiet der Heilkunde. Ihre Gemeinschaften bestanden bereits vor unserer Zeitrechnung im Nahen Osten und in Ägypten, und sie pflegten enge Verbindungen mit anderen religiösen Gruppen. Ihre Lehren haben daher einen universalen Charakter und stellten damals eine Art Weltreligion dar.

Wie bereits erwähnt, finden sich viele der Jesus zugeschriebenen Parabeln und Anekdoten in den vorchristlichen Lehren der Essener. Wir müssen daher annehmen, daß Jesus entweder selbst ein Essener war oder daß er mit ihnen in enger Verbindung stand. Dies würde dann auch erklären, warum das Neue Testament verschiedene Vorstellungen enthält, die mehr mit den asiatischen Religionen als mit dem Alten Testament übereinstimmen. Orthodoxe Juden lehnten damals Jesus und seine Lehre als »fremd« ab und bewirkten seine Hinrichtung. Sogar heute noch verschweigen die christlichen Kirchen die Erkenntnisse, die sich aus den Schriften der Essener ergeben. Anstatt diese aufregenden Entdeckungen zu benutzen, um die erstarrten biblischen Lehren wiederzubeleben, klammert sich die Kirche an überholte Vorstellungen.

Die Essener lebten in »Landkommunen« fernab von Dörfern und Städten. Ihr Lebensstil war einfach, und sie benutzten das Land und anderen Besitz gemeinschaftlich. Der einzelne hatte Anspruch auf ein einfaches Haus und Gegenstände des täglichen Gebrauchs. Reichtum sowie Armut wurden als abnormal abgelehnt. Die Essener glaubten, daß alle menschlichen Bedürfnisse nach Essen, Wohnung, Kleidung usw. durch ein Leben im Einklang mit der Natur befriedigt werden können – ohne Kampf und Kriege. Diese Einstellung findet sich auch bei Jesus, aber natürlich wurden in den besitzorientierten Kreisen solche Sätze abgelehnt wie: Der Reiche kommt nicht in den Himmel, ebenso wie das Kamel nicht durch ein Nadelöhr paßt ... Folge mir, und gib deinen Besitz an die Armen ... Die Lilien auf dem Feld sorgen sich nicht um die Zukunft, denn der Herr sorgt für sie.

Die Essener benutzten die symbolische Form eines Baumes mit sieben Wurzeln und sieben Zweigen, um die kosmische Ordnung zu erklären. Die Zweige reichen in den Bereich des Himmels, während die Wurzeln die Verbindung mit der Erde, der Quelle allen Lebens, darstellen. Der höchste Zweig symbolisiert den himmlischen Vater und die tiefste Wurzel die irdische Mutter. Die übrigen Zweige und Wurzeln repräsentieren verschiedene Botschafter oder Engel des himmlischen und irdischen Bereiches. Jede der sieben Wurzeln und Zweige wurde mit einem bestimmten Wochentag in Verbindung gebracht, mit Morgen- und Abendgebeten. Auf diese Weise meditierten die Essener jede Woche über alle Aspekte der Natur und des Geistes. Der Sonntagabend war beispielsweise dem Thema der schöpferischen Arbeit gewidmet. Donnerstag morgens beschäftigte man sich mit dem Thema des Wassers in seinen verschiedenen Formen, in Flüssen, Regentropfen, Pflanzen und im menschlichen Körper.

Der Sonnabendmorgen war der irdischen Mutter und ihrem Einfluß auf das geistige und körperliche Wohlbefinden gewidmet. Man besprach verschiedene Elemente der Erde und des Pflanzenlebens und ihre Eignung als Nahrung und natürliche Medizin. Indem der Mensch geeignete Substanzen in sich aufnimmt, stellt er eine Harmonie zwischen seinem Körper und der Mutter Erde her und sorgt für eine gesunde Grundlage des körperlichen und geistigen Wachstums. Den Lehren der Essener zufolge konnte nur derjenige das Königreich des Himmels erreichen, der fest im Königreich der Erde verwurzelt war. Körperliche Gesundheit und ein einfaches Leben im Einklang mit der Natur wurden als Vorbedingungen für geistige Entwicklung betrachtet. Ebenso wie ein Baby erst liebevoll von der Mutter aufgezogen werden muß, bevor es den Anweisungen des Vaters folgen kann, können wir uns erst dann geistig entfalten, wenn wir mit dem Körper und der Natur harmonieren.

Hier finden wir wieder die fernöstliche Ying/Yang-Vorstellung, daß ein gesundes Gleichgewicht bestehen muß zwischen

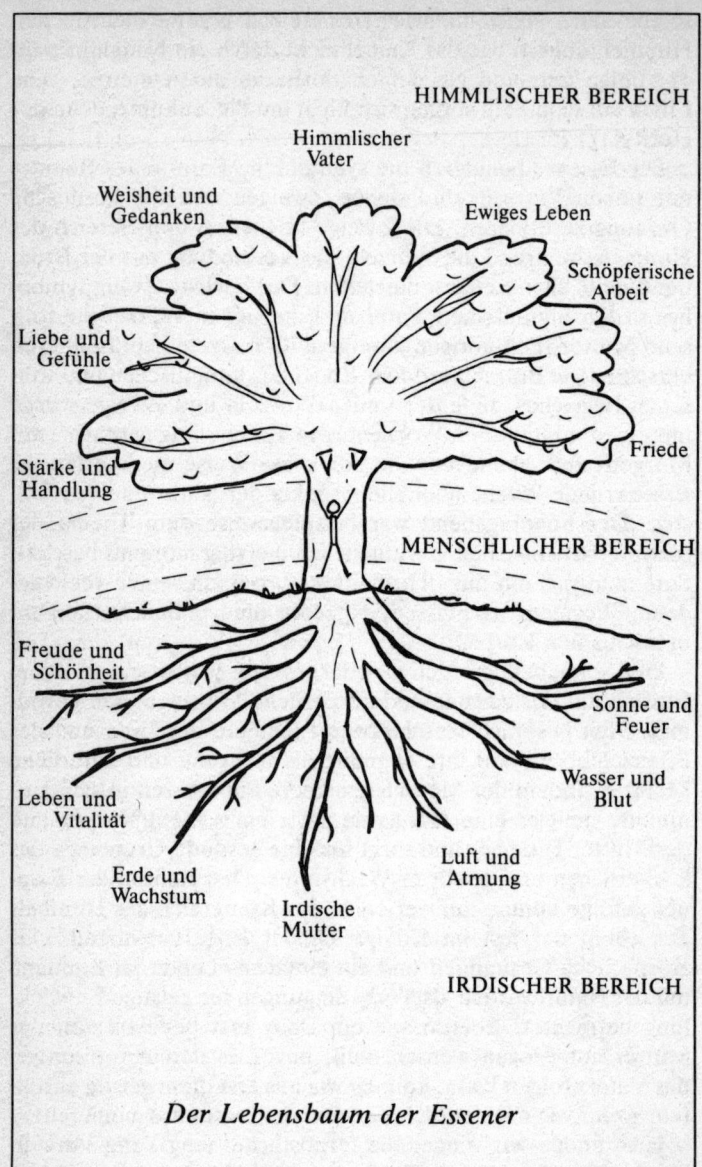

HIMMLISCHER BEREICH

Himmlischer Vater

Weisheit und Gedanken

Ewiges Leben

Schöpferische Arbeit

Liebe und Gefühle

Stärke und Handlung

Friede

MENSCHLICHER BEREICH

Freude und Schönheit

Sonne und Feuer

Wasser und Blut

Leben und Vitalität

Erde und Wachstum

Luft und Atmung

Irdische Mutter

IRDISCHER BEREICH

Der Lebensbaum der Essener

Körper und Geist, väterlichen und mütterlichen Einflüssen, Himmel und Erde, Geist und Materie, oben und unten, Zweigen und Wurzeln. Im täglichen Leben der Essener wurde auch für Abwechslung zwischen geistiger und körperlicher Betätigung gesorgt, zwischen der Arbeit in den Feldern und Gärten und dem Studium der Schriften. Der irdische Lebensbereich wurde ebenso sorgfältig kultiviert wie der himmlische.

Im Alten Testament, mit seiner einseitigen Betonung des Vaters im Himmel, wird dieser Baum auch beschrieben. Aber hier ist er der verbotene »Baum der Erkenntnis«, ein Symbol des Übels. Der mütterlich-irdische Aspekt des Baumes ist als bösartige Schlange abgebildet. Die Frau mit sündhaften Trieben (Eva) verführt den Mann (Adam) dazu, die Früchte des Baumes zu kosten. Die Moral ist offensichtlich: Lasse dich nicht von Frauen beeinflussen, und vermeide Menschen (wie die Essener), die an den Baum des Lebens glauben. Höre nur auf Jehova im Himmel.

Unter den seßhaften Völkern der alten Zeit war die Verehrung von Bäumen weit verbreitet. Die Hebräer waren jedoch am Anfang Nomaden, und auch daraus erklärt sich ihre Verachtung für Bäume. Das Wort »Hebräer« bedeutet übrigens soviel wie »Wüstenwanderer«. Bei vielen Völkern in allen Teilen der Erde wurden Bäume als Symbole des Lebens, der Lebenskraft, der Stärke und des langen Lebens verehrt. Man pflanzte oft bei der Geburt eines Kindes einen Baum, der dann mehreren Generationen als Familienbaum galt. Die Germanen glaubten auch an die Lebensesche Yggdrasil, die die ganze Welt umfaßt. Sie verbindet das Land der Götter (Asgard) mit dem Land der Menschen (Midgard) und der Erde. Unter ihren Wurzeln befinden sich drei Quellen, welche die Urschöpfung, das kosmische Gedächtnis und das kosmische Schicksal darstellen. Ein allwissender Adler sitzt auf dem Wipfel des Baumes. Der Baum wird durch viele Gefahren bedroht, er gedeiht jedoch unter dem Schutz der drei Schicksalsgöttinnen.[38]

Auch in anderen Teilen Europas und Asiens waren Baumkulte weit verbreitet. Man glaubte an heilige Bäume, Geisterbäume, geweihte Haine und sogar an Bäume, die Kinder brachten. Die Tungusen in Nordsibirien stellten sich einen Weltenbaum vor, dessen Wurzeln die Tiermutter darstellten. In den Zweigen fanden sich die Seelen ungeborener Kinder.[39]

Psychologen würden sagen, daß solche mythologischen Bäume die menschliche Natur mit ihren geistigen und körperlichen Aspekten darstellen. Es gibt auch einen psychologischen Test, bei dem man aufgefordert wird, einen einfachen Baum zu zeichnen. Die Zeichnung wird dann als Projektion des Geisteszustandes betrachtet und interpretiert. Dabei wird u. a. das Verhältnis zwischen oben und unten und rechts und links berücksichtigt. Wer zum Beispiel einen Baum mit großen Zweigen und kleinen Wurzeln oder ohne Wurzeln zeichnet, hat demnach kopflastige Vorstellungen vom Leben. Die obere Hälfte repräsentiert unsere geistigen Ambitionen, unser Streben nach Weisheit, Gerechtigkeit und einer besseren Welt. Die unsichtbaren Wurzeln stellen dagegen unser Bedürfnis nach Liebe, Schönheit, Geborgenheit, Nahrung und natürlicher Umgebung dar.

Die Essener lebten im Einklang mit der Natur und den Naturgesetzen. In dieser Beziehung unterschieden sie sich wesentlich von der Lehre des Alten Testaments, der zufolge die Menschen die Natur beherrschen und ausbeuten sollen. Sie sahen in ihrer Arbeit mit Pflanzen und Bäumen den Schlüssel zum Verständnis des ganzen Universums. Die Arbeit war ihre Verbindung mit der Natur, der Sonne, der Erde und dem Regen. Dadurch, daß sie mit der Natur arbeiteten und nicht gegen sie, konnten sie die Lebensnotwendigkeiten durch wenige tägliche Arbeitsstunden sichern. Sie wußten viel über das Klima, die Jahreszeiten, die Wetterperioden, die Sternkunde und den Einfluß der Sterne auf Pflanzen, Tiere und Menschen. Sie hielten sich bewußt von Städten und Dörfern fern, um naturnah leben zu können. Außerdem glaubten sie, daß sich Degeneration, Krankheit und Geisteskrankheit hauptsächlich bei solchen Menschen einstellten, die den Kontakt mit der Natur verloren haben. Der biblische Konflikt zwischen Natur und Kultur, Geist und Körper, Vater und Mutter, Mann und Frau, Yin und Yang war ihnen weitgehend unbekannt.

Die Essener waren übrigens Vegetarier, und ihre Hauptnahrung bestand aus Getreide. Sie waren Meister in der Kunst, karges Land fruchtbar zu machen und Wüstengebiete aufzuforsten. Sie standen vor Sonnenaufgang auf, und ihr erstes Gebet war der Sonne gewidmet, weswegen sie auch manchmal als »Sonnenanbeter« bezeichnet worden sind. Danach wuschen sie sich mit kaltem Wasser und nahmen das Frühstück schweigend gemeinsam ein. Bis zum Nachmittag wurde dann gearbeitet, und der Abend war der Meditation und dem Studium der Lehre gewidmet.

Durch ihre Kenntnis von Pflanzen und Heilkräutern waren sie in der Lage, die meisten Krankheiten zu vermeiden. Ein großer Teil ihrer Lehre hatte mit Natur- und Geistheilung zu tun. Sie glaubten auch an die heilenden Kräfte der Luft, des Sonnenscheins, des Wassers und der Erde. Entgegen den Gesetzen der Natur zu leben, empfanden sie als eine Sünde, die früher oder später durch Krankheit bestraft wird. Einigen Quellen zufolge bedeutet das Wort Essener »Heiler«. Daß die Essener besondere Heilkräfte besaßen, war damals allgemein bekannt, und zumindest einer von ihnen wird in der Bibel ausdrücklich erwähnt: Johannes der Täufer. Daß Jesus vermutlich auch mit den Essenern in Verbindung stand, wurde bereits erwähnt. In Berichten über die von ihm vollbrachten Heilungen kommt oft zum Ausdruck, daß er Krankheiten auf unnatürliche Lebens- und Denkweisen zurückführte.

Die heutigen Vertreter der Naturheilkunde finden viele ihrer Ideen durch die Lehren der Essener bestätigt. Es wird dort immer wieder die Bedeutung der Krankheitsverhütung betont – im Gegensatz zur modernen orthodoxen Medizin, die sich mehr auf Reparaturen bereits entstandener Schäden beschränkt. Es wird auf die Harmonie mit der Natur großer Wert gelegt und von künstlichen und chemischen Eingriffen abgeraten. Die gesunde Ernährung durch unverfälschte Nahrungsmittel wird als Grundlage der Gesundheit betrachtet. Die Nahrungsmittel der Essener kamen frisch vom Feld und vom Obstgarten, und viele wurden roh gegessen. Sogar Getreide wurde oft in eine Art ungebackenes Brot verarbeitet. Die Körner wurden geweicht, gemahlen, zu Fladen geformt und auf Steinen in der Sonne gebacken. Diese »Pfannkuchen« waren leicht verdaulich und enthielten doch noch alle natürlichen Nährstoffe des rohen Vollkorns. Heute wissen wir, daß viele Degenerationskrankheiten dadurch verursacht werden, daß wir zuwenig rohe Nahrungsmittel genießen.

Die Essener waren der Meinung, daß das Essen des Fleisches getöteter Tiere die Menschen gefühllos, nervös, ungeduldig und krankheitsanfällig macht. Zucker war ihnen unbekannt, aber sie hätten ihn vermutlich aus denselben Gründen abgelehnt. Alkoholhaltige Getränke lehnten sie auch aus Gesundheitsgründen ab. Ihre Mahlzeiten waren einfach und bestanden gewöhnlich aus zwei oder drei Komponenten. Im übermäßigen Essen sahen sie eine große Gefahr. Die meisten Mahlzeiten wurden langsam und schweigend eingenommen, und einmal in der Woche wurde gefastet.

Außerdem waren sie sich der Rolle des Glaubens bewußt. Sie waren sich darüber im klaren, daß man leicht psychosomatische Krankheiten entwickelt, wenn man den Kontakt mit den kosmischen Kräften verliert. Oft heilten sie einfach dadurch, daß sie den Glauben wiederherstellten. Daher kultivierten sie eine konstruktive geistige Einstellung, und sie wußten, daß sich Neid, Haß, Schuldbewußtsein, Bosheit usw. ungünstig auf die körperliche und geistige Gesundheit auswirken. Durch ihren ausgewogenen Lebenslauf und regelmäßige Meditationen bewahrten sie ihre friedliche Einstellung und ihr inneres Gleichgewicht. Die fähigsten Heiler unter ihnen machten weite Reisen in alle Gegenden der Alten Welt, um denen zu helfen, die ihren Glauben oder ihre Gesundheit verloren hatten.

Die volle Mitgliedschaft in den Gemeinden wurde nur denen verliehen, die sich mehrere Jahre vorbereitet und ein Probejahr in einer Gemeinschaft bestanden hatten. Viele passive Mitglieder lebten auch außerhalb in normalen Dörfern und Städten und befolgten die Lehren, so gut sie konnten.

So leben wir

In vieler Beziehung geht es den westlichen Industriegesellschaften gut. Trotzdem haben wir das Gefühl, daß etwas nicht stimmt. Es scheint, daß wir den Konflikt zwischen Individualismus und Kollektivismus, zwischen den Bedürfnissen des einzelnen und denen der Gesellschaft nicht befriedigend gelöst haben. Natürlich hat es noch nie eine ideale Gemeinschaft gegeben, die keinerlei Konflikte zwischen dem einzelnen und dem Gemeinwohl kannte. Sogar in den glücklichsten Familien gibt es dann und wann Streit, und jeder hat seine eigene Ansicht. Trotzdem sollten wir versuchen, grundlegende Konfliktherde in unserer Gesellschaft zu definieren und zu beseitigen.

Vor vielen Jahren deutete Albert Einstein an, worin seiner Ansicht nach die Krise unserer Zeit im wesentlichen besteht. Auch er glaubte, daß die Beziehung zwischen dem einzelnen und der Gesellschaft gestört ist. In zunehmendem Maße fühlen sich die Menschen von der Gesellschaft abhängig. Dies empfinden sie jedoch nicht als einen Segen, sondern als einen teilweisen Freiheitsentzug. Sie fühlen sich der zentralen Macht ausgeliefert und in ihrer wirtschaftlichen Existenz bedroht. Gleichzeitig belohnt unser wirtschaftliches System die egoistischen Triebe. Die sozialen Triebe, die von Natur aus schwächer sind, verlieren immer mehr an Bedeutung. Jeder versucht, soviel wie möglich aus der Gemeinschaft herauszuholen und sowenig wie möglich beizutragen. Unter diesem Zustand leiden nicht nur die Ausgebeuteten, sondern auch die Ausbeuter. Alle Menschen werden zu Gefangenen ihres eigenen Egoismus, ohne sich dessen bewußt zu sein. Sie fühlen sich unsicher und einsam und haben kaum noch Gelegenheit, ein harmonisches und herzliches Gemeinschaftsleben zu genießen. Außerhalb der Gemeinschaft verliert das Leben weitgehend seinen Sinn.[40]

Die konkurrenz- und besitzorientierte Einstellung des einzelnen, die in den kapitalistischen Gesellschaften gefördert wird, ist durch eine Überbetonung der Yang-Werte verursacht. Wie Erich Fromm oft bemerkte, ist sie eng mit dem Patriarchat, dem Vaterrecht und der Vaterreligion verbunden. Es mag zunächst paradox erscheinen, den christlichen Glauben mit dem Kapitalismus in Verbindung zu bringen. Tatsächlich hat sich Jesus auch manchmal gegen die Anhäufung von Privatbesitz ausgesprochen. Trotzdem ist die Vaterreligion – im Gegensatz zur Mutterreligion – besitzorientiert. Außerdem belohnt das Patriarchat den Erfolg und die Errungenschaften des einzelnen, während in den mutterrechtlichen Gesellschaften das Wohl der Gemeinschaft betont wird.

Zwischen diesen beiden Elementen muß natürlich nicht unbedingt ein Konflikt bestehen. Im Gegenteil ist dem Yin/Yang-Konzept zufolge eine dynamische Harmonie zwischen beiden Einflüssen der Normalzustand, und insofern ist unsere gegenwärtige Gesellschaft »nicht normal«. Wenn das Prinzip der freien Marktwirtschaft bis zum Extrem getrieben wird, besteht die Gesellschaft nur noch aus isolierten und geldorientierten Menschen, die für andere keine Zeit haben. Sie denken nur noch an

Profit, und alles wird ihnen dabei ein Mittel zum Zweck: ihre Freundschaft, ihre Erotik, ihr Lächeln, ihre Zeit. Alles bekommt einen Preis, auch die Mitmenschen.

Am anderen Ende der Skala findet man dagegen die Menschen, die in sozialistisch regierten Ländern leben, wo die Wünsche des einzelnen den Bedürfnissen der Gesellschaft rücksichtslos untergeordnet werden. Solche Menschen werden gezwungen, sich dem Kollektivbewußtsein anzupassen und allen ihren Besitz mit der Gemeinschaft zu teilen. Damit ist gewöhnlich eine Überbetonung der Yin-Werte verbunden.

Beide Extreme sind natürlich gleichermaßen abzulehnen, und in der Praxis weisen auch alle Gesellschaften kollektivistische und individualistische Elemente in verschiedenen Mischungen auf. Viele amerikanische Kapitalisten tun etwas für das Gemeinwohl, und viele russische Kommissare haben einen Sinn für Privatinitiative. In einer ausgewogenen Gesellschaft ergänzen sich die beiden Elemente. Die Eigeninteressen der einzelnen können mit den Interessen der Gemeinschaft koordiniert werden. Ein gewisses Maß von Konkurrenz ist wünschenswert, aber dies muß durch die Bereitschaft zur Zusammenarbeit ausgewogen sein. Der einzelne muß sich frei fühlen und es gleichzeitig als eine Ehre betrachten, einer gesunden Gemeinschaft anzugehören.

Ruth Benedict prägte das Wort »Synergie«, das wir schon mehrfach verwendet haben, um diese Harmonie zwischen dem einzelnen und der Gemeinschaft zu beschreiben.[41] Bei ihren anthropologischen Studien der Indianer und Südseeinsulaner entdeckte sie mehrere Beispiele von guter und schlechter Synergie. An der kanadischen Westküste fand sie einen Stamm, bei dem die geehrtesten Mitglieder jedes Jahr ihren persönlichen Besitz anläßlich einer Feier in einem Freudenfeuer verbrannten. Bei anderen Stämmen wurde alles geteilt, und Privatbesitz war unbekannt. Unter den Hopis und Zunis in Arizona und Neumexiko galt es als unschicklich, bei öffentlichen Wettkämpfen zu gewinnen. Man lief beispielsweise nicht, um als erster anzukommen, sondern um sich harmonisch durch die natürliche Umgebung zu bewegen und Kontakt mit dem »Großen Geist« zu gewinnen. In anderen Stämmen wurde Privatbesitz geduldet, aber reiche Menschen wurden verachtet, weil sie alles für sich selbst behielten.

Frau Benedict kam zu dem Schluß, daß der modernen amerikanischen Gesellschaft diese synergetische Qualität fehlt, daß ihr ein grundlegender Konflikt zwischen dem einzelnen und der Gemeinschaft innewohnt. Ihrer Meinung nach ist die amerikanische Einstellung zu konkurrenz- und besitzorientiert, sie belohnt Habsucht und Egoismus und verachtet Menschen, die gern einfach und gemeinschaftlich leben möchten. Fast jeder Amerikaner träumt davon, Millionär zu werden und in einem Luxuswagen herumzufahren, nötigenfalls auch auf Kosten anderer. Die meisten amerikanischen Filme und Fernsehserien zeigen Variationen dieses Themas. Solche Ideale tragen nicht zur zwischenmenschlichen Harmonie bei, und sie erhöhen nicht einmal die Zufriedenheit des einzelnen. Bei manchen führen sie zu krankhafter oder krimineller Habgier und Erfolgssucht. Bei der Mehrzahl der Erfolglosen aber führen sie zum Neid und zur Resignation. Eine synergetische Gesellschaftsstruktur würde zunächst die grundlegenden menschlichen Bedürfnisse befriedigen und nicht einfach dazu anreizen, mehr und mehr Geld und Güter anzuhäufen. Die glücklichsten Menschen der Welt leben in solchen synergetischen Gesellschaften.

Der Schriftsteller J. B. Priestley beschreibt, wie ein solcher einfacher Lebensstil noch vor kurzem in manchen Teilen Englands gepflegt wurde.[42] Der Lebensstil seiner Eltern war beispielsweise viel weniger vom Geld abhängig, als das heute bei jungen Leuten der Fall ist. Um sich am Sonnabend zu amüsieren, gingen sie auf dem Land spazieren und gaben dabei nur zwanzig Pfennig für die Straßenbahn aus. Sie brauchten weder ein Auto zu ihrem Glück, noch mußten sie in Restaurants essen, sich Filme ansehen und zum Tanzen gehen. Statt dessen unterhielten sie sich mit Freunden, luden ihre Nachbarn zum Essen ein, wirkten beim Gesangverein mit, arbeiteten im Garten oder besuchten Verwandte.

Alle solche Vergnügen kosten wenig oder kein Geld. Man fühlt sich daher auch nicht gezwungen, viel Geld zu verdienen, um das Leben genießen zu können. Geld kann uns in vieler Beziehung frei machen. Wenn wir aber nach amerikanischem Muster einen Lebensstil entwickeln, der uns von teuren Vergnügungen und Maschinen abhängig macht, dann werden wir Sklaven des Geldes. Wir vergessen dann, daß viele der schönsten Dinge im Leben nicht käuflich sind. Außerdem verlernen wir, uns aktiv am Leben zu beteiligen und uns kreativ zu betätigen. Statt dessen lassen wir uns weitgehend von anderen gegen Bezahlung unterhalten.

Vielleicht würde uns dieses einfache Leben heute altmodisch vorkommen. In Amerika ist »mehr los«, und man nennt es das Land der unbegrenzten Möglichkeiten. Zahllose Menschen träumen auch heute noch davon, eines Tages dort ihr Glück und ihr Geld zu machen. Unzweifelhaft ist Amerika dynamisch und zukunftsorientiert, und es führt die Welt in vielen Gebieten. Aber Gesellschaften, die das Yang-Element auf Kosten des Yin-Elementes kultivieren, bereiten sich selbst und ihren Nachbarn viele Schwierigkeiten. Auf die Dauer sind sie den synergetischen Gesellschaften unterlegen. Zuviel Konkurrenz, Neuerung und Wandlung verwirrt und zersetzt die Gemeinschaft.

Andererseits haben die traditionellen Gesellschaften das entgegengesetzte Problem: Sie folgen dem Vorbild der Vorfahren und gehen nicht mit der Zeit. Sie stagnieren und passen sich nicht den wandelnden Umständen an. Sie können nicht mit ihren dynamischen Nachbarn konkurrieren. Sie mögen auf ihre alte Kultur stolz sein, bemerken aber nicht, daß sie kulturell zurückgeblieben sind. Wie immer kommt es nicht darauf an, den einen oder anderen Lebensstil zu kultivieren, sondern ein dynamisches Gleichgewicht zwischen Altem und Neuem, zwischen dem einzelnen und der Gemeinschaft, zwischen Yin und Yang zu wahren.

10. Die Harmonie mit dem »inneren Selbst«

Was ist das innere Selbst?

Wenn eine Wunde heilt, nachdem man sich geschnitten hat: Wie schließt sich der Schnitt, und wie bildet sich eine neue Haut? Wenn man sich verliebt: Wodurch wird bewirkt, daß das Herz schneller schlägt? Wenn ein Kind geboren wird: Durch welche geheimnisvollen Kräfte entwickelt es sich langsam zu einem ausgewachsenen Menschen? Alle diese biologischen Funktionen werden automatisch und ohne unser bewußtes Zutun geregelt.

Obwohl dabei das vegetative Nervensystem, die Drüsen, das Stammhirn und andere Organe zusammenwirken, kann man nicht sagen, daß es sich »lediglich« um physiologische Vorgänge handelt. Es ist dabei offensichtlich eine komplexe und hochentwickelte Intelligenz am Werke. Daß wir diese Intelligenz mit unserem Bewußtsein nicht verstehen, ändert nichts an der Tatsache, daß sie fortwährend Wunder vollbringt und das Leben in Gang hält. Diese unbewußte Intelligenz reguliert nicht nur körperliche Vorgänge, sondern weitgehend auch unser Leben im allgemeinen. Wenn man beispielsweise mit Hingabe etwas tut, was Sinn und Zweck hat, so gibt uns diese Intelligenz die nötigen körperlichen und geistigen Kräfte dazu. Wenn man plötzlich eine geniale Idee hat, so kommt sie aus derselben Quelle. Wenn man morgens geistig erfrischt aufwacht, dann hat diese Intelligenz unsere geistige Klarheit über Nacht wiederhergestellt.

Man hat dieser wunderbaren Kraft verschiedene Namen gegeben und sie auf verschiedene Weise zu erklären versucht. Ihrer Natur nach ist sie geheimnisvoll, verborgen, dunkel und unbewußt. Es ist jedoch weder möglich noch nötig, daß wir uns ihrer in vollem Maße bewußt sind. Es wäre darüber hinaus technisch unmöglich, Tausende von komplizierten Vorgängen bewußt zu regulieren. Es fällt uns schon schwer genug, zwei oder drei Dinge gleichzeitig im Auge oder im Sinn zu behalten. Unsere Absicht sollte es nicht sein, diese innere Kraft ständig zu überwachen, sondern sie zu achten und mit ihr zusammenzuarbeiten. Nur auf diese Weise können wir die innere Harmonie finden, die wir zu unserem Glück und Erfolg brauchen.

In den östlichen Schriften wird oft vom »inneren Selbst« gesprochen, das unser Freund oder Feind sein kann und das uns auf geheimnisvolle Weise mit dem Universum und den kosmischen Gesetzen verbindet. Moderne Psychologen sprechen vom »Unterbewußtsein«, das sich dem Bewußtsein gegenüber entweder konstruktiv oder destruktiv äußern kann. Sigmund Freud erkannte hauptsächlich die negativen Seiten des Unterbewußtseins, woraus sich die Einseitigkeit seiner Theorien und das weitgehende Versagen seiner Methoden erklärt (siehe Kapitel 6). Alle Psychologen sind sich jedoch darüber einig, daß Neurosen, Geisteskrankheiten und auch viele körperliche Krankheiten durch den Konflikt zwischen Bewußtsein und Unterbewußtsein verursacht werden. Im letzteren Falle spricht man von psychosomatischen Krankheiten, obwohl bei allen Krankheits- und Gesundheitszuständen das Gleichgewicht zwischen Bewußtsein und Unterbewußtsein eine Rolle spielt.

Die Aufgabe des Arztes ist es in den meisten Fällen, dabei zu helfen, das Gleichgewicht wiederherzustellen. Die vielen Mißerfolge der modernen Medizin erklären sich daraus, daß die Ärzte dies oft vergessen und grob-mechanisch oder chemisch in das komplizierte Zusammenspiel von Geist und Körper eingreifen. Verglichen mit dem verwickelten System des menschlichen Organismus, sind die neuesten Methoden der Medizin und der Wissenschaft immer noch primitiv, und daran wird sich auch in der Zukunft kaum etwas ändern.

In der fernöstlichen Heilkunst wird gewöhnlich feinfühliger vorgegangen, um das Gleichgewicht zwischen dem inneren Selbst (Yin) und dem äußeren Selbst (Yang) wiederherzustellen. Zahlreiche Psychologen und Soziologen haben darauf hingewiesen, daß die westlichen Denk- und Lebensgewohnheiten zur Spaltung zwischen Geist und Körper, Bewußtsein und Unterbewußtsein beitragen und uns oft buchstäblich »krank machen«. Unsere Kultur ist von Grund auf dualistisch und trägt Züge der Schizophrenie (Geistesspaltung). Wie ein Virus ist die Schizophrenie in uns allen latent vorhanden, tritt aber nur bei den sensibleren und schwächeren Mitgliedern der Gesellschaft in Erscheinung.

Alle Menschen wollen im Einklang mit dem inneren Selbst leben, und doch wird es niemals jemandem gelingen, eine ununterbrochene Harmonie aufrechtzuerhalten. Unser Bewußtsein muß gleichzeitig auf die Umgebung und das Unterbewußtsein abgestimmt werden, und dieser Balanceakt kann nicht immer erfolgreich sein. Wir müssen die Fähigkeit haben, ein gewisses Maß von innerer und äußerer Reibung zu ertragen. Aber wir müssen auch dafür sorgen, daß die Reibung nicht zum Normalzustand wird. Gelegentlicher Streß wirkt anregend, aber fortwährender Streß erschöpft unsere Energien und kann uns letzten Endes umbringen.

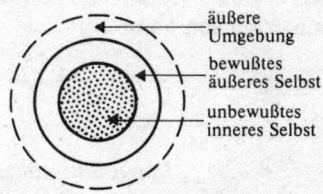

äußere Umgebung

bewußtes äußeres Selbst

unbewußtes inneres Selbst

Obwohl die innere und äußere Harmonie weitgehend voneinander abhängig sind, haben wir gewöhnlich auf unsere innere Wirklichkeit größere Einflußmöglichkeiten als auf unsere äußeren Umstände. Jedenfalls ist jeder einzelne für sein eigenes Innenleben selbst verantwortlich, und niemand kann ihm diese Aufgabe abnehmen. Es ist jedem selbst überlassen, wie er seine Gedanken mit den Gefühlen, seinen Geist mit dem Körper und sein (äußeres) Bewußtsein mit dem (inneren) Unterbewußtsein harmonisiert. Auch Ärzte, Psychologen und andere Berater können uns letzten Endes nur helfen, uns selbst zu helfen.

Die Lösung innerer Konflikte ist daher von größter Bedeutung. Solange wir Konflikte mit uns herumtragen, projizieren wir sie automatisch auf unsere Mitmenschen und Umgebung und bringen uns selbst und andere in Schwierigkeiten. Ein Mensch, der äußere Mißstände bekämpft, kann bei diesem

Kampf durchaus glücklich und erfolgreich sein. Wer sich aber fortwährend selbst bekämpft, ist zum Unglück und Mißerfolg verdammt. Sobald sich die inneren Konflikte lösen, erscheinen äußere Probleme weniger schwierig, und viele von ihnen verschwinden sogar. Schwierigkeiten, die vorher unüberwindlich schienen, verwandeln sich in interessante Herausforderungen. Feinde verwandeln sich oft in Freunde, und destruktive Einflüsse zeigen ihre konstruktive Seite.

Hier folgt eine Liste, die es ermöglichen soll, unbewußte innere Konflikte zu erkennen und zu definieren. Auf der linken Seite sind jeweils die Symptome innerer Konflikte beschrieben, während die rechte Seite den entsprechenden harmonischen Zustand beschreibt. Um den größten praktischen Nutzen aus der Liste zu ziehen, sollten Sie diejenigen Absätze heraussuchen, die sich in besonderem Maße auf Ihre eigene Situation beziehen, die sich natürlich fortwährend wandelt. In den folgenden Abschnitten wird dann besprochen, wie man solche Konflikte am besten lösen und die gewünschte innere und äußere Harmonie erreichen kann.

KONFLIKT	HARMONIE

1. Innen und außen

Die Wirklichkeit scheint voller Widersprüche zu sein. Die Stücke vom Mosaik des Lebens scheinen nicht zusammenzupassen. Gleichzeitig empfindet man eine Reibung zwischen Körper und Geist. Alle Bemühungen erscheinen etwas verspannt, forciert, künstlich und ungeschickt. Viele innere und äußere Faktoren lassen sich nicht einordnen und werden abgelehnt, unterdrückt, gefürchtet oder in künstliche Formen gezwungen.

Es gelingt, die scheinbar widersprüchlichen Tatsachen und Vorstellungen unter einen Hut zu bringen. Man sieht mehr Gemeinsames und weniger Unterschiede. Körper und Geist harmonieren, und die Gefühle stimmen mit den Gedanken überein. Alles, was man unternimmt, scheint mit der Natur der Dinge übereinzustimmen. Weder innen noch außen gibt es Faktoren, die sinnlos erscheinen oder unterdrückt und gefürchtet werden müssen. Es ist nicht mehr nötig, die Wirklichkeit in künstliche Kategorien zu zwingen. Man findet den Zugang zu den inneren schöpferischen Quellen und nutzt die Umwelt, ohne sie auszunutzen.

2. Geist und Körper

Das tägliche Leben wird als sehr anstrengend empfunden, und trotzdem erreicht man nicht viel. Geist und Körper scheinen gegeneinander zu arbeiten, nicht miteinander. Der Verstand ist nicht sehr verständig, kreativ oder »intelligent«, er erkennt den Kern der Probleme nicht und findet auch nicht die einfachste Lösung.

Alles gelingt fast mühelos, Körper und Geist arbeiten reibungslos zusammen. Man versteht die Probleme und findet den kürzesten Lösungsweg, ohne nervliche und körperliche Energie zu verschwenden.

3. Bewußtsein und Unterbewußtsein

Das Bewußtsein hat den Kontakt mit dem Unterbewußtsein weitgehend verloren. Das Leben macht nur noch wenig Freude, es wird nicht als schöpferischer Vorgang empfunden. Die Körperbewegungen sind schlecht koordiniert und ungeschickt, es fehlt ihnen die natürliche Anmut. Die Atmung wird oberflächlich, hektisch und gezwungen. Die Körperhaltung ist entweder zu steif

Der bewußte äußere Geist steht in enger Verbindung mit dem unbewußten inneren Geist. Das Leben macht Freude und wird als schöpferischer Vorgang empfunden. Man harmoniert mit dem Körper durch eine Art eingebautes Biofeedback-System. Die Körperbewegungen erscheinen gut koordiniert, die Haltung ist aufrecht, aber doch flexibel. Die Bewegungen entstehen im Schwer-

oder zu lasch. Die Bewegungen sind nicht »zentriert«, sie entspringen nicht im Schwerpunkt in der Bauchgegend, sondern in den Schultern und Armen. Der ganze Organismus scheint kopflastig und unausgewogen.

punkt in der Bauchgegend, und die Atmung ist tief, langsam und spontan.

4. Arbeit und Erholung

Man hat die Fähigkeit verloren, zwischen anstrengenden Perioden »herunterzuschalten« und auszuruhen. Der Körper und das innere Selbst bekommen keine Gelegenheit, sich zu erholen und die nötigen Reparaturarbeiten zu verrichten. Sogar die meisten Zerstreuungen und Erholungen arten in Anstrengungen aus. Wenn dann wirkliche Krisen und Notfälle entstehen, ist man ihnen nicht gewachsen, weil man innerlich erschöpft ist.

Man hört auf die inneren Signale, die einem sagen, wann der Organismus Ruhe braucht. Man schaltet dann das ruhelose (äußere) Bewußtsein zeitweise auf »Leerlauf« und tut etwas Friedliches, Natürliches und innerlich Befriedigendes, oder man sorgt für genügend Schlaf.

5. Gegenwart, Vergangenheit und Zukunft

Man hat oft das Gefühl, daß die Vergangenheit eine sinnlose Zeitverschwendung war, und man neigt dazu, gegenwärtige Probleme auf eigene Fehler und unglückliche Umstände in der Vergangenheit zurückzuführen. Das eigene Bild der Vergangenheit ist

Man hat das Gefühl, daß sich die Gegenwart sinnvoll aus der Vergangenheit entwickelt. Wenn man gegenwärtig Probleme hat, sucht man die Ursache nicht so sehr in der Vergangenheit, sondern konzentriert sich auf die gegenwärtig möglichen Lösungen.

durch Reue, Selbstvorwürfe, Ärger und Illusionen verzerrt. Man ist der Ansicht, daß man in der Vergangenheit durch Menschen und andere Einflüsse unheilbaren Schaden erlitten hat. Gleichzeitig leidet man unter Schuldgefühlen und glaubt, daß man heute noch die Folgen der damals begangenen Fehler spürt. Sogar günstige vergangene Ereignisse scheinen sich ungünstig auf die Gegenwart auszuwirken. Die Einstellung zur Zukunft ist auf ähnliche Weise verzerrt: Man erwartet entweder zuviel oder zuwenig. Anstatt aus der Gegenwart das Beste zu machen, lebt man in der Zukunft und der Vergangenheit. Anstatt sich auf die Dinge zu konzentrieren, die man heute ändern könnte, grämt man sich über das, was man nicht mehr oder noch nicht ändern kann. Das berechtigt einen dann dazu, sich selbst zu bemitleiden und die Welt anzuklagen.

Das eigene Bild der Vergangenheit ist nicht durch negative Gefühle wie Reue, Bedauern, Selbstvorwürfe und Illusionen verzerrt. Man erkennt, daß die Menschen, die einen früher beeinflußt haben, selbst Probleme hatten und wahrscheinlich ihr Bestes taten. Dementsprechend vergibt man sich auch die eigenen Fehler und lernt aus seinen Erfahrungen. Anstatt sich übermäßig mit der Vergangenheit oder der Zukunft zu beschäftigen, macht man aus der Gegenwart das Beste. Ohne den Ursprung und das Ziel ganz aus den Augen zu verlieren, genießt man das Leben, wie es ist.

6. Selbst und Welt

Man setzt oft seine Energien gegen Umstände und Menschen ein, anstatt für eine lohnende Sache oder die ei-

Man handelt aus dem Wunsch, eine neue Harmonie herzustellen, und nicht mit der Absicht, zu verwun-

155

genen Interessen zu kämpfen. Dadurch trifft man auf unerwarteten Widerstand. Man reagiert auf äußere Probleme oft mit negativen Gefühlen wie Ärger, Haß, Furcht, Schuld, Selbstmitleid usw. Die Welt wird vorwiegend als feindlich und unangenehm empfunden, weil man dem inneren Selbst feindlich gegenübersteht, ohne es zu wissen.

den und zu zerstören. Man bewegt sich auf konstruktive Weise einem lohnenden Ziel entgegen und betrachtet sich nicht als einen Feind oder ein bloßes Objekt äußerer Umstände. Dadurch begegnet man nur selten Widerständen, und man wird oft auf unerwartete Weise durch Menschen oder Umstände unterstützt. Man fühlt sich mit allen Lebewesen verwandt und in der Welt zu Hause.

7. Beziehung zum Mitmenschen

Das eigene Leben stagniert, und man übt einen negativen Einfluß auf Menschen und Umstände aus. Besonders im anderen Geschlecht scheint man oft unerwünschte Reaktionen hervorzurufen, man gibt jedoch die Schuld dem Partner. Obwohl man nicht von den Mitmenschen abhängig sein will, sucht man insgeheim ihr Lob und ihre Anerkennung. Man hat viele Bekannte, die einem nichts bedeuten, und fühlt sich oft einsam und übersehen.

Das eigene Leben entwickelt und entfaltet sich, und man hilft anderen bei deren Entwicklung. Besonders in der Beziehung zum anderen Geschlecht ergeben sich Möglichkeiten zur beiderseitigen Entwicklung. Aber obwohl man mit anderen und der Welt harmoniert, hat man kein großes Bedürfnis nach Lob und Anerkennung. Man verläßt sich nicht auf die oberflächlichen Beziehungen zu Menschen, die einem nicht viel bedeuten. Man genießt gelegentliche Perioden der Einsamkeit und kann warten, bis sich bedeutungsvolle Beziehungen ergeben.

8. Beziehung zum Partner

Das Verhältnis zum anderen Geschlecht ist gespannt, und man lehnt die eigenen erotischen Bedürfnisse teilweise ab. Es scheint zwischen Mann und Frau viel Konkurrenz und Egoismus zu geben, und das Verhältnis zum eigenen Geschlecht ist auch unklar. Man sucht die Liebe am falschen Platz, wird oft verletzt und enttäuscht und sieht wahrscheinlich im Geschlechtsakt nur die niederen Aspekte.

Man lebt in fast vollkommener Harmonie mit den eigenen erotischen Bedürfnissen und dem anderen Geschlecht. Die Beziehung zwischen den Geschlechtern wird als sinnvoll, erfreulich, kreativ und erfüllend empfunden. Wahrscheinlich ist man in jemand verliebt, oder jedenfalls liebt man das Leben.

9. Beziehung zur Gesellschaft

Als Mitglied einer Gruppe, Familie, Organisation usw. glaubt man, daß bestimmte feste Prinzipien verehrt und andere unterdrückt werden sollen. Demnach ist es auch nicht nötig, für gegenseitige Verständigung zu sorgen, denn die »guten« Menschen haben immer recht, und die Ansichten der »schlechten« Menschen brauchen nicht beachtet zu werden. Vielleicht träumt man auch von einer utopischen Gesellschaft, wo ewige Gleichheit und Brüderlichkeit herrschen.

Man unterstützt eine gesellschaftliche Ordnung, in der alle Mitglieder sich gegenseitig ergänzen und helfen können, wo gemeinsame Probleme gelöst und gemeinsame Ziele verfolgt werden können. Man sorgt dafür, daß vertikale und horizontale Kanäle der Verständigung eingerichtet und offengehalten werden. Man hilft bei der Schaffung eines allgemeinen Klimas, das offen, vertrauensvoll und konstruktiv ist.

10. Chaos und Kosmos

Das Bild, das man sich von der kosmischen Ordnung macht, ist mehr oder weniger sinnlos, willkürlich und voller Konflikte. Es scheint ein ewiger Kampf stattzufinden zwischen Himmel und Erde, Geist und Materie, väterlichen und mütterlichen Einflüssen, zwischen Geist und Körper, Mann und Frau. Zwei entgegengesetzte und unvereinbare Kräfte versuchen fortwährend, sich gegenseitig zu beherrschen oder zu beseitigen. Dementsprechend hofft man, daß die »guten« Kräfte über die »bösen« siegen werden. Oder man hat einen ebenso unrealistischen Wunschtraum von einer Welt, in der ewige kosmische Harmonie herrscht und alle Probleme für immer gelöst sind. Man hat das Gefühl, daß man eine sinnlose Rolle in einer sinnlosen Welt spielt oder daß man den Kampf gegen die bösen Mächte nie gewinnen kann.

Man stellt sich vor, daß die kosmische Ordnung einen Sinn hat, der jedoch vom menschlichen Geist nur teilweise erfaßt werden kann und sich mit Worten kaum ausdrücken läßt. Es besteht weitgehend eine harmonische Beziehung zwischen Geist und Materie, Himmel und Erde, väterlichen und mütterlichen Einflüssen, männlichen und weiblichen Kräften usw. Man hat das Gefühl, daß diese Polarität konstruktiv ist und daß zwei gleichermaßen wichtige Pole einander ergänzen. Dieses vereinende Prinzip kann man in Perioden der Erleuchtung erfahren, aber der Intellekt kann es nicht verstehen, weil er jeweils nur einen kleinen Aspekt der Wirklichkeit sieht. Man hat das Gefühl, daß das Leben sinnvoll ist und daß man eine sinnvolle Rolle in der kosmischen Ordnung spielt.

Dies sind nur einige Beispiele, die zeigen sollen, wie man innere Konflikte erkennen und lösen kann. Natürlich hat jeder Mensch irgendwann Probleme. Es kommt nur darauf an, daß man nicht in ihnen steckenbleibt. In den folgenden Abschnitten werden dazu noch einige praktische Hinweise gegeben.

Das Verhältnis zum Körper

Die Vorstellung, die ein Mensch von dem Verhältnis zwischen Körper und Geist hat, spielt in allen Bereichen seines Lebens eine entscheidende Rolle. Sie beeinflußt seine Einstellung zur Erotik, Gesellschaft und Religion und wirkt sich auch auf die Gesundheit und seine äußere Erscheinung aus. Alle Ideen, Entscheidungen und Handlungen hängen von ihr mehr oder weniger ab, und daher wird der ganze Lebensablauf von ihr beeinflußt. Dies ist teilweise damit zu erklären, daß unser Bewußtsein den Körper weitgehend als einen Teil der objektiven Umwelt empfindet. Ein berühmter Physiker formulierte das so: ». . . Der Geist macht sich eine Vorstellung von der Außenwelt. Mein eigener Körper, der mit meiner Geistestätigkeit in enger Wechselbeziehung steht, bildet bei dieser Vorstellung einen Teil der äußeren Wirklichkeit.«[43]

Der chinesische Philosoph Lin Yutang wies oft darauf hin, daß eine praktische Philosophie auf einem guten Verhältnis zum Körper basieren muß. Durch die moderne Wissenschaft haben wir einen Einblick in den Körper gewonnen. Wir bewundern das komplizierte Zusammenspiel der verschiedenen Organe. Wir erkennen, daß das Gehirn ursprünglich ein Organ zum Aufspüren von Nahrung und zum Wittern von Feinden und Gefahren war, daß es dadurch die Überlebenschancen erhöhte. Wenn wir heute unseren »Geist« vom übrigen Körper trennen und »abstrakt« denken wollen, so ist das eine Illusion.[44]

Die folgende Liste beschreibt verschiedene bekannte Einstellungen gegenüber dem Körper. Sehen Sie sich einmal alle neun Kategorien an, und entscheiden Sie, welche von ihnen Ihrer Meinung nach der Wahrheit nahe kommen:

1. Der Körper ist wie ein Kind, das erzogen werden muß.
2. Der Körper hat einen gesunden Instinkt und irrt sich selten.
3. Der Körper wird oft von unvernünftigen und bösen Trieben geleitet.
4. Körper und Geist ergänzen sich zum gegenseitigen Nutzen.
5. Der Körper ist impulsiv und chaotisch, er muß kontrolliert werden.

6. Der Körper dient dem Geist wie ein primitives, aber brauchbares Tier.
7. Das körperliche Wohlergehen ist wichtiger als geistige Ambitionen.
8. Der Geist ist ein Herr, der Körper ein Diener.
9. Geist und Körper bilden eine untrennbare Einheit.

Welche Kategorie kommt der Wahrheit am nächsten? Wenn Sie die Nummern 2 oder 7 gewählt haben, dann ist Ihre Einstellung dem Leben gegenüber wahrscheinlich tolerant, aber auch oft ziellos und bequem. Sie kommen mit dem Alltag ganz gut zurecht, sind aber nicht auf Notfälle und Krisenzeiten eingestellt. Sie kultivieren das körperliche Wohlergehen auf Kosten Ihrer höheren Ambitionen, und dies wird Sie auf die Dauer nicht befriedigen.

Wenn Sie Nummer 1, 5 oder 8 gewählt haben, deutet dies an, daß Sie ehrgeizig sind und viel von sich verlangen und dazu neigen, Ihren Körper übermäßig zu beanspruchen. Sie vertragen sich mit Ihrem Körper einigermaßen gut, obwohl Sie ihn nicht sehr gut verstehen. Durch Ihre ungeduldige Art stoßen Sie auch oft mit Menschen und Umständen zusammen.

Die Wahl der Nummern 3 oder 6 bedeutet, daß Sie mit Ihrem Körper Krieg führen. Vermutlich ist auch Ihre allgemeine Einstellung etwas repressiv und autoritär. Obwohl Sie dadurch in der Lage sind, sich durch Krisensituationen hindurchzukämpfen, werden Sie den inneren und äußeren Streß nicht lange ertragen können. Es bahnen sich Unfälle, Krankheiten und Unglück an. Ihre Mitmenschen widersetzen sich dem von Ihnen ausgeübten Druck. Am besten schließen Sie mit Ihrem Körper Frieden, bevor es zu spät ist.

Wenn Sie die Nummern 4 oder 9 gewählt haben, ist Ihre Einstellung zum Leben ausgewogen, und Sie kommen im Alltag gut zurecht. Sie sollten aber nicht vergessen, daß der Körper und der Geist zwei verschiedene Funktionen haben. Der Körper wird mehr von unbewußten Gewohnheiten gesteuert, er gibt den Ton an und erhält den Lebensvorgang. Die Aufgabe des Geistes ist es, bewußte Entscheidungen zu fällen und äußere Probleme zu lösen. Wer sich zu sehr auf eingefahrene Gewohnheiten verläßt, kommt nur schwer mit der Umwelt zurecht.

In unserem Zeitalter der Elektronik sind allerhand Geräte erfunden worden, um den Hautwiderstand, die Gehirnwellen, Nervenbahnen usw. zu erforschen. Es ist bezeichnend, daß einige der erstaunlichsten Entdeckungen auf diesem Gebiet von einer Wissenschaftlerin gemacht wurden. Die Biologin Barbara Brown hatte die nötige Einfühlungsgabe und Intuition für das Verständnis feinerer Zusammenhänge. Sie prägte das Wort *Biofeedback*, das soviel heißt wie »wechselseitige Beeinflussung von Bewußtsein und biologischen Vorgängen«.[45] In ihren Experimenten horchte sie den Körper und das Unterbewußtsein mit den neuesten Geräten ab. Sie entdeckte dabei, daß der Geist-Körper mit Millionen von winzigen Sendern und Empfängern versehen ist. Diese sind fast fortwährend in Betrieb, und einige Signale können wir auch ohne technische Hilfsmittel spüren. Die meisten Menschen haben jedoch ihre Fähigkeit verloren, sich mit dem Körper zu verständigen. Besonders in den westlichen Gesellschaften werden die Menschen dazu erzogen, die körperlichen und unbewußten Signale zu ignorieren. Den Körper zu unterjochen wird sogar als Tugend betrachtet.

Barbara Brown bewies, daß man sich diese repressiven Gewohnheiten durch die Methoden des Biofeedback wieder abgewöhnen kann. Man kann die negativen kulturellen Einflüsse weitgehend neutralisieren. Von der frühesten Kindheit an wird von »zivilisierten« Menschen erwartet, daß sie ihre Gefühle unterdrücken und ihre körperlichen Bedürfnisse ignorieren. Einige von ihnen werden dadurch neurotisch, unentschlossen und schüchtern, während andere aggressive Tendenzen entwickeln und fortwährend gegen eingebildete Feinde und Hindernisse ankämpfen. Eine Atmosphäre von Konflikt und Angst umgibt die moderne Menschheit teilweise dadurch, daß die Menschen sich nicht mehr im eigenen Körper zu Hause fühlen.

Bei Konflikten zwischen Körper und Geist oder Bewußtsein und Unterbewußtsein neigen wir dazu, dem Körper oder dem Unterbewußtsein die Schuld zu geben. Dies erklärt sich teilweise aus unserer Kultur und teilweise dadurch, daß alle Menschen mit dem Bewußtsein denken. Das Bewußtsein neigt dazu, sich selbst als gut zu sehen und alles abzulehnen, was sich ihm im inneren Selbst, im Körper oder in der Umgebung entgegenstellt. Das Unterbewußtsein wird dann als kindisch, blind oder dämonisch angesehen, und der Körper spielt die Rolle der widerspenstigen Maschine. Die Experimente von Barbara Brown haben jedoch bewiesen, daß die nicht-bewußte Geistestätigkeit oft der Wirklichkeit näher steht als die bewußte. Oft stellt sich das Bewußtsein als schuldig heraus und wird als unreif und einseitig erkannt. Sogar die Psychoanalyse und Psychotherapie haben weitgehend die Aufgabe, uns vor dieser Erkenntnis zu schützen und das ungehorsame Unterbewußtsein zu zähmen, anstatt von ihm zu lernen.

Durch die Methoden des Biofeedback können wir lernen, die andere Seite des Bildes zu sehen, die dem Bewußtsein gewöhnlich verborgen bleibt. Oft sind die vom Körper kommenden Signale die wahren Überlebensmechanismen des Selbst, während unsere intellektuellen und gesellschaftlichen Spielregeln grobe Vereinfachungen darstellen, die der wirklichen Welt nicht gerecht werden. Anstatt die Körpersignale mit Beruhigungsmitteln, Alkohol und anderen Drogen zu unterdrücken oder sie mit Hilfe von Psychologen, Beratern und Pfarrern wegzuerklären, können wir lernen, mit dem Körper Frieden zu schließen und uns in der Welt zu Hause zu fühlen. Leider sind gute Biofeedback-Geräte sehr teuer und können nur unter der Leitung von Fachleuten mit Erfolg angewandt werden. Der menschliche Körper hat jedoch unzählige Regelkreise, die wir im Sinne des Biofeedback ohne jegliche Instrumente anwenden können, sobald wir die nötige Sensibilität entwickeln. Es gibt bereits mehrere Bücher, die zum Thema des Körperbewußtwerdens praktische Hinweise geben.

Die Symbolsprache des inneren Selbst

Eine weitere Methode zur Erforschung nicht-bewußter seelischer Vorgänge ist die Traumdeutung. Diese uralte Kunst wurde in allen frühen Kulturen gepflegt und ist dann später von Freud als die Basis seiner Psychoanalyse weiterentwickelt worden. Obwohl die Erkenntnisse von Freud zu seiner Zeit von großer Bedeutung waren und es teilweise auch jetzt noch sind, wissen wir heute, daß seine Darstellung des Unterbewußtseins einseitig und verzerrt ist. Die meisten Psychoanalytiker betrachten den Körper als einen primitiven Mechanismus und den unbewußten Geist als den hinterlistigen Feind von Vernunft und Ordnung. Dementsprechend suchen sie in den Träumen nach krankhaften und neurotischen Anzeichen, anstatt die Symbole konstruktiv und ganzheitlich zu deuten.

Die Fähigkeit, Träume zu deuten, kann jeder selbst entwikkeln. Wichtig ist dabei, daß man sie direkt beim Erwachen, also vor dem Aufstehen, sofort niederschreibt. Papier und Bleistift müssen also bereitliegen, denn jegliche Körperbewegung trägt zur Zerstörung des Traumgewebes bei. Man stellt dann auch fest, daß man öfter träumt, als man vorher angenommen hatte. Als nächstes sollte man ein Buch lesen, das die Symbole der modernen Traumdeutung erklärt. Die alten Bücher aus früheren Jahrhunderten sind auch amüsant, aber weniger brauchbar. Man entwickelt bald einen Sinn dafür, was die grundlegenden Bilder bedeuten. Beispielsweise ist die Quelle ein Symbol der Lebenskraft, das Haus bedeutet Geborgenheit, Tageslicht bedeutet bewußtes Denken, Mondlicht deutet die Gefühlsseite an, ein furchterweckendes Tier bedeutet Gefahr usw.

Jeder Traum stellt die »andere Seite« des Lebens dar, die der bewußte Geist im Wachzustand nicht sehen will oder kann. Alles, was man auf der Ebene des Bewußtseins tagsüber ignoriert oder unterdrückt, erscheint in Symbolform während des Schlafes, wenn der Wächter (das Bewußtsein) schläft. Die bewachende und filternde Funktion des Bewußtseins hat auch ihre guten Seiten, denn von außen kommende Eindrücke dürfen nicht wahllos aufgenommen werden. Die bewachende Funktion wirkt sich jedoch dann schädlich aus, wenn wichtige oder lebenswichtige Fakten ignoriert werden. Im Traum versucht dann das unterbewußte innere Selbst, sich auf seine Weise bildhaft auszudrücken.

Schöpferische Menschen auf allen Lebensgebieten kennen übrigens das Phänomen der geistigen Bilder, die parallel mit den Gedanken laufen. Wenn man beispielsweise über eine Person nachdenkt, erscheint gleichzeitig ein Bild im Geist, das die eigenen Gefühle über die Person symbolisch ausdrückt. Wenn ich an Wolfgang denke und es erscheint mir dabei das Bild eines friedlichen Bären, dann empfinde ich Wolfgang als einen gemütlichen Menschen. Wenn ich an jemand anders denke und es erscheint mir dabei das Bild einer Regenwolke, so sind meine

Gefühle damit auch eindeutig beschrieben. Eine solche Gleichzeitigkeit der Gedanken- und Gefühlswelt entsteht bei einem Menschen dann, wenn sein inneres und äußeres Selbst gut aufeinander abgestimmt sind. Das deutet dann auf eine Harmonie zwischen Yin- und Yang-Kräften in allen Lebensbereichen hin. Im Osten gibt es sogar Weise, die sich ihrer Träume bewußt werden und in den Ablauf des Traumgeschehens eingreifen können. Dabei haben sie meist buchstäblich »ihre Hände im Spiel«, das heißt, ihre Hände bewegen sich im Vordergrund der Traumszene.

Für gewöhnliche Sterbliche genügt es jedoch, die Träume zu verstehen und am darauffolgenden Tag dementsprechend zu handeln. Typische Traumerlebnisse sind das Fallen, das Nacktsein und das Fliegen. Das Fallen ist das Gegenteil des Steigens und deutet darauf hin, daß man einen »Rückfall« irgendwelcher Art fürchtet. Bewußt glaubt man, daß man die Leiter des Lebenserfolgs hochklettert, aber unbewußt sieht man bereits ein Abgleiten voraus. Man müßte dann daraus den Schluß ziehen, daß man vorsichtiger klettern und seine Fortschritte besser absichern sollte.

Wenn man im Traum nackt unter angezogenen Menschen erscheint, fühlt man sich »entblößt« oder durchschaut. Während man tagsüber zu wissen glaubt, daß man anderen gegenüber einen günstigen Eindruck macht, hat man unbewußt die wirkliche Situation schon erfaßt und bringt sie in Träumen zum Ausdruck. Wenn man dagegen träumt, daß man mühelos schwebt oder fliegt, dann bedeutet das wahrscheinlich, daß gewisse Anstrengungen sich gelohnt haben und daß man jetzt eine angenehme und erfolgreiche Periode vor sich hat. Wenn man sich andererseits tagsüber als erfolgreich sieht, obwohl das den Tatsachen nicht entspricht, kann man beispielsweise im Traum eine Kreatur ohne Zähne und Hände sehen, die den eigenen Zustand symbolisiert.

Das Träumen scheint eine lebenswichtige ausgleichende Funktion zu haben. Wissenschaftler haben in Experimenten entdeckt, daß Menschen, die durch Aufwecken immer wieder vom Träumen abgehalten werden, bald ihr geistiges Gleichgewicht verlieren und Anzeichen von Geisteskrankheit aufweisen.

In Form bleiben

Ein Zen-Student, der mit seinen inneren Konflikten nicht fertig wurde, ging zu seinem Meister und sagte: »Ich habe alle Regeln befolgt, und doch kann ich die innere Harmonie nicht erreichen. Was kann ich tun, um meinen Geist zu beruhigen?« Der Meister antwortete: »Stelle den Geist einmal hier auf den Tisch, damit ich ihn mir ansehen kann.« Darauf fand der Student blitzartig Erleuchtung und nahm dankend vom Meister Abschied.

Wo ist die Grenze zwischen Geist und Körper, wo befinden sich Bewußtsein und Unterbewußtsein? Kann ein Mensch geistig in Ordnung sein, wenn sein Körper in Unordnung ist? Kann ein Mensch »mit den Nerven herunter« und gleichzeitig körperlich auf der Höhe sein?

Den westlichen Lehren zufolge kann der Geist unabhängig vom Körper bestehen. »Es ist der Geist, der sich den Körper schafft«, sagte Schiller. Warum starb Schiller dann vor seinem vierzigsten Lebensjahr? Im Fernen Osten ist man sich seit Jahrtausenden der Einheit von Geist und Körper bewußt, und man bemüht sich, die Harmonie zwischen den beiden Elementen zu kultivieren. Der Geist wird vorwiegend als Yang empfunden und der Körper als Yin, obwohl sich diese Eigenschaften im dynamischen Zusammenspiel fortwährend wandeln. Wer geistig in Form bleiben will, muß auch den Körper in Schwung halten, und umgekehrt. Wenn der eine Teil leidet, leidet auch der andere.

In unserem Maschinenzeitalter verrichten die meisten Menschen nur noch wenig körperliche Arbeit. Darüber hinaus ist die Versuchung groß, zuviel und ungesund zu essen. Ein berühmter holländischer Arzt behauptete einst, das Geheimnis der Gesundheit und Lebenskraft entdeckt zu haben. Sein versiegeltes Manuskript über das Thema wurde aber erst nach seinem Tode versteigert. Als das Manuskript schließlich ausgepackt wurde, fand sich dieser Satz auf der ersten Seite: »Esse weniger, und bewege dich mehr.« Die übrigen Seiten waren leer. Der schlaue Arzt wollte damit sagen, daß die meisten heutigen Krankheiten direkt oder indirekt durch zuviel Essen und zuwenig Bewegung verursacht sind. Diese Tatsache ist durch die moderne wissenschaftliche Forschung bestätigt worden.

Die meisten Menschen sind sich dessen bewußt, aber sie tun wenig, um körperlich in Form zu bleiben. Fast alle Fitneß-Programme haben etwas Künstliches und Gezwungenes an sich, sie sind anstrengend und machen keinen Spaß. Man fühlt sich dabei wie Sisyphus aus der griechischen Mythologie, der dazu verdammt war, Steinblöcke bergauf zu schieben, die dann immer wieder herunterrollten. Sogar die wirksamsten Körperübungen erweisen sich nach einiger Zeit als erfolglos, einfach deswegen, weil die Menschen »wichtigere Dinge zu tun haben«. Es gibt jedoch eine Übung, die wirklich Spaß macht, und sie soll in diesem Abschnitt beschrieben werden. Kinder tun diese Übung oft spontan, und Erwachsene kennen sie auch aus ihrer Kindheit. Wenige Minuten täglich genügen, um mühelos schlank, jugendlich und geistig jung zu bleiben.

Aber brauchen wir wirklich solche Übungen? Man bewegt sich doch im Laufe des Tages etwas, man geht zur Arbeit oder beschäftigt sich im Hause. Tatsächlich haben unsere Vorfahren auf diese Weise hinreichend Körperbewegung erhalten. Sie arbeiteten im Landbau oder Handwerk, trugen oft schwere Lasten, sägten Holz und liefen täglich viele Kilometer. Die Frauen arbeiteten im Garten, wuschen die Wäsche mit der Hand, klopften Teppiche usw. Heute jedoch gibt es nur noch sehr wenige Menschen, die sich täglich genügend bewegen.

Aller Wahrscheinlichkeit nach sind auch Sie weder ein Waldarbeiter noch eine Waschfrau. Wahrscheinlich gehören Sie zu der wachsenden Zahl von Menschen, die ihre Zeit hauptsächlich sitzend verbringen, zu Hause, im Verkehrsmittel, bei der Arbeit oder vor dem Fernsehapparat. Der menschliche Körper verträgt die sitzende Lebensweise nicht gut. Er verfällt langsam, wenn er sich nicht täglich kräftig bewegt. Er altert vorzeitig, was sich bei verschiedenen Menschen auf verschiedene Weise äußert. Mangelnde Bewegung trägt zum Herzinfarkt bei, zum Schlaganfall, zu Diabetes, Arthritis, Kreislaufbeschwerden, nervösen Problemen usw. Gewöhnlich sammelt sich Fett im Gewebe, in den Adern, um das Herz und um andere Organe an. Der Kreislauf wird erschwert, die Atmung wird oberflächlich, der Stoffwechsel wird gehemmt, und der Geist verliert seine Lebendigkeit. All dies wirkt sich natürlich auch auf die äußere Erscheinung ungünstig aus. Was wir als »gutes Aussehen« bezeichnen, hängt weitgehend vom Zustand unserer Haut, unseres Haares und unserer Zähne ab – und von unserer Haltung und Gesundheit im allgemeinen.

Schwimmen, Radfahren und Wandern können den Körper jung erhalten, und Gymnastik hilft auch. Was der Körper vor allem braucht, ist jedoch tägliche Übung, und zwar eine kräftige und dauernde Anstrengung, die bis zum Schwitzen führt. Wenn ein ungeübter Körper nur gelegentlich und unregelmäßig angestrengt wird, so wirkt sich das schädlich aus.

Nun kommen wir zu der bereits erwähnten Übung, die bei Kindern so beliebt ist und die uns mühelos schlank und fit erhält. Sie ist so alt wie die Menschheit und wird Tanzen oder noch einfacher Hüpfen genannt. Bei Kindern gilt sie als Ausdruck der Freude, und Erwachsene hüpfen auch manchmal spontan vor Freude. Besonders bei kleinen Mädchen sieht man oft eine Art Doppelschritt-Tanz, rechts – links, links – rechts, rechts – links usw., allein oder mit anderen, auf der Straße, im Hof, auf dem Land oder in der Wohnung. Erwachsene haben auch oft den Drang, sich so zu bewegen, sie wollen aber dabei nicht gesehen werden, es sei denn auf der Tanzfläche.

In allen frühen Kulturen spielte der Tanz eine zentrale Rolle im Leben der Menschen. Man tanzte zum Spaß und auch aus zeremoniellen und religiösen Anlässen. Die meisten wichtigen gesellschaftlichen Ereignisse waren ohne Tanz undenkbar. Sogar in der frühen christlichen Zeit wurde in den Kirchen nach dem Gottesdienst getanzt. Langsam verbreitete sich jedoch die körperfeindliche biblische Mentalität in den westlichen Kulturen, und zeitweise verbot die Kirche alle Arten von Tanz.[46] Heute tanzt man wieder in Diskotheken, um sich an der lauten Musik zu berauschen und sich auszutoben. Trotzdem hat aber unsere Kultur den Kontakt mit dem Körper und dem musikalischen Rhythmus noch nicht wiedergefunden.

Der einzelne hat jedoch die Möglichkeit, seinem Drang nach freudiger rhythmischer Bewegung Ausdruck zu geben, entweder mit Partner(n) oder allein. Menschen, die tanzen, erscheinen jünger und fühlen sich auch jünger. Sie haben eine mühelose Methode gefunden, um körperlich und geistig in Form zu bleiben. Während man sich nach anderen Übungen oft etwas frustriert und verspannt fühlt, erhöht das Tanzen die Lebensfreude. Dazu kommt noch, daß man fast zu jeder Zeit und überall ein paar Minuten herumhüpfen kann. Man braucht auch keine besonderen Geräte oder Kleidungsstücke. Man braucht nicht einmal besondere Tanzschritte zu lernen, sondern improvisiert einfach, am besten nach lebendiger Volkstanz-Musik.

In letzter Zeit ist der Dauerlauf (Jogging) oft als Allheilmittel angepriesen worden, und ein wenig Laufen ist natürlich auch gesund. Manche Ärzte halten es jedoch für gefährlich, da es leicht zur Überlastung des Körpers (vor allem der Beingelenke und der Blutgefäße) führt. Tanzen ist in dieser Beziehung körperfreundlicher und weniger anstrengend. Man tanzt in harmonischen Bewegungen und zwingt den Körper nicht gegen seinen Willen.

Durch das rhythmische Hüpfen wird der ganze Organismus angenehm stimuliert und in Gang gebracht. Man schöpft tief Luft und belebt die Lungen. Das Herz und die Blutgefäße werden wieder elastisch. Die Muskeln festigen sich, besonders um den Bauch herum. Giftstoffe, die sich schon seit längerer Zeit angesammelt hatten, werden durch die Haut und die Lungen ausgeschieden. Die Glieder gewinnen wieder ihre Beweglichkeit und Kraft.

Je nach Ihrem Zustand werden sich gewöhnlich auch weitere günstige Auswirkungen zeigen. Das Rückgrat wird gestärkt, und Bandscheibenprobleme werden vermieden. Die Haut wird von Unreinheiten befreit und verschönt. Schlaffe Gewebe unter den Armen, am Bauch und am Gesäß festigen sich und verschwinden teilweise. Plattfüßen wird vorgebeugt. Durch bessere Sauerstoffversorgung des Gehirns wird der Geist belebt. Ganz allgemein empfindet man mehr Lebensfreude und Selbstvertrauen.

Meistens läßt es sich am besten zu Hause tanzen oder hüpfen, möglichst bei offenem Fenster oder im Garten. Aber auch unterwegs und bei der Arbeit finden sich oft Gelegenheiten. Besonders Büroarbeiter sollten versuchen, das stundenlange Sitzen durch einige Minuten Bewegung zu unterbrechen. In erfolgreichen japanischen Firmen gehören die gemeinsam ausgeübten Leibesübungen zum Tagesablauf, und dies macht sich für die Firmen bezahlt.

Man braucht zum Hüpfen nicht viel Platz, und notfalls kann man im Kreis oder um einen Tisch herumhüpfen. Wenn sehr wenig Platz zur Verfügung steht, kann man immer noch auf der

Stelle tanzen, wozu ein Quadratmeter genügt. Aber am besten versucht man es zuerst mit viel Bewegungsraum, bis man den richtigen Schwung hat.

Die Zeit vor dem Frühstück und vor dem Abendessen eignet sich besonders für die Übung, und hinterher sollte man möglichst einige Minuten ruhen. Wer körperlich nicht auf der Höhe ist, was heute ja schon als »normal« angesehen wird, sollte sich erst langsam im Laufe von Wochen an die Routine gewöhnen. Bald gewinnt der Körper an Stärke und Ausdauer, und man tanzt oder hüpft dann von selbst gern länger. Wer ein schwaches Herz oder eine andere Krankheit hat, sollte sich erst ärztlichen Rat holen. Keinesfalls sollte man das Tanzen forcieren und sich zwingen. Wer nach dreißig Sekunden erschöpft ist, sollte aufhören und dem Körper Gelegenheit geben, in den nächsten Wochen langsam Kräfte aufzubauen. Der Körper tut das ganz von selbst, und schon nach kurzer Zeit stellt man erstaunt den Unterschied fest. Nach ein oder zwei Monaten ist man gewöhnlich wieder in Form und kann mühelos zehn bis zwanzig Minuten tanzen. Übrigens haben Wissenschaftler festgestellt, daß der Körper täglich mindestens zwölf Minuten anstrengende Bewegung (bis zum Schweißausbruch) braucht, um gesund zu bleiben.

Zuerst können Sie bei Ihrer täglichen Übung einfache Tanzschritte improvisieren. Bald werden Sie dann auch das Bedürfnis haben, die Arme und Beine je nach Laune zu schwingen und das Rückgrat im Rhythmus zu drehen. Der Hauptzweck der Übung ist, den Körper auch solche Bewegungen machen zu lassen, die er normalerweise nicht machen kann. Bald werden Sie entdecken, daß Ihnen solche Bewegungen besonderen Spaß machen, weil dann ungenutzte Muskeln endlich funktionieren dürfen. Als Musik eignen sich, wie gesagt, lebendige Volkstänze am besten. Aber notfalls können Sie auch einmal ohne Musik tanzen.

Beweglichkeit

Die östlichen Lehren haben schon immer die Bedeutung der Biegsamkeit und Elastizität betont. Laotse stellte in seinem *Tao te king* fest, daß lebende Wesen biegsam sind und im Tode erstarren. Wir kommen weich zur Welt und verlassen sie starr. In den orientalischen Kriegskünsten wie Judo und Karate gilt die Biegsamkeit als erste und grundlegende Tugend. Wer sich elastisch wie eine Weide bewegt, siegt öfter als der, der sich auf seine eichenhafte Kraft verläßt. Man muß zurückweichen und fallen können, bevor man beim Angriff wirklichen Erfolg haben kann.

Im alten Indien betrachteten die Yogis ein geschmeidiges Rückgrat als Vorbedingung für körperliche und geistige Gesundheit. Viele Yoga-Übungen wurden speziell für diesen Zweck entwickelt. Sogar unsere modernen Astronauten praktizieren täglich Yoga, wenn sie mehrere Tage in einem Raumschiff zubringen müssen. Ihre Ärzte fanden, daß der Körper bereits nach 48 Stunden seine Beweglichkeit zu verlieren beginnt. Aus eigener Erfahrung wissen wir, daß unsere Gelenke steif und die Muskeln schwach werden, wenn wir nur einige Tage im Bett bleiben.

In vieler Beziehung lebt der moderne Mensch wie ein Astronaut. Fast den ganzen Tag bringt er damit zu, zu Hause, im Auto oder bei der Arbeit zu sitzen und auf Instrumente oder Papiere zu starren. Sogar diejenigen, deren Arbeit mehr körperlich ist, bewegen sich oft nicht auf ausgewogene Weise. Ihre Routine verlangt es gewöhnlich, daß sie bestimmte Körperteile überlasten, während andere Teile zuwenig bewegt werden. Obwohl man vielleicht in den Büros mehr Menschen mit starrem Rückgrat findet als in Werkstätten und bei Hausfrauen, so kann doch fast jeder aus den folgenden Übungen Nutzen ziehen. Man braucht dazu nur etwa zwei Minuten, die leicht in den Tagesablauf eingefügt werden können.

1. Wenn man mehr als eine halbe Stunde sitzend zubringt, sollte man ab und zu den Kopf und Nacken bewegen: den Kopf ganz nach vorn biegen, dann ganz nach hinten, nach rechts und nach links zur Schulter. Dann den Kopf in einem weiten Kreis rotieren, erst rechtsherum, dann linksherum. Die ganze Serie von Bewegungen etwa dreimal wiederholen.

2. Man stellt sich entspannt aufrecht hin und dreht Kopf und Rumpf abwechselnd nach rechts und links, so daß man jedesmal die Szene hinter sich sieht. Die Schultern und Arme

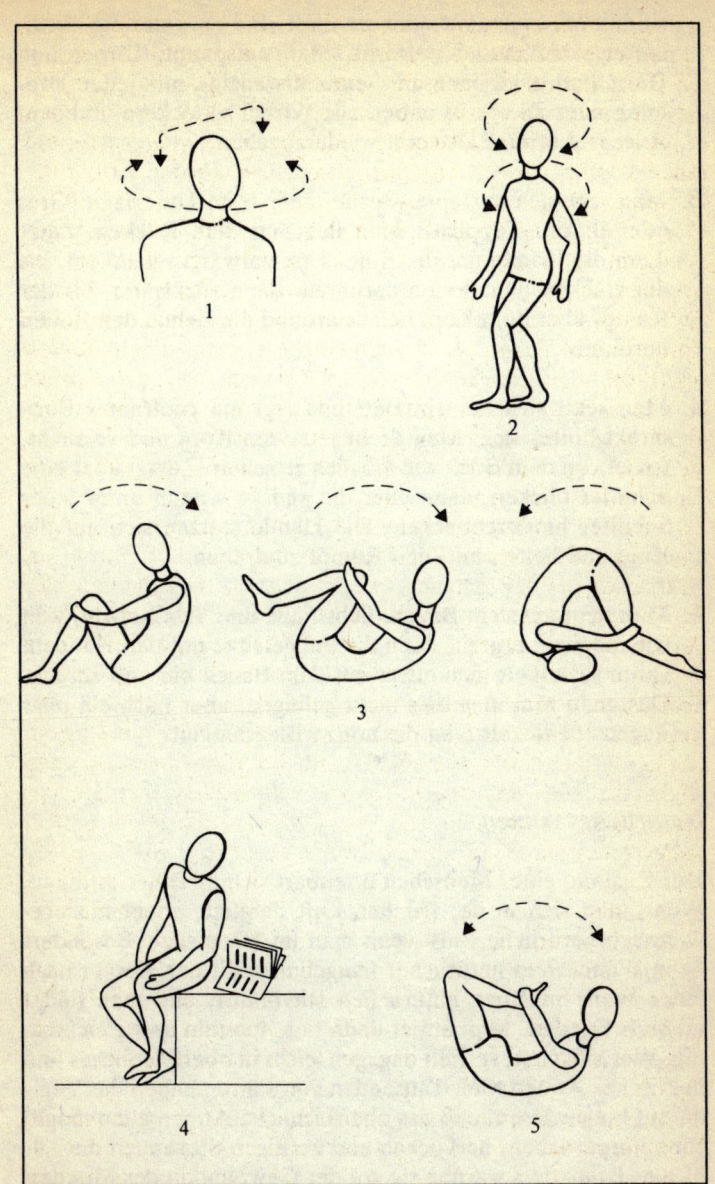

sind dabei entspannt, und die Füße sind etwa dreißig Zentimeter voneinander entfernt. Man entspannt Körper und Geist und zählt langsam »einundzwanzig« mit jeder Drehung. Der Zweck ist dabei, alle Wirbel zu lockern und dem Rückgrat seine Elastizität wiederzugeben.

3. Man legt sich auf eine weiche, aber feste Unterlage (Gras oder dicken Teppich). Man liegt auf dem Rücken, faltet dann die Hände um die Knie. Erst vorwärts schaukeln, bis die Hacken den Boden berühren, dann rückwärts, bis der Rumpf über dem Kopf balanciert und die Zehen den Boden berühren.

4. Man setzt sich auf ein Bett und legt ein geöffnetes Buch direkt hinter sich. Man dreht jetzt den Kopf und versucht, soviel von dem Buch wie möglich zu sehen. Zuerst über eine Schulter blicken, dann über die andere – dann unter jeder Schulter hindurchblicken. Die Hände stützen sich auf die Knie und helfen mit, den Rumpf zu drehen.

5. Man liegt auf dem Bauch, hebt Füße und Schultern so weit wie möglich, ergreift dann die Fußgelenke mit den Händen. Dann schaukelt man etwas auf dem Bauch hin und zurück. Das erste Mal mag dies nicht gelingen, aber nach ein paar Tagen entwickelt man die nötige Biegsamkeit.

Natürliches Atmen

Der Zustand eines Menschen offenbart sich in seiner Atmung. Wenn man sich in der frischen Luft betätigt, atmet man gewöhnlich natürlicher, als wenn man im Haus sitzt. Besonders beim Wandern in natürlicher Umgebung fällt der Körper nach einer Weile in einen natürlichen Rhythmus, und man findet inneren Frieden. Man atmet dann tief, spontan und gleichmäßig. Wer viel sitzt, verfällt dagegen leicht in oberflächliches und hektisches Atmen. Seit Tausenden von Jahren haben die Yogis darauf hingewiesen, daß das oberflächliche Atmen allen möglichen körperlichen, nervlichen und geistigen Störungen die Tür öffnet. Besonders warnen sie vor der Gewohnheit des Mundatmens, ausgenommen in Notfällen. Atemübungen bilden daher einen großen Teil des Hatha-Yoga.

Jeder Atemzug sollte im tiefen Unterteil der Lunge beginnen, in der Nähe des körperlichen Schwerpunktes in der Bauchgegend. Nervöse Menschen atmen aus der Brustmitte heraus. Wenn sie gänzlich den Kontakt mit dem Leben und sich selbst verloren haben, hecheln sie in kurzen Stößen von den Schultern her – mit gespannten Nacken- und Gesichtsmuskeln.

Die Atemfrequenz hängt vom Alter ab sowie vom Geschlecht und dem Lungeninhalt. Frauen haben gewöhnlich kleinere Lungen und atmen daher etwas schneller. Bei den meisten gesunden Erwachsenen findet man eine Frequenz von etwa fünfzehn Zügen pro Minute im Ruhezustand. Die optimale Frequenz liegt jedoch niedriger, etwa bei acht Zügen. Beim richtigen Atmen liegt die Betonung auf dem langsamen Ausatmen. Das Atemholen kommt dann spontan, nachdem die Lunge mehr oder weniger den Leerzustand erreicht hat. Eine einfache Methode, die natürliche Atemgewohnheiten und geistiges Gleichgewicht fördert, heißt *Pranayama*:

Setzen Sie sich dafür bequem hin, und schließen Sie die Augen. Das Rückgrat sollte einigermaßen gerade sein, damit die Lunge nicht beengt wird. Die Beine sollten eingezogen sein, mit den Füßen dicht am Körper. Entspannen Sie sich nun kurz von Kopf bis Fuß. Atmen Sie langsam durch das rechte Nasenloch aus, indem sie das linke Nasenloch mit dem rechten Mittelfinger schließen, bis die Lunge leer ist. Lassen Sie die Luft dann ganz von selbst wieder einströmen, ohne bewußt mitzuhelfen. Sobald die Lunge wieder voll ist, schließen Sie das rechte Nasenloch mit dem rechten Daumen und atmen durch das linke Nasenloch aus. Wiederholen Sie dann diesen Zyklus etwa fünf Minuten lang, und wechseln Sie die Stellung der Finger jedesmal, wenn die Lunge voll ist. (Halten Sie ein Taschentuch bereit, um blockierte Nasenlöcher zu reinigen.)

Sie werden bald entdecken, daß sich diese einfache Übung äußerst wohltuend auf Geist und Körper auswirkt. Wenn Pranayama täglich (vor dem Essen) praktiziert wird, stellt sich bald ein Gefühl der inneren Ruhe und Beständigkeit ein. Besonders im Krankheitsfall können Sie die Ihnen innewohnenden Heilkräfte in die erkrankten Körperteile lenken. Stellen Sie sich einfach das betroffene Organ klar und in vollen Farben vor, und lassen Sie bei jedem Ausatmen einen Strom warmer heilender Energie durch das erkrankte Gewebe hindurchfließen. Stellen Sie sich das Organ in gesundem Zustand vor, mit der vollen Erwartung, daß es bald wieder normal funktionieren wird.

In der heutigen »zivilisierten« Welt bringen wir viel Zeit damit zu, in geschlossenen Räumen zu sitzen, passiv zuzuhören, fernzusehen oder zu lesen. Dadurch verfallen wir leicht in ungesunde Atemgewohnheiten. Selten machen wir vollen Gebrauch von unseren Lungen, und die kleinste Anstrengung versetzt uns in Atemnot. Außerdem neigen wir dazu, den Atem anzuhalten, wenn wir uns auf etwas konzentrieren. Dies wird wahrscheinlich durch einen Instinkt verursacht, der uns stillhalten und Geräusche vermeiden läßt, wenn Gefahr droht, damit wir besser hören und sehen können. Sobald die Gefahr vorüber ist, holen wir gewöhnlich erleichtert Luft und atmen dann stoßweise (lachend) aus.

Die Gewohnheit, aktiv und bewußt einzuatmen, ist immer mit einer überängstlichen Einstellung dem Leben gegenüber verbunden. Wer einen normalen und tiefen Atemrhythmus entwickeln will, sollte statt dessen das Ausatmen betonen. Es ist kein Zufall, daß wir beim Lachen ausatmen, während plötzliche Furcht uns einatmen läßt.

Vom ökologischen Standpunkt her ist das Ausatmen nicht nur für den Menschen wichtig, sondern auch für die uns umgebende Pflanzenwelt. Alle Pflanzen und Bäume brauchen das Kohlendioxyd, das von Menschen und Tieren ausgeatmet wird, ebenso wie wir den von der Pflanzenwelt produzierten Sauerstoff brauchen. Wenn wir uns dieser Wechselbeziehung mehr bewußt werden, können wir uns von der naturfeindlichen und ausbeuterischen Einstellung befreien, die in den westlichen Kulturen so verbreitet ist.

Ein starkes Rückgrat

Das Rückgrat ist das zentrale Gerüst des Körpers, und buchstäblich »hängt alles von ihm ab«. Schon Hippokrates, der Begründer unserer Schulmedizin, sagte: »Bei der Untersuchung eines Kranken soll zunächst der Zustand der Wirbelsäule festgestellt werden.« Aus der Stellung des Kopfes, der oben auf der

Wirbelsäule balanciert, kann man auch Rückschlüsse auf den Geisteszustand eines Menschen ziehen. Die Wirbel sind durch ein kompliziertes System von Sehnen und Knorpeln miteinander verbunden und müssen im täglichen Leben viel aushalten. Jegliche plötzliche oder einseitige Belastung des Körpers kann übermäßigen Streß in bestimmten Wirbeln verursachen und zu Wirbel- und Bandscheibenschäden führen.

Der Körper ist jedoch so gebaut, daß er normale Belastung jahrein und jahraus vertragen kann – solange das Rückgrat durch ständige und gleichmäßige Übung in guter Form bleibt. Dies ist meist bei solchen Menschen der Fall, die naturverbunden leben und sich viel bewegen. Seit Millionen von Jahren hat die Menschheit verhältnismäßig natürlich gelebt. Noch vor hundert Jahren waren bei unseren Vorfahren Rückgratprobleme fast unbekannt. Heute jedoch beklagt sich fast jeder früher oder später über ein Rückenleiden, und Millionen werden jedes Jahr in den Industrieländern für den Rest ihres Lebens arbeitsunfähig geschrieben. Meist erklären die Ärzte dann, daß es sich um erblich bedingte Abnutzungserscheinungen handelt, mit denen man sich abfinden muß.

Wenn ein Rückgrat bereits durch mangelnde Bewegung, einseitige Belastung und ungesunde Ernährung geschwächt oder geschädigt ist, kann es mit den Methoden der Schulmedizin allerdings nur selten repariert werden. Die Symptome können von außen her und durch Röntgenaufnahmen nur sehr schwer festgestellt werden, die Diagnose ist noch schwieriger, und dementsprechend ist die Therapie oft wirkungslos oder sogar schädlich. Korsetts und Operationen haben gewöhnlich eine Verschlechterung des Zustandes zur Folge. Wer Rückenprobleme vermeiden will, muß also vorbeugen durch tägliche ausgewogene Bewegung und gesunde Ernährung.

Eine sehr wirkungsvolle Art und Weise, sich ausgewogene Bewegungen anzugewöhnen, ist die Alexander-Methode. Zu den Tausenden von Menschen, die aus ihr großen Nutzen gezogen haben, gehören beispielsweise Aldous Huxley und George Bernard Shaw. Viele Ärzte empfehlen diese Therapie bei der Behandlung aller Arten von Leiden – vom Magengeschwür bis zu Kopfschmerzen. Sogar Sehfehler, Diabetes und Plattfüße werden durch die Alexander-Methode günstig beeinflußt. Hauptsächlich geht es dabei darum, sich die schlechten Angewohnheiten des zivilisierten Lebens wieder abzugewöhnen. Der moderne Mensch neigt dazu, mit krummem und verspanntem Rückgrat durch den Tag zu gehen. Besonders die Verspannung im Nacken bringt vielerlei unerwünschte Folgen.

Obwohl die Methode auf dieser einfachen Idee basiert, ist ein langes Training nötig, um sie wirklich zu beherrschen. Um ein Lehrer zu werden, muß man zwei Jahre in einer der Alexander-Schulen in London studieren. Man kann sich jedoch die Methode anhand des Buches *Die Alexander-Methode* von F. Riemkasten weitgehend selbst beibringen.[47] Das Hauptgeheimnis dabei ist, das Rückgrat zu »strecken«, so daß der Kopf sozusagen obenauf schwebt, als ob er an einem Faden hängt. Anstatt mit vorgestrecktem Kopf durch den Alltag zu hasten, schreitet man nun wie ein König.

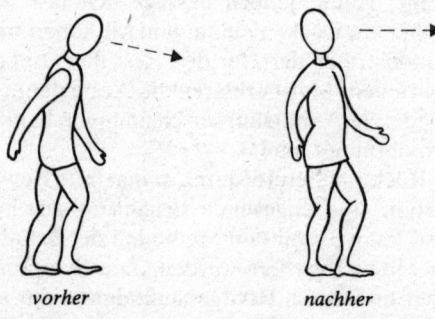

vorher   nachher

Wer das Geheimnis das erste Mal begreift und praktisch anwendet, bemerkt eine erstaunliche Verbesserung seiner körperlichen und auch geistigen Haltung. Das ganze Leben beginnt, sich auf einer anderen Ebene abzuspielen. Während vorher jeder Tag eine Anstrengung war und alle Einzelheiten bewußt gesteuert werden mußten, wird das Leben nunmehr als eine freudige Erfahrung empfunden. Ein Gefühl des Wohlbefindens durchdringt den ganzen Körper, und Sorgen verschwinden auf geheimnisvolle Weise. Der Atem wird spontaner und tiefer, Probleme lassen sich leichter lösen, und die ganze Welt erscheint in einem besseren Licht. Rückenschmerzen und andere Leiden verschwinden ganz oder teilweise. Untersuchungen haben ergeben, daß Menschen, die die Alexander-Methode längere Zeit praktizieren, kaum jemals krank werden und daß sie eine längere Lebenserwartung haben. Solche Ergebnisse werden durch die Yoga-Lehre bestätigt. Yogis glauben, daß die Lebensenergie durch sechs Nervenzentren (*Chakras*) im Rückgrat fließt und daß der Fluß blockiert wird, wenn der Rücken abnormal verspannt oder gebogen ist.

In den modernen Industrienationen sind schlechte Haltung und schwache Rückenmuskulatur zur Norm geworden. Man kann den »Fortschritt« buchstäblich an den Statistiken der Rückenprobleme ablesen. In Deutschland leiden heute fünf Prozent der Bevölkerung an ernsten Rückenschäden, und Hunderttausende sind teilweise bewegungsunfähig. Jedes Jahr werden Millionen von Arbeitsstunden verloren, und jedes Jahr steigt die Anzahl der Rückengeschädigten weiter. Im Jahre 1952 stellte man fest, daß 58 Prozent aller Kinder in den USA den Kraus-Weber-Fitneß-Test nicht bestanden. In den damals verhältnismäßig ärmeren europäischen Ländern wie Österreich, der Schweiz und Italien lag der Durchschnitt dagegen bei neun Prozent. Bald begann aber auch in diesen Ländern das Zeitalter des Fernsehens, des Autos und der arbeitserleichternden Maschinen, und der Prozentsatz der körperlich schwachen Kinder verdoppelte sich. Ähnliche Beobachtungen wurden in anderen Teilen der Welt gemacht.

Wir wissen nun mit Sicherheit, daß die Epidemie der Rückenprobleme auf die Mechanisierung und Urbanisierung zurückzuführen ist. Wie gewöhnlich führen die USA die Welt auf diesem Weg zum Fortschritt. In den letzten Jahren ist man sich jedoch dort des Problems mehr bewußt geworden, und man tut mehr dagegen. Trotzdem bezieht man sich immer noch gern auf den »Landesdurchschnitt«, um zu beweisen, daß die meisten Menschen »ganz normal« sind und daß kein Anlaß zur Besorgnis besteht. Der »Landesdurchschnitt« wird jedoch statistisch aus dem gegenwärtigen Zustand der Bevölkerung errechnet. Wenn man ihn statt dessen auf den Zustand um das Jahr 1900 basieren würde, ergäbe sich ein katastrophales Bild der heutigen Volksgesundheit.

Die Liste der durch Bewegungsmangel hervorgerufenen degenerativen Krankheiten wird jedes Jahr länger. Die Ärzte mit ihrem Repertoire von Medikamenten und hochentwickelten Apparaten stehen diesem Phänomen hilflos gegenüber. Dazu kommt noch, daß die Menschen heute dazu neigen, sich unausgewogen und ohne natürlichen Rhythmus zu bewegen. Sie laufen meist auf Betonstraßen und müssen sich wie gehetzte Ratten durch den Verkehr bewegen. Dabei werden sie noch durch Krach und Luftverschmutzung nervös gemacht. Noch vor hundert Jahren lebten achtzig Prozent unserer Vorfahren auf dem Lande, wo sie sich natürlich bewegten und ihre Spannungen durch körperliche Arbeit loswerden konnten. Gleichzeitig war ihre Nahrung im allgemeinen noch naturnäher, wodurch sie einen gesünderen Knochenbau entwickelten.

Interessant ist auch, daß sich die Verspannung des Rückens ungünstig auf das Sehvermögen auswirkt. Sobald sich der Nakken verspannt, verzerren sich auch die Muskeln im Gesicht und um die Augen. Wenige Menschen sind sich darüber im klaren, daß die Augen am besten funktionieren, wenn sie völlig entspannt und sich selbst überlassen sind. Eine geniale Methode zur Entspannung der Augen wurde von Dr. Bates entwickelt, einem Professor der Augenheilkunde aus New York. Hunderttausende von Menschen haben durch die Bates-Methode ihr normales Sehvermögen wiedergewonnen. Alle Probleme wie Kurz- und Weitsichtigkeit, Astigmatismus, Schielen, aber auch grauer und grüner Star werden günstig beeinflußt. Der berühmte Schriftsteller Aldous Huxley, der zeitweise auch mit starken Brillen kaum mehr lesen konnte, wurde durch diese Methode von seinem Leiden befreit, nachdem ihn berühmte Londoner Augenspezialisten als »hoffnungslosen Fall« aufgegeben hatten.

Da die Augen in Wirklichkeit ein Teil des Gehirns sind, wirkt sich eine Verbesserung des Sehvermögens meist auf alle Körperfunktionen günstig aus. Die anderen Sinne des Tastens, Hörens, Riechens und Schmeckens verbessern sich gleichzeitig. Sogar der Stoffwechsel wird verbessert. Die Fähigkeit, sich zu konzentrieren, die geistige Vorstellungskraft, das Erinnerungsvermögen und alle anderen geistigen Funktionen erhöhen sich. In dem Buch *Ohne Brille besser leben* habe ich die Anwendungsweise dieser Methode so beschrieben, daß sie für jeden leicht erlernbar ist.[48] In den USA gibt es zwei Institute, in denen Lehrer in der Bates-Methode ausgebildet werden.

Die Billionen von Zellen, aus denen sich der Körper zusammensetzt, erneuern sich zu einem großen Teil alle sechs bis zwölf Monate. Jedes Jahr beginnen wir sozusagen das Leben von neuem, es bildet sich ein neuer Mensch. Normalerweise sind wir uns dieses Wandels nicht bewußt. Sobald wir jedoch unsere Nahrung und Lebensweise grundsätzlich und langfristig ändern, bemerken wir offensichtliche Veränderungen. Innerhalb einiger Monate ändern sich der Gesundheitszustand und die Geistesverfassung. Die Qualität unserer Gedanken hängt von den verdauten Molekülen ebenso ab wie die Qualität unserer Muskeln und Knochen. Die Einheit aus Geist und Körper kann nicht ausgewogen sein, wenn man sich einseitig ernährt.

In den vom Monotheismus geprägten westlichen Ländern schenkt man diesem geistigen Aspekt der Nahrung kaum Beachtung. Man glaubt, daß der »Geist den Körper lenkt« und daß die Materie durch den Geist beherrscht wird oder werden sollte. Aus dieser Einstellung folgt dann übrigens auch ganz logisch, daß der Himmel besser ist als die Erde, daß der Vater im Himmel besser ist als die Mutter Erde und daß Männer besser sind als Frauen. Im Fernen Osten hat man jedoch schon immer ein besseres Verständnis für die Wechselbeziehung zwischen Geist und Körper gehabt. Beispielsweise werden auf den Märkten in chinesischen und japanischen Dörfern Gemüse und Früchte zusammen mit Heilpflanzen angeboten. Heilmittel werden nicht aus Chemikalien hergestellt und in der Form von Tabletten eingenommen. Statt dessen kocht man einen Tee aus Heilkräutern oder bereitet eine Suppe aus besonders ausgewählten Nahrungsmitteln. Die täglichen Mahlzeiten werden dementsprechend als Kraft und Gesundheit spendende Kompositionen angesehen, die mit viel Geschick und Erfahrung zusammengestellt werden müssen.

Eine gute chinesische Mahlzeit ist darüber hinaus nicht nur eine gesunde Kombination von Kalorien, Mineralen und Vitaminen, sondern ein Kunstwerk von ausgewogenen Farben, Gerüchen, Konsistenzen und Geschmackskomponenten. Die Zutaten müssen unbedingt frisch und knusprig sein. Ein guter Koch verwendet möglichst nur Gemüse, das direkt aus dem Garten kommt. Was man heute in den chinesischen Restaurants im Westen vorgesetzt bekommt, entspricht nicht immer diesen Ansprüchen. Feinschmecker, die etwas in der Welt herumgekommen sind, stellen fest, daß die chinesische und japanische Küche alle anderen Küchen übertreffen.

Die meisten chinesischen Gerichte werden nicht in normalen Töpfen und Pfannen gekocht, sondern in »Woks«. Dies sind große konisch geformte Pfannen, die durch eine starke Flamme erhitzt werden. Die Zutaten werden gewöhnlich in kleine Würfel und Scheiben geschnitten, in den heißen Wok geworfen, ständig umgerührt und nur einige Minuten über starker Flamme gekocht. Danach wird die Mahlzeit sofort serviert, während alles noch frisch und aromatisch ist. Diese Methode ergibt nicht nur leckere Mahlzeiten, sondern sie erspart auch Brennstoff und Zeit. Schon immer waren die Chinesen Meister in der Kunst des Energiesparens. Vermutlich wurde der Wok ursprünglich entwickelt, um Brennholz zu sparen. Nachher stellte sich dann heraus, daß durch die konische Form die Zutaten im eigenen Saft schmoren, ohne anzubrennen.

Im Fernen Osten werden den Nahrungsmitteln jeweils Yin- oder Yang-Eigenschaften zugeschrieben. Beispielsweise glaubt man, daß Fleisch, Eier und Salz aggressive Yang-Tendenzen in den Menschen begünstigen. Zu den Yin-Nahrungsmitteln gehören dagegen Zucker, Früchte, Kartoffeln und Tomaten und übrigens auch Alkohol. Wer zuviel von diesen zu sich nimmt, entwickelt übertrieben weiche und passive Eigenschaften. In der Mitte zwischen den Extremen von Yin und Yang befindet sich das Getreide, das sich daher als Grundnahrungsmittel eignet. Das volle Korn von Reis, Weizen, Roggen, Hafer usw. gibt dem Körper fast alle nötigen Nährstoffe in gut ausgewogener Form. Chinesische Landarbeiter können beispielsweise von der sprichwörtlichen »Handvoll Reis« leben, wozu dann gewöhnlich noch etwas Gemüse und Sojabohnen kommen. Ein Arbeiter, der eine Handvoll Zucker und Fleisch äße, würde nicht lange leben, und er würde auch bei der Arbeit schnell müde werden. Eine Mahlzeit, die hauptsächlich aus Getreide besteht, bietet Körper und Geist dagegen andauernde Energie. Die meisten Gemüsesorten (etwas Yin) und Fisch (etwas Yang) sind ideal zur Ergänzung des Getreides geeignet.

Milch und Milchprodukte wie Käse werden im Fernen Osten fast gar nicht genossen. Einerseits werden sie als ziemlich teure und unökonomische Nahrungsmittel betrachtet. Auf einem gegebenen Stück Land kann man beispielsweise durch den Anbau von Reis, Sojabohnen und Gemüse zehnmal soviel Menschen ernähren wie durch Viehzucht. Andererseits vermeidet man Milchprodukte, weil sie als nicht besonders gesund gelten: Kuhmilch ist gut für Kälber, und Muttermilch ist gut für Babys. Im ganzen Tierreich sind es jedoch nur die ganz jungen Tiere, die Milch brauchen. Auch im Westen sind einige Wissenschaftler zu dem Schluß gekommen, daß Milch gar nicht so gesund ist, wie man lange Zeit geglaubt hat. Amerikanische Schulkinder, die viel Milch trinken, werden gewöhnlich hyperaktiv und gleichzeitig geistig schwerfällig, ihre körperliche Entwicklung wird durch Hormone übermäßig angeregt.[49]

Zucker und Fleisch werden im Orient nur sparsam gebraucht, teils deswegen, weil Fleisch extrem Yang ist und Zucker extrem Yin. In Amerika haben sich diese beiden Nahrungsmittel dagegen in den letzten Jahrzehnten schon fast zur Nahrungsgrundlage entwickelt. Auch in Nordeuropa verbraucht der Durchschnittsbürger jetzt schon hundertfünfzig Gramm Zucker und zweihundert Gramm Fleisch am Tag, was nach Ansicht der Orientalen nur zur geistigen und körperlichen Degeneration führen kann. In zahlreichen Experimenten haben in der letzten Zeit westliche Wissenschaftler bewiesen, daß die Mehrzahl unserer degenerativen Krankheiten und geistigen Störungen direkt oder indirekt mit unserer westlichen Ernährung zusammenhängt, die zuviel tierische Fette und Zucker enthält und zuwenig Vollkornprodukte und Gemüse. 1979 empfahl der medizinische Berater der US-Regierung, daß die Bevölkerung den Genuß von Fleisch, tierischem Fett und Zucker einschränken sollte und statt dessen mehr Getreide, Früchte, Gemüse, Fisch und Geflügel essen sollte.[50]

In einer öffentlichen Debatte im US-Senat äußerte sich ein Professor der Universität Harvard folgendermaßen: »Ich möchte betonen, daß es viele Beweise dafür gibt, daß die Hauptursache von Tod und chronischer Krankheit in den USA mit unseren Eßgewohnheiten zu tun hat. Ich schließe dabei auch alle Erkrankungen der Herzkranzarterien mit ein, auf die beinahe die Hälfte aller Todesfälle zurückzuführen sind, und weiterhin auch die meisten Formen von Krebs, Diabetes, Fettleibigkeit und anderen chronischen Krankheiten.«[51]

Die Vorstellung, daß wir viel Fleisch essen müssen, um stark zu bleiben, daß Zucker die nötige Energie spendet und daß Milch uns gesund erhält, entspricht also kaum den Tatsachen. Sie wird jedoch durch geschickte Werbekampagnen der entsprechenden Industrien am Leben gehalten. Die meisten Fleisch- und Wurstwaren enthalten außerdem mehr Fett als Eiweiß, und dasselbe trifft auch für die meisten Käse zu. Speiseeis, Gebäck, Schokolade, süße Getränke und Colagetränke enthalten große Mengen von Zucker.

Seit Tausenden von Jahren haben die Menschen im Fernen Osten ihr Eiweiß aus der Sojabohne bezogen. Langsam finden auch Sojaprodukte wie Tofu, Miso, Sojafleisch, Sojamilch und Sojasoße im Westen in gesundheitsorientierten Kreisen Aufnahme. Die Sojabohne enthält alle Aminosäuren und Proteine, die der Körper braucht, im Gegensatz zu anderen Bohnen, Erbsen und Linsen. Außerdem ist sie frei von bestimmten Giftstoffen, die sich im Fleisch finden. Diese Bohne enthält auch Lecithin und andere Substanzen, die den Körper und die Adern geschmeidig erhalten, während Fleisch und Tierfette das Gegenteil bewirken.

Viele der modernen degenerativen Krankheiten, psychischen Störungen und sogar asozialen Tendenzen können durch eine Verbesserung der Essensgewohnheiten positiv beeinflußt werden. Auch durch Fasten hat man oft unerwartete Heilungen erzielt. Dies ist kaum verwunderlich, wenn man bedenkt, daß die Nahrung der meisten Menschen heute nicht mehr ausgewogen und natürlich ist. Die Menschheit hat sich seit Millionen von Jahren mehr oder weniger einfach und natürlich ernährt, und karge Perioden wurden als selbstverständlich hingenommen. Aber innerhalb der letzten hundert Jahre haben wir in den Industrieländern begonnen, alle Arten von künstlich bearbeiteten, gefärbten und konservierten »Nahrungsmitteln« zu essen, die den Körper seiner Lebenskraft berauben.

Das klassische Beispiel hierfür ist die Beriberi-Krankheit, die in China um die Jahrhundertwende zum ersten Mal beobachtet wurde. Hunderttausende von Chinesen wurden plötzlich von einer neuen Krankheit befallen, die den Ärzten unbekannt war. Man benannte sie einfach nach dem chinesischen Wort »beri«, das »schwach« bedeutet. Erst vermutete man, daß eine neue Sorte von Bakterien die Ursache sein müßte, denn die meisten

Krankheitsfälle wurden in der Nähe von Bahnhöfen beobachtet. Als wahre Ursache stellte sich jedoch der neueingeführte weiße (polierte) Reis heraus. Die neuen Reismühlen entfernten die äußere Hülle (die Kleie) des Korns, die lebenswichtige Vitamine und Minerale enthält. Die Menschen glaubten jedoch, daß der neue Reis besser sein müsse, da er weißer und sauberer aussah. Die Händler zogen die neue Sorte außerdem vor, weil sie sich länger hielt.

Dieselben Mühlen wurden bereits in Europa benutzt, um weißes Mehl herzustellen, und das traditionelle Vollkornbrot wurde in manchen Gegenden langsam durch Weißbrot ersetzt. Das Ergebnis war jedoch hier nicht so katastrophal wie in China, wo die ärmere Bevölkerung fast ausschließlich von Reis lebte. Heutzutage sind sich die besser informierten Menschen in allen Teilen der Welt darüber im klaren, daß die äußere Hülle des Vollkorns lebenswichtige Nährstoffe enthält. Manche Menschen essen sogar zusätzlich Kleie, die bei den Mühlen als Abfallprodukt anfällt, obwohl diese weder gut schmeckt noch den wichtigen Keim enthält. Zweifellos fördert jedoch die Kleie die Verdauung, die durch unsere weiche Zivilisationskost oft ins Stocken gerät.

Ein weiterer Segen unserer Zivilisation, der zweifelhafte Folgen hat, ist das übergroße Angebot an Nahrungsmitteln in den reicheren Ländern. Jeder Supermarkt bietet Tausende von leckeren und leicht zuzubereitenden Dingen an, denen viele Menschen einfach nicht widerstehen können. Fettleibigkeit und dicke hängende Bäuche sind dann das Ergebnis. Daß man auch einmal ein paar Tage wenig oder nichts essen kann, um die Verdauungsorgane zu entlasten, kommt dem heutigen Konsumenten kaum noch in den Sinn. Tatsache ist jedoch, daß kurze Fastenperioden sich auf die Gesundheit der meisten Menschen sehr günstig auswirken. Wer krank oder schwach ist, sollte natürlich erst den Arzt zu Rate ziehen. Um Umreinheiten aus dem Körper zu spülen, sollte man während dieser Tage viel Wasser trinken. Nach dem zweiten Tag verschwindet gewöhnlich der Hunger, und man fühlt sich leicht und geistig klar. Man sollte es so einrichten, daß man viel ruhen kann und keine körperliche Arbeit leistet. Man beendet dann die Fastenperiode langsam und ißt zunächst nur kleine Mengen weicher Nahrung. Dabei kann man sich auch angewöhnen, langsam zu essen, gut zu kauen und jeden Bissen zu genießen. Wer das Essen herunterschlingt oder sich bei Tisch mit anderen streitet, tut der Nahrung und dem Körper unrecht.

Um Körper und Geist wirklich ins Gleichgewicht zu bringen, müssen viele Menschen auch ihre Einstellung zu Drogen aller Art revidieren. Dazu gehören Alkohol, Nikotin, Koffein, Cola, Medikamente, Aspirin, Schlaftabletten, Haschisch, LSD, Kokain usw. Drogen bringen die selbstregulierenden Kräfte im Körper aus dem Gleichgewicht, und sie ersetzen eine Einseitigkeit mit einer anderen. Wenn man beispielsweise nachts nicht schlafen kann, sollte man der Sache auf den Grund gehen, bevor man zur Schlaftablette greift. Hat man vielleicht abends zuviel gegessen, oder sorgt man sich über ein Problem, das man tagsüber hätte lösen können? Gegen ein Glas Wein in angenehmer Gesellschaft ist sicher nichts einzuwenden. Wer aber zur Flasche greift, um seine Einsamkeit zu vergessen oder seelische Schmerzen zu betäuben, sollte rechtzeitig vor den bösen Folgen gewarnt werden. Ebenso kann man mit Haschisch die inneren Spannungen kaum wirklich lösen, sondern sie nur oberflächlich beruhigen.

In unserer drogensüchtigen Zivilisation wird die Saat geistiger und körperlicher Unausgewogenheit manchmal schon vor der Geburt gesät – oder sogar vor der Empfängnis. Frauen, die auch nur mäßig trinken und/oder rauchen, haben oft hyperaktive oder hirngeschädigte Kinder. Die meisten Frauen geben diese Gewohnheiten auf, wenn sie entdecken, daß sie schwanger sind. Dann kann jedoch der Schaden bereits eingetreten sein. Frauen, die Medikamente, Beruhigungstabletten, Aufputschtabletten, Drogen und andere Mittel benutzen, setzen den Embryo derselben Gefahr aus. Das Problem kann durch ungesunde Ernährung während der Schwangerschaft und Stillzeit noch vergrößert werden.

Manche Mütter werden bei der Entbindung betäubt, um sie vor Schmerzen zu bewahren. Dadurch wird jedoch nicht selten ein Hirnschaden im Baby verursacht. Das Neugeborene wird gewöhnlich mit desinfizierender Seife gewaschen und in einen sterilen Glaskasten gesteckt, wodurch dem kleinen Körper und Geist unermeßlicher Schaden zugefügt werden kann.[52] Um die Mutter von der »niederen« Funktion des Stillens zu befreien, erhält das Baby dann oft Kuhmilch oder künstliche Nahrung.

Diesen fehlen die wichtigen Immunstoffe, sie verursachen schnelles Wachstum und hindern gleichzeitig die geistige Entwicklung. Bei Kindern, die später weiterhin viel Milch trinken, hat man beobachtet, daß sich die Geschlechtsunterschiede und die allgemeine Empfindlichkeit etwas weniger stark entwickeln. Später im Leben empfinden sie das Verhältnis zum anderen Geschlecht lediglich als Freundschaft, und die Erotik wird zum bloßen Spiel.[53]

Durch solche und andere Eßgewohnheiten neigen die modernen Menschen dazu, schon im Kleinkind- und Schulalter zu degenerieren. Besonders der steigende Zuckerverbrauch wird für viele Schäden verantwortlich gemacht. Gut informierte Menschen können jedoch alle diese Gefahren vermeiden. Das Leben braucht kein Weg zum stetigen Verfall zu sein, es kann auch ein erfreuliches Abenteuer werden. Die Nahrung ist der Grundstoff des Lebens, sie verbindet uns mit der Natur, den kosmischen Energien und dem Universum. Ob wir mit diesen Kräften im Einklang leben oder nicht, ist uns überlassen.

11. Die Struktur des Lebens

Innen und außen

Was haben Atome, Amöben und Affenfamilien gemeinsam? Sie alle weisen eine gewisse Yin/Yang-Struktur auf, die auch bei allen anderen Dingen und Kreaturen der Erde beobachtet werden kann.

Grundsätzlich hat alles eine innere und eine äußere Seite. Dies mag allzu offensichtlich scheinen, um besonders erwähnt zu werden. Wie wir sehen werden, ist diese Tatsache jedoch von großer Bedeutung. Im Atom bilden beispielsweise schnell rotierende Elektronen eine Art Schutzhülle um die Neutronen, die den stilliegenden Kern bilden. Auch bei Amöben und einzelligen Tieren ist ein innerer Kern von einer äußeren Schutzhülle umgeben. In einer wandernden Gruppe von Mantelpavianen werden die Weibchen und Jungen von starken Männchen umgeben, um sie vor Raubtieren zu schützen.

Der menschliche Körper wird durch die Haut beschützt, die übrigens das größte Organ des Körpers ist. Wir leben außerdem in Häusern, die uns vor Wind, Wetter und Eindringlingen beschützen. In alten Städten sind die Häuser wiederum von Mauern umgeben, und das Land als Ganzes ist von einer bewachten Grenze umgeben.

In jedem dieser Beispiele kommen dem äußeren wie dem inneren Element bestimmte Funktionen zu. Beide Funktionen sind für das Überleben des Organismus gleichermaßen wichtig. Bei den Lebewesen hält die Oberfläche schädliche Einflüsse fern, läßt aber lebenswichtige Substanzen wie Nahrung, Wasser und Luft hinein. Die Hülle muß also durchlässig sein, sonst wird sie zum Gefängnis. Das innere Element verwandelt seinerseits gewöhnlich die aufgenommenen Substanzen in Energie, erhält den Lebensvorgang aufrecht und sorgt für die Fortpflanzung.

Zufällig oder aufgrund von Analogiegesetzen in der Natur sind diese äußeren und inneren Funktionen weitgehend identisch mit den männlichen und weiblichen Funktionen und auch mit den bewußten und unbewußten Funktionen. Das äußere Element zeigt immer mehr Yang-Eigenschaften, während das innere Element im allgemeinen mehr Yin-Eigenschaften aufweist.

Wir wollen uns diese Innen-außen-Struktur des Lebens am Beispiel des Atoms, der Amöbe, des Tiers und des Menschen nun einmal genauer ansehen:

Daß die Bausteine des Universums, die wir Atome nennen, nicht einfach leblose Staubkörnchen sind, weiß man schon seit einigen Jahrzehnten. Tatsächlich kann man sich kaum etwas Lebendigeres vorstellen als die Elektronen, die um ein Neutron herumschwirren. Darüber hinaus wissen wir vom Beispiel der Atombomben, welche enorme potentielle Energie in jedem einzelnen Atom steckt.

Albert Einstein, dessen Lebenswerk das Studium der Naturgesetze in ihren Extrembereichen war, spürte, daß das Geheimnis der Natur im Atom verborgen sein müsse. Obwohl er tief religiös eingestellt war, glaubte er nicht an einen Gott in Menschengestalt: »Die anthropomorphe Vorstellung eines persönlichen Gottes kann ich nicht ernst nehmen«, sagte er. Zeit seines Lebens hoffte er, eine »allgemeine Feldtheorie« zu formulieren, durch die alle Phänomene der Physik und Chemie gleichzeitig erklärt werden könnten und die auch Licht auf die transzendenten Kräfte unseres Universums werfen würde. Dies gelang jedoch weder ihm noch seinen Nachfolgern.

Unser Planet war in den Anfangsstadien der Evolution ein rotierender Ball von Wasserstoffgasen. Der Wasserstoff ist das einfachste chemische Element, und jedes Atom besteht nur aus einem Neutron, um das ein einziges Elektron rotiert. Im Wasserstoffatom kann man daher die Yin/Yang-Struktur des Lebens am deutlichsten erkennen: ein ruhender Kern wird von einem beweglichen Element umgeben und beschützt.

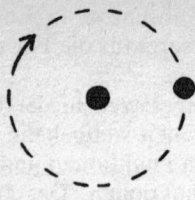

Wasserstoffatom   anderes Atom

Die restlichen 92 chemischen Elemente wie Sauerstoff, verschiedene Gase, Minerale und Metalle entwickelten sich später aus dem Wasserstoffatom. Als diese dann gewissen Temperaturen und anderen günstigen Umständen ausgesetzt wurden, bildeten sich Aminosäuren. Diese waren wiederum die Grundlage für die Entwicklung des organischen Lebens. Als erstes Lebewesen entwickelte sich die Amöbe oder der Einzeller. Alle späteren Pflanzen und Tiere, die Menschen mit eingerechnet, können auf die Amöbe als ihren Urahn zurückblicken. Die Amöbe ist die »Urpflanze«, von der Goethe oft sprach. Der berühmte Biologe Julian Huxley schrieb: »Doch wenn der Weltenstoff sowohl Materie als auch Geist in einem ist, wenn es in der Entwicklungskette zwischen dem Denken und Fühlen des erwachsenen Menschen und dem Ei, aus dem heraus er sich entwickelt hat, keine Lücke gibt, auch nicht in der Kontinuität zwischen dem Menschen und seinen ersten voramöbischen Ahnen, auch nicht zwischen dem Lebendigen und Nichtlebendigen – warum sollte dann nicht Geist oder etwas von der Natur des Geistes einheitlich durch das ganze Universum hindurch existieren? Das ist, so glaube ich, die Wahrheit.«[54]

Haben Sie schon einmal ein unsterbliches Wesen gesehen? Wenn Sie einen Wassertropfen aus einer beliebigen Pfütze unter einem guten Mikroskop betrachten, sehen sie Dutzende kleiner Lebewesen, die tatsächlich Millionen von Jahren alt sind und vermutlich noch ebensolange leben werden. Diese einzelligen Kreaturen vermehren sich durch Zellteilung und sind also unter günstigen Umständen »unsterblich«. Es gibt bei ihnen weder Eltern noch Kinder, sondern aus jeder Zelle werden zwei Zellen, aus diesen wiederum je zwei Zellen usw.

In diesen Einzellern oder Amöben können wir die Yin/Yang-Struktur des Lebens in ihrer einfachsten und reinsten Form beobachten. Eine äußere (Yang) Membrane schützt einen inneren (Yin) Kern. Viele Amöben können sich auch fortbewegen, mit Hilfe von primitiven »Beinen«. Andere haben »Arme«, mit denen sie nahrhafte Substanzen umklammern, um sie in sich aufzunehmen.

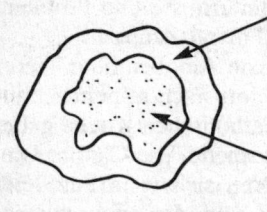

Äußere Hülle beschützt den inneren Kern. Reagiert auf Licht, Chemikalien, elektrische Ströme usw. Läßt nahrhafte Substanzen eintreten und hält schädliche fern.
Innerer Kern verwandelt nährende Substanzen in Energie und sorgt für Fortpflanzung. Versorgt und erneuert die äußere Hülle.

Amöbe (stark vergrößert)

Was ist wichtiger: die äußere Hülle oder der innere Kern? Die Antwort ist natürlich, daß beide gleichermaßen lebenswichtig sind. Kein Organismus kann überleben, wenn die eine oder andere Funktion vernachlässigt wird. Ein gesundes Gleichgewicht zwischen inneren Yin-Funktionen und äußeren Yang-Funktionen ist für alle Lebewesen (und Menschen) lebenswichtig.

Äußere Organe beziehen sich auf die Umwelt durch die fünf Sinne des Sehens, Hörens, Fühlens, Schmeckens und Riechens und durch die Organe der Fortbewegung (Beine) und Umweltveränderung (Arme). Das verbindende Nervensystem und das Großhirn ermöglichen komplizierte Entscheidungen auf Grund von Sinneseindrücken und Gedächtnis.
Innere Organe wandeln Nahrung in Energie um, halten den Lebensvorgang aufrecht und sorgen für Fortpflanzung. Sie reparieren und regenerieren darüber hinaus die äußeren Organe.

Höheres Tier

Pflanzen, Tiere und Menschen setzen sich aus unzähligen Zellen zusammen, die in der Partnerschaft, die sie eingehen, bessere Überlebenschancen haben. Auch hier teilen sich die Zellen, bleiben aber zusammen und übernehmen dann jeweils bestimmte Spezialfunktionen wie Fortbewegung, Ernährung oder Fortpflanzung. Alle pflanzlichen und tierischen Organismen haben grundsätzlich dieselben Bedürfnisse und Probleme in bezug auf Nahrung, Lebensraum, Fortpflanzung usw.

Aber ist es wirklich wahr, daß wir von Amöben oder Tieren abstammen? Wurden wir nicht von Gott nach seinem Abbild geschaffen? Offizielle Schriften der katholischen Kirche geben heute zu, daß sich die Evolution so abspielte, wie Charles Darwin dies beschrieb.[55] Außerdem finden sich viele Parallelen zwischen dem Verhalten von Affen und den menschlichen »nackten Affen«. Viel spricht dafür, daß Feuerbach recht hatte, als er sagte: »Der Mensch schuf Gott nach seinem Abbild.«

Der innere und äußere Geist

Die westliche Wissenschaft hat in diesem Jahrhundert bestätigt, was im Osten schon seit Jahrtausenden bekannt war: daß wir ein inneres und ein äußeres Selbst haben. Wir haben zwei Nervensysteme, von denen eins zur Umwelt hin orientiert ist, während das andere sich mit inneren Vorgängen beschäftigt. Der *innere Geist,* der normalerweise unbewußt und automatisch funktioniert, bedient sich weitgehend des vegetativen Nervensystems. Er erhält das innere Gleichgewicht (Homöostasie), schafft die zur Tätigkeit nötige Energie und spielt die Rolle des allgemeinen Haushälters.

Der *äußere Geist* fungiert weitgehend auf bewußter Ebene. Er koordiniert den Organismus mit der Außenwelt durch die fünf Sinne, die Organe der Fortbewegung (Beine) und die Organe der Umweltveränderung (Arme). Wie schon erwähnt, hat der äußere Geist mehr Yang-Eigenschaften, während der innere Geist mehr Yin-Eigenschaften aufweist.

Wissenschaftler haben in den letzten Jahrzehnten bewiesen, daß das Stammhirn das Hauptzentrum des inneren Geistes ist, während der äußere Geist vom Großhirn gesteuert wird. Menschen zeichnen sich durch ihr hochentwickeltes Großhirn aus, das bei primitiven Tieren nur andeutungsweise vorhanden ist. Dies entspricht der menschlichen Fähigkeit, bewußt zu denken und die Umwelt zu beherrschen. Unser Stammhirn ist jedoch fast ebenso komplex wie unser Großhirn, und beide Teile haben sich im Laufe der Evolution ständig weiterentwickelt.

Wie bereits erwähnt, sah Freud im inneren unbewußten Geist eine Quelle destruktiver und unheimlicher Kräfte, die analysiert und beherrscht werden müssen. Im Fernen Osten galt dieser Geist jedoch immer schon als der Sitz des »inneren Selbst« und als Quelle tiefer Weisheit und Lebensenergie. Alle

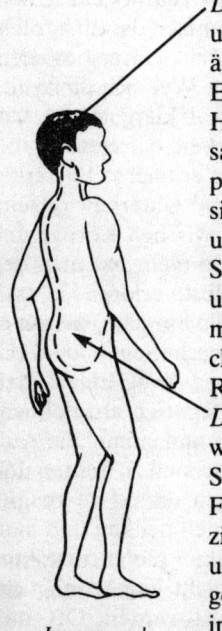

Innerer und äußerer Geist

Der äußere Geist ist weitgehend bewußt und der Außenwelt zugewandt. Er löst äußere Probleme und reagiert auf äußere Ereignisse durch Entscheidungen und Handlungen. Er ist von Natur aus wachsam, kampfbereit und logisch. Er interpretiert Sinneseindrücke und vergleicht sie mit Vorstellungen der Vergangenheit und Zukunft. Er bedient sich der fünf Sinne und der Organe für Fortbewegung und Manipulation. Dabei spielen Hilfsmittel und geistige Werkzeuge wie Sprache, Technologie und Kultur eine große Rolle.

Der innere Geist ist weitgehend unbewußt und mit inneren Vorgängen wie Stoffwechsel, Wachstum, Heilung und Fortpflanzung beschäftigt. Diese komplizierten biologischen Prozesse können nur unter günstigen Bedingungen und weitgehend automatisch vor sich gehen. Der innere Geist ist daher von Natur aus geduldig, friedlich und gewohnheitsgebunden. Er verrichtet seine Arbeit teilweise während des Schlafens. Er bedient sich der inneren Organe wie Herz, Leber, Niere usw. und drückt sich symbolisch in unseren Träumen aus.

unsere intuitiven, emotionalen und »übernatürlichen« Fähigkeiten sind im unbewußten Geist verwurzelt, wie C. G. Jung dies auch später betonte. Die Freudschen Ansichten sind ein Beweis für die westliche Verständnislosigkeit der Natur und dem menschlichen Wesen gegenüber. Die Beliebtheit der Freudschen Gedankenmodelle in den USA deutet auf die dortige Tendenz hin, die Wirklichkeit in vereinfachte künstliche Kategorien zu zwängen, anstatt intuitiv und mit Feingefühl differenzierend vorzugehen.

Gewöhnlich überschätzen wir die Funktion des Großhirns. Dazu kommt noch die allzu menschliche Neigung, das Bewußtsein und die Yang-Werte höher einzuschätzen als das Unbewußte und die Yin-Werte. Dies läßt sich einfach darauf zurückführen, *daß wir mit dem Bewußtsein denken.* Unser bewußtes Denken ist von Natur aus Yang-orientiert. Wer sich diese einfache, aber grundlegende Tatsache einmal klargemacht hat, kann sich langsam von seiner Kopflastigkeit befreien. Dabei braucht man sich nur einer Grundregel zu erinnern: Je stärker man den Konflikt zwischen Bewußtsein und Unterbewußtsein, zwischen Männlichem und Weiblichem, zwischen Körper und Geist oder Yin und Yang empfindet, desto mehr hat man den Kontakt mit der Wirklichkeit und sich selbst verloren.

Natürlich werden das Bewußtsein und die Sprache, dessen es sich bedient, immer gewisse Yang-Eigenschaften haben. Es wäre unsinnig, zu versuchen, gänzlich ohne Yang-Eigenschaften auszukommen oder alle geistigen Kategorien abzulehnen, wie dies die Mystiker manchmal tun. Es ist nun einmal die Aufgabe des Bewußtseins, äußere Ereignisse schnell zu deuten und nötigenfalls durch schnelle Entscheidungen darauf zu reagieren. Ein Mensch, der im Notfall nicht schnell denken und handeln kann, ist nicht voll lebensfähig. Bei einer plötzlichen Auseinandersetzung mit der Umwelt ist es nicht immer möglich, dem inneren unbewußten Geist gerecht zu werden. Oft muß sich ein neues Gleichgewicht erst einpendeln, und dies geschieht auch normalerweise, ohne daß das Unterbewußtsein Schaden leidet. Was sich jedoch schädlich auswirkt, sind andauernde ungelöste Konflikte.

Wenn man sich dieser Tatsachen bewußt ist, gelingt es einem leichter, dem inneren Selbst so gut wie möglich zu entsprechen. Ein Zustand des totalen und ewigen Gleichgewichts ist weder möglich noch erstrebenswert. Aber ein dynamisches Gleichgewicht trägt zur geistigen und körperlichen Gesundheit bei und ist meistens durchaus erreichbar.

Wenn man sich beispielsweise verspannt oder müde fühlt, sollte man nicht automatisch annehmen, daß der Körper daran schuld ist. Es ist durchaus möglich, daß man vorzeitig müde oder nervös geworden ist, weil man zu rigoros vorgegangen ist und sich erst einmal geistig entspannen sollte. Sobald der Geist dann wieder mit dem Körper harmoniert, fühlt man sich viel wohler und kann auch klarer denken und wirksamer handeln.

Wenn man vergeblich versucht, bestimmte Gedanken zu formulieren oder bestimmten Gefühlen Form zu geben, so sollte man nicht automatisch annehmen, daß mit den Gefühlen etwas nicht stimmt. Es ist durchaus möglich, daß die Gefühle sich gegen unrealistische Gedanken sträuben. Sobald man dann anfängt, die Wirklichkeit so zu sehen, wie sie ist, fügen sich die Gefühle wie von selbst in den gedanklichen Rahmen. Sofort verschwindet dann die Frustration, und das Problemlösen wird zur Freude. Es fliegen einem neue brauchbare Ideen zu, und man erkennt die früheren Denkfehler. Wie von selbst findet man nun den Weg zu den Zielen, die vor kurzem noch in unerreichbarer Ferne lagen. Man fühlt sich ganz allgemein lebendiger und kreativer, weil man mit dem unbewußten inneren Selbst harmoniert.

Das Hohe und das Tiefe

Was ist wichtiger an einem Haus: das Dach oder das Fundament? Was ist wichtiger an einem Baum: die Krone oder die Wurzel? Was ist wichtiger in unserem Weltbild: der Himmel oder die Erde? Die Antwort ist natürlich, daß beide Elemente jeweils gleichermaßen wichtig sind, daß sie einander ergänzen und nicht ohneeinander bestehen können.

In unseren westlichen Kulturen wird es jedoch als selbstverständlich angenommen, daß das Hohe besser ist als das Tiefe. Der Geist ist beispielsweise höher und daher besser als der Körper. Die Regierung ist höher und daher besser als das Volk. Der Himmel ist höher und daher besser als die Erde. Der Mann ist meist größer und nimmt eine höhere Stellung ein als die

Frau, also spielt die Frau eine untergeordnete und daher minderwertige Rolle. In der Kirche hören wir, daß die frommen Menschen (nach oben) in den Himmel kommen, während die Sünder (nach unten) in die Hölle geschickt werden.

Solche Vorstellungen finden sich überall in den christlichen, jüdischen und mohammedanischen Schriften. Sie sind typisch für die westliche Yang-Mentalität, und man begegnet ihnen auch sonst in der Welt überall dort, wo die Kultur männlich orientiert ist. Außerdem hat, wie gesagt, das menschliche Bewußtsein ganz allgemein gewisse Yang-Merkmale, so daß man eine Überschätzung des Hohen als »menschlich« akzeptieren kann. Krankhaft wird diese Tendenz jedoch dann, wenn das Tiefe in jeder Beziehung unterdrückt oder sogar gehaßt wird. Das führt dann zu der Kollektivneurose, unter der die meisten westlichen Menschen mehr oder weniger leiden. Das Weltbild wird dabei rein vertikal aufgefaßt, und alles wird seiner Höhe entsprechend beurteilt.

Im folgenden Diagramm ist die Welt kreisförmig angeordnet, so daß sich folgendes Bild ergibt:

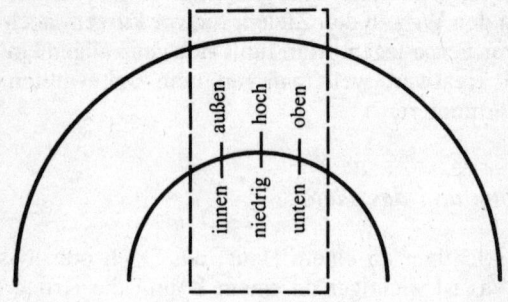

Nun wird plötzlich klar, daß »hoch« wirklich »außen« bedeutet. Der Himmel ist beispielsweise außen, und die Erde ist innen. Die Regierung ist außen und das Volk innen. Das menschliche Bewußtsein ist außen und das Unterbewußtsein innen. Kaum jemand wird behaupten wollen, daß das Äußere grundsätzlich besser ist als das Innere. Mit Hilfe dieses Denkmodells kann man die Wirklichkeit objektiv und ohne Vorurteile betrachten. Man kommt dann zu der Erkenntnis, daß in gewissen Situationen entweder das Äußere oder das Innere wünschenswerter erscheinen mag, daß aber grundsätzlich kein Wertunterschied besteht.

Wenn jemand prinzipiell und fortwährend das eine oder andere Element ablehnt, verliert er sein geistiges Gleichgewicht und wird neurotisch. Es gibt beispielsweise in Indien Menschen, die sich nur auf ihre Innenwelt konzentrieren und ihre Umwelt als bloße Illusion (Maya) bezeichnen. Damit werden sie der Wirklichkeit ebensowenig gerecht wie die westlichen Menschen, die alles »Höhere« vergöttern und sich von allem »Niederen« distanzieren wollen.

Den westlichen Lehren zufolge sollen wir uns über die irdischen und sinnlichen Bedürfnisse erheben und uns auf den Himmel vorbereiten. Noch minderwertiger als die Erde aber ist das, was sich unter ihr befindet, nämlich die Hölle. Ursprünglich bedeutete dieses Wort nichts weiter als »Höhle«. Die westliche Angst und der Abscheu vor dem Dunklen und Unterirdischen gehen Hand in Hand mit der Angst vor dem Unbewußten, dem weiblichen und mütterlichen Element und dem Yin-Element im allgemeinen. (Im Westen mögen die Frauen mehr Rechte haben als im Fernen Osten, sie werden aber von früher Kindheit an dem männlich orientierten Wertsystem unterworfen und können ihre tiefere Weiblichkeit kaum entwickeln.)

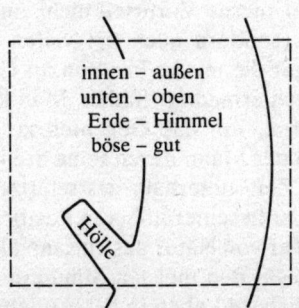

In der Mythologie symbolisiert die Höhle oft »den Schoß der Erde« oder die Gebärmutter. In der chinesischen Literatur wird die Höhle manchmal als eine Art Paradies erwähnt, wohin die Menschen sich zeitweilig zurückziehen, um ihre innere Harmonie und den Kontakt mit der Natur wiederzufinden. Es ist bezeichnend, daß dem westlichen Menschen gerade diese beiden Dinge fehlen. Freud machte in dem Zusammenhang eine bedeutsame Entdeckung: Er stellte fest, daß seine Patienten gewöhnlich erst dann geheilt werden konntên, wenn sie den Kontakt mit dem mütterlichen Element wiedergefunden hatten. Das überrascht kaum, wenn man bedenkt, daß unsere ganze westliche Kultur den Kontakt zum Mütterlichen schon seit Jahrhunderten verloren hat.

Dieselbe Überbetonung des »Höheren« hat sich auch verwirrend und unheilstiftend auf die körperliche Beziehung zwischen den Geschlechtern ausgewirkt. Weibliche Wesen haben gewöhnlich eine Vorliebe für gemütliche und geschützte Plätze, wo sie sich zu Hause fühlen, ein »Nest« bauen und Kinder aufziehen können. Solche Plätze sind von Natur aus »niedrig«, sie befinden sich nicht hoch oben, wo sie der Sicht und gewissen Gefahren ausgesetzt wären. Hier kann sich eine Frau mütterlich betätigen und der Familie ein gemütliches und sicheres Heim bieten. Männer haben ihrerseits normalerweise ein stärkeres Bedürfnis, sich an hoch gelegenen Plätzen aufzuhalten, von wo aus sie die Umgebung übersehen und beherrschen können.

Es gibt viele Menschen, die daraus unbewußt den Schluß ziehen, daß Frauen minderwertig sind, weil sie das »Niedere« vorziehen. Man findet dieses Vorurteil nicht nur bei männlichen Frauenverächtern, sondern auch bei vielen Frauen. Manche Frauen lehnen sogar die untere Position im Geschlechtsakt ab, weil sie sich dadurch erniedrigt fühlen. Man könnte eine ähnliche Logik aufführen, um das Gegenteil zu behaupten. Man könnte sagen, daß der Mann durch seine Stellung benachteiligt wird, weil er viel Zeit außerhalb des schützenden Hauses zubringen muß, weil er in seiner höheren Position mehr Gefahren ausgesetzt ist, weil er von Natur aus einsam und ruhelos ist usw. In Wirklichkeit macht den meisten Männern jedoch das abenteuerliche und unsichere Leben in der Außenwelt Freude, weil sie biologisch dazu geeignet sind. Sie suchen oft ganz instinktiv hohe Plätze auf, von denen aus sie die Umgebung überblicken und nötigenfalls beherrschen können. Dann und wann sehnen sie sich auch in das warme Nest zurück, sie fühlen sich aber dort nicht lange in ihrem Element und träumen bald von neuen Abenteuern.

Die meisten weiblichen Wesen fühlen sich in und um das Nest zu Hause und legen auch mehr Wert auf ein Netz von engen menschlichen Beziehungen, das Wärme und Geborgenheit bietet. In den modernen Vorstädten fühlen sich viele Frauen isoliert, weil das Gemeinschaftsleben und die warme nachbarliche Atmosphäre fehlen, die in vielen Dörfern noch heute besteht. Die meisten Vorstädte sind sogar noch kälter und einsamer als die Stadtkerne. Man kann die Frauen verstehen, die lieber tagsüber arbeiten, als sich in einem kalten Nest zu langweilen. Viele moderne Wohnungen sind darüber hinaus mit zahllosen Apparaten mechanisiert, und die Wohngebiete sind oft nur noch mit Autos zu erreichen. Um alle diese Errungenschaften der Technik zu beherrschen, braucht eine Frau die Yang-Eigenschaften eines Technikers oder Ingenieurs. Solche Häuser haben nur noch wenig gemeinsam mit dem gemütlichen Heim, das sich organisch in die Natur und die Nachbarschaft einfügt.

In den früheren, organisch gewachsenen Gemeinden, die es auch heute noch in manchen Teilen der Welt gibt, können die Frauen und Kinder Fußwege (ohne Motorverkehr) benutzen, um Nachbarn zu besuchen, einzukaufen bzw. zur Schule zu gehen. Die Frauen können sich im Garten betätigen, und die Kinder können auf den Feldern und im Wald spielen. Die Mütter stehen im Mittelpunkt des gemeinschaftlichen Lebens und finden in dieser Rolle Erfüllung. Die Rolle der Frau ist auch hier nicht »hoch«, und doch ist sie gleichwertig.

Rechts und links

Man kann die erste Dimension des Lebens als vertikal ansehen und entsprechend alle Dinge ihrer Höhe oder Tiefe nach einordnen, wie dies im letzten Abschnitt gezeigt wurde. Die zweite Dimension wäre dann horizontal und teilt die Welt in rechte und linke Bereiche ein.

Objektiv gesehen ist diese Einteilung wertfrei. Ebenso wie es keinen Wertunterschied zwischen hoch und tief gibt, sind die rechten und linken Bereiche prinzipiell gleichwertig. Jedoch projiziert der menschliche Geist gern seine einseitigen Wertvorstellungen auf die Außenwelt und bezeichnet dann das Hohe und das Rechte als gut und das Niedere und Linke als schlecht.

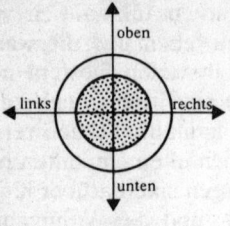
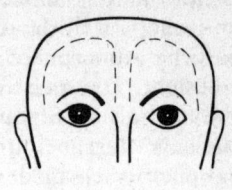

*Vertikale und
horizontale Dimension*

*Rechte und
linke Hemisphäre*

Der Grund dafür liegt in der Anordnung des menschlichen Gehirns, das in eine rechte und eine linke Hälfte (Hemisphäre) geteilt ist. Die linke Hemisphäre steht dabei mit der rechten Körperhälfte in Verbindung und umgekehrt, da sich die Nervenstränge überkreuzen. Die linke Hemisphäre, die die rechte Körperseite kontrolliert, denkt mehr logisch, analytisch, verbal und mathematisch. Sie ist mehr nach außen orientiert, »männlich«, »westlich« und wissenschaftlich und repräsentiert die Yang-Mentalität. Die rechte Hemisphäre, die die linke Seite des Körpers kontrolliert, neigt zum intuitiven, bildlichen, künstlerischen und umfassenden Denken. Sie harmoniert mehr mit dem Unbewußten, dem Inneren und der Natur und steht dem Osten, dem Weiblichen und dem Yin-Element näher.[56]

Bei geistig ausgewogenen Menschen harmonieren die beiden Hemisphären und ergänzen einander, so daß der Verstand und die Intuition kreativ zusammenarbeiten. Bei weniger ausgeglichenen Menschen arbeiten die Hälften jedoch gegeneinander und schaffen innere und äußere Probleme. Gewöhnlich dominiert dabei die linke (Yang) Gehirnhälfte, so daß die rechte Körperhälfte bevorzugt wird.

Auch bei der Traumdeutung weiß man schon lange, daß die rechte und linke Seite je ihre besondere Bedeutung haben. Die rechte Seite hat gewöhnlich mit dem Intellekt, der Aktivität und der Ordnung zu tun, während die linke Seite das Herz, die Gefühle, die Ruhe und die Natur symbolisiert. In der Politik vertritt die Rechte das Gesetz und die bestehende Ordnung und wird von der Linken oft als starr, kalt und unmenschlich bezeichnet. Die Linke vertritt dagegen mehr die gefühlsmäßigen Bedürfnisse des Volkes und wird von der Rechten oft als chaotisch, unvernünftig und unverantwortlich bezeichnet. Die politische Rechte setzt sich mehr aus älteren und besitzorientierten Menschen zusammen, die die bestehende Hierarchie (das »Establishment«) unterstützen. Bei der politischen Linken findet man mehr jüngere Leute, die wenig Besitz haben und eine natürlichere Gesellschaftsordnung anstreben. Rechtshändige Menschen neigen mehr zum rationalen und mechanischen Denken, während man unter den Linkshändern mehr intuitive und künstlerische Menschen findet.

Unsere Sprache, die ja das Produkt der linken Hirnhemisphäre ist, weist bestimmte Verzerrungen zugunsten der rechten Körperseite auf. Wenn wir beispielsweise etwas in Ordnung finden, dann sagen wir, daß es »richtig« ist oder daß es »zu Recht« besteht. Einen ungeschickten Menschen nennen wir dagegen »linkisch«. Im Lateinischen heißt links *sinister,* was gleichzeitig »böse« und »unheimlich« bedeutet. Das französische Wort *gauche* hat eine ähnlich abwertende Bedeutung.

Im Alten Testament wird das Wort »links« oft erwähnt, und zwar immer im negativen Sinne. Im islamischen Koran ist beschrieben, daß die Erwählten zur Rechten des Herrn sitzen und die Verdammten zu seiner Linken. Die drei auf dem Alten Testament basierenden Vaterreligionen unterdrücken das Linke ebenso wie das Weibliche. Mohammedaner dürfen die linke Hand nur zu den schmutzigsten Arbeiten benutzen. Gleichzeitig ist bekannt, daß Frauen in islamischen Ländern als minderwertig gelten und daß die »höheren« erotischen Gefühle für Männer unter sich reserviert werden.

Die einzigen bekannten Kulturen, die ein gutes Gleichgewicht zwischen rechts und links erreicht zu haben scheinen, sind die chinesische und die der Pueblo-Indianer, der Hopis und Zuñis im Südwesten der USA. Gewisse chinesische Schriften bezeichnen die rechte Hand als diejenige, die tötet, Blut vergießt und grobe, aggressive Aufgaben erledigt, während die linke Hand heilt und vernünftig wirkt. Letzten Endes werden jedoch beide Hände als gleich wichtig und gleichwertig betrachtet. Die Zuñi-Indianer sehen in der rechten und linken Körperhälfte zwei Götter, die Brüder sind: Der linke ist älter, bedächtig, weise und vernünftig, während der rechte mehr als impulsiv und aktiv empfunden wird.[57] Frank Waters, der das bekannte *Buch der Hopi* geschrieben hat, besuchte kürzlich China.[58] Er fand dort eine erstaunliche Anzahl von Parallelen zwischen den Anschauungen der Hopis und der Chinesen, was sich teilweise auf die gemeinsame ostasiatische Herkunft zurückführen läßt.

In den westlichen Kulturen gelten Linkshänder als »unnormal«, und früher wurden linkshändige Schulkinder gezwungen, mit der »richtigen« Hand zu schreiben. Gleichzeitig ist bekannt, daß viele große Menschen Linkshänder waren. Unter den berühmteren finden sich: Leonardo da Vinci, Goethe, Beethoven, Benjamin Franklin, Charlie Chaplin, Pablo Picasso, Harry Truman, Gerald Ford, die Beatles Paul McCartney und Ringo Starr und Kim Novak.

Es ergibt sich die Schlußfolgerung, daß weder die Rechte noch die Linke immer »recht« hat. Wir müssen die beiden Hälften harmonisch zusammenarbeiten lassen, um optimale Ergebnisse zu erhalten. Wir brauchen intuitive Vorstellungskraft ebenso wie Logik. In der Politik brauchen wir Ausdrucksfreiheit ebenso wie Spielregeln. In der Justiz brauchen wir das menschliche Einfühlungsvermögen ebenso wie die Rechtslehre. Das Gute kommt ebenso von der rechten wie von der linken Seite, wenn unsere Hirnhemisphären miteinander harmonieren. Aber beide Seiten haben unrecht, sobald diese Harmonie verloren wird.[59]

Sind Sie rechtsäugig oder linksäugig? Bei den meisten Menschen dominiert das eine oder andere Auge. Strecken Sie einen Arm aus, und betrachten Sie einen Gegenstand in der Ferne durch eine Öffnung, die Sie zwischen Daumen und Zeigefinger bilden. Schließen Sie nun erst das eine und dann das andere Auge. Das vorherrschende Auge ist dasjenige, das nach wie vor den betrachteten Gegenstand durch die Öffnung sieht. Rechtsäugige Menschen neigen gewöhnlich mehr zum logisch-verstandesmäßigen Denken, während linksäugige sich mehr von der Intuition und Vorstellungskraft leiten lassen.

Der Unterschied zwischen rechten und linken Hirnhemisphären kommt übrigens auch in den beiden Gesichtshälften zum Ausdruck. In der von Michio Kushi beschriebenen fernöstlichen Heilkunde spielt die Gesichtsdeutung eine große Rolle. In der rechten Gesichtshälfte, die mehr Yang ist, kann man beispielsweise den Einfluß der Mutter erkennen. Auf der linken (Yin) Seite kommt der Einfluß des Vaters zum Ausdruck. Aus dem Vergleich der beiden Seiten kann man schließen, welcher Elternteil gesünder, stärker oder aktiver war.

Durch die von Paldis entwickelte Antlitzanalyse ist die Gesichtsdeutung auf eine wissenschaftlichere Grundlage gestellt worden.[60] Das wichtigste Hilfsmittel bei dieser Methode ist ein einfacher beidseitig reflektierender Spiegel. Dieser wird auf einem Foto über der Gesichtsmitte so plaziert, daß jeweils eine verdoppelte Gesichtshälfte wieder ein ganzes Gesicht ergibt. Wenn man das Foto mit dem aufgesetzten Spiegel von rechts her betrachtet, sieht man ein Gesicht, das aus zwei rechten Gesichtshälften zusammengesetzt ist, bei dem also die für die rechte Hälfte typischen Eigenschaften auch auf der linken Seite sichtbar sind. Ebenso werden die linken Eigenschaften verstärkt, wenn man das Bild auf der linken Seite des Spiegels ansieht. Man kann nun sozusagen die linke Persönlichkeit eines Menschen mit seiner rechten Persönlichkeit vergleichen, was oft zu verblüffenden Erkenntnissen führt. Bei den meisten Menschen ist die rechte (Yang) Seite mehr willensbetont, während die linke (Yin) Seite mehr vom Gefühl beeinflußt wird.

In der rechten Gesichtshälfte spiegeln sich:	In der linken Gesichtshälfte spiegeln sich:
logisches, analytisches Denken,	komplexes, ganzheitliches Denken/Fühlen,
Wortsinn und Schriftsinn, Kausaldenken, Vernunft,	Form- und Raum-Denken/Fühlen, musisch/künstlerisches/kreatives Denken,
westlich orientiertes Denken.	östlich orientiertes Denken.

Merkwürdigerweise ziehen die meisten Menschen ihre rechte (Yang) Gesichtshälfte vor, weil sie gewöhnlich markanter und profilierter ist. Bemerkenswert ist auch, daß die Menschen ihr eigenes Gesicht hauptsächlich aus dem Spiegel kennen, wo es seitenverkehrt erscheint. Wenn sie sich dann auf einem guten Foto wieder erblicken, sagen sie oft: »Aber so sehe ich doch nicht aus!« Aus demselben Grunde geben die Selbstportraits großer Künstler gewöhnlich ein falsches Bild, da sie vor dem Spiegel gemalt sind.

Obwohl die Gefühlshälfte des Gesichts oft passiv und weich erscheint, ist sie in ihrer Aussagekraft keineswegs spannungslos. Jedoch haben willensbetonte Menschen die Neigung, ihre Gefühle zu unterdrücken und damit ihre linke Gesichtshälfte lahmzulegen. Bei ausgeglichenen, gut integrierten und kreativen Menschen findet man beide Gesichtshälften gleichermaßen ausdrucksvoll und einander ergänzend.

Die zeitliche Dimension

In den letzten beiden Abschnitten wurde beschrieben, wie alle Lebewesen eine vertikale und eine horizontale Dimension haben. Als dritte Dimension kann man die Richtung bezeichnen, in der sich ein Organismus bewegt: vorwärts oder rückwärts in Zeit und Raum. Menschen bewegen sich beispielsweise gern auf ein Ziel zu, sie folgen einem Ideal und wenden sich der Zukunft zu. Normalerweise konzentrieren sie sich nicht auf die Vergangenheit und schenken auch der Gegenwart nur begrenzte Aufmerksamkeit. Man malt sich ein gewünschtes Ergebnis aus und versucht dann, die Dinge entsprechend zu beeinflussen.

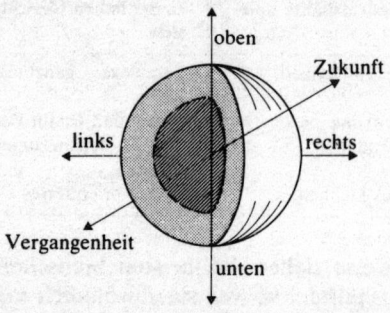

Alle diese bewußten Bemühungen sind Funktionen unseres äußeren (Yang) Geistes und werden von ihm geprägt. Der Yang-Geist (das Bewußtsein) ist von Natur aus nach außen und in die Zukunft gerichtet. Seine Hauptaufgabe ist es, mit der Außenwelt fertig zu werden und zukünftige Ereignisse vorauszusehen. Der innere, unbewußte (Yin) Geist ist dagegen mehr gegenwartsorientiert. Er hat mehr mit automatischen inneren Vorgängen zu tun, die nach bewährtem Muster ablaufen und sich auf die Vergangenheit beziehen. Er verfolgt kein besonderes Ziel oder Ideal und muß nicht durch kluges Planen äußere Umstände kontrollieren. Er ist voll damit beschäftigt, den komplizierten Organismus in Gang zu halten, und ist sozusagen traditionsgebunden. Dies entspricht auch ganz allgemein der weiblichen Mentalität. Die meisten Frauen erleben und genießen die Gegenwart in höherem Maße als Männer. Gleichzeitig sind sie auch oft der Gegenwart mehr ausgeliefert, sie leiden oft unter ungünstigen gegenwärtigen Umständen und können sich nicht so leicht einen Ausweg in die Zukunft vorstellen. Da jedoch Frauen ebenso wie Männer mit dem bewußten (Yang) Geist denken, fällt der Unterschied nicht immer auf. Es ist aber bekannt, daß Frauen allgemein konkreter denken und leben und der Gegenwart näherstehen.

Ebenso kann man sagen, daß eine Yang-Kultur wie die unsrige zukunftsorientiert ist und mit der Gegenwart nicht besonders gut zurechtkommt. Wir sind uns immer selbst ein paar Schritte voraus und kommen nie richtig dazu, die Gegenwart zu genießen. Ebenso wie wir den Himmel höher schätzen als die Erde und das Rechte für richtiger halten als das Linke, leben wir geistig gern in der Zukunft. Immer sind wir auf der Suche nach dem himmlischen Ideal, das aus der Zukunft winkt. Dabei vergessen wir dann leicht, aus unserer irdischen Wirklichkeit das Beste zu machen und gelegentlich mit ganzem Herzen im »Hier und Jetzt« zu leben. Um die Gegenwart zu genießen und gleichzeitig zukünftige Entwicklungen zu nutzen, muß ein Mensch das innere Gleichgewicht zwischen Yin- und Yang-Elementen finden. In der Kunst, das Leben lebenswert zu machen, waren die Frauen den Männern von jeher überlegen. Unsere Städte werden erst dann wieder menschenwürdig und schön werden, wenn wir es lernen, den weiblichen Bedürfnissen nach Natürlichkeit und Lebensfreude entgegenzukommen.

Das Yin/Yang-Verhältnis

Obwohl im Verhältnis zwischen Yin und Yang keine starre Ordnung besteht, kann man oft eine gewisse Rollenverteilung erkennen. Die folgende Liste ist deswegen interessant, weil sie sich praktisch auf alle Lebensbereiche anwenden läßt. Sie bezieht sich auf alle in diesem Buch bereits diskutierten Begriffspaare wie:

Körper und Geist, Herz und Kopf, Gefühle und Gedanken, Unbewußtes und Bewußtes, Inneres und Äußeres, Unteres und Oberes, Linkes und Rechtes, Sein und Haben, Dunkel und Licht, Materie und Geist, Wirklichkeit und Ideal, Mutter und Vater, Frau und Mann, Menschen mit Yin-Funktionen und Menschen mit Yang-Funktionen usw. (vgl. auch viertes Kapitel). Testen Sie die Regeln selbst, indem Sie jeweils den ersten Begriff eines solchen Begriffspaares in den folgenden Sätzen dort einsetzen, wo »Yin« steht, und den zweiten dort, wo »Yang« steht.

Regel 1: Yin gibt den Ton an und bestimmt die allgemeine Atmosphäre. Yang trifft einzelne Entscheidungen, besonders in bezug auf die Außenwelt und in Notfällen.

Regel 2: Yin lebt mehr spontan, intuitiv, instinktiv, unbewußt und automatisch und funktioniert unter normalen Umständen reibungslos und wirkungsvoll. In Notfällen verläßt es sich jedoch auf den Schutz und die schnellen Entschlüsse von Yang, das mehr bewußt, sachlich und willensmäßig funktioniert. Yang neigt mehr dazu, äußere Gegebenheiten und Gefahren zu erforschen und die Umwelt zu beherrschen.

Regel 3: Yin kann sich mehrerer Dinge gleichzeitig bewußt sein, während Yang sich jeweils auf einen Aspekt konzentriert und die anderen Aspekte vergißt.

Regel 4: Yin ist auf komplizierte automatische Vorgänge unter bekannten Bedingungen eingestellt und braucht daher nur einen geringen Grad an Zentralisierung und autoritärer Macht. Yang ist mehr auf schnelles und entschiedenes Handeln in Krisensituationen eingestellt und muß oft zentral und autoritär auftreten.

Regel 5: Yin funktioniert in zahllosen Bereichen gleichzeitig und erhält eine feine Balance vieler unübersehbarer Faktoren. Yang ist von Natur aus zielorientiert und hat wenig Gefühl für das gegenwärtige Gleichgewicht.

Regel 6: Yin bezieht sich hauptsächlich auf Yang und sieht in dieser Beziehung seine Lebensaufgabe. Yang dagegen bildet eine Schicht zwischen Yin und der Außenwelt, und daher ist seine Aufmerksamkeit zwischen dem (inneren) Yin und der (äußeren) Umwelt geteilt. Hier liegt die Ursache vieler Konflikte in Liebe und Ehe.

Regel 7: Während Yin für Energie, Lebenskraft und Lebensfreude sorgt, spielt Yang mehr die Rolle des Vermittlers zwischen Yin und der Außenwelt. Diese Rolle erscheint glorreich, ist aber auch oft undankbar und führt zu Interessenkonflikten.

Regel 8: Yin hat kein besonderes Talent dafür, sich die Zukunft auszumalen, große Pläne zu schmieden und große Veränderungen oder Umstürze einzuleiten. Wenn Änderungen unvermeidlich werden, vertraut Yin gern auf ein zuverlässiges Yang, das von Natur aus gern die Welt seinen Idealen anpaßt.

Regel 9: Wenn Yin und Yang miteinander harmonieren, schaffen sie in allen Lebensbereichen »gute Schwingungen«, die sich günstig auswirken. Ein Mangel an Harmonie wirkt sich entsprechend ungünstig auf alle Lebensbereiche aus.

Regel 10: Sowohl Yin als auch Yang funktionieren am besten, wenn sie gut aufeinander abgestimmt sind. Yang hat jedoch den Drang, die Außenwelt zu erforschen und mit abstrakten Ideen zu experimentieren. Dabei verliert es oft den Kontakt mit der Wirklichkeit und mit Yin. Sobald Yang zurückkehrt und den Kontakt wiederfindet, stellt sich die Harmonie wieder ein. Es dauert jedoch nicht lange, bis Yang aufs neue von Exkursionen träumt und der Zyklus sich wiederholt.

Regel 11: Gelegentliche Reibungen zwischen Yin und Yang sind unvermeidlich. Sie können sich anregend auswirken und schöpferische Anstöße geben. Wenn jedoch bei anhaltenden Konflikten nicht bald eine konstruktive Lösung gefunden wird, leiden beide Teile. Sobald die entgegengesetzten Einstellungen in einem neuen und praktischen Konzept integriert werden, können Yin und Yang sich wieder ergänzen und harmonisch zusammenwirken.

Regel 12: Bei einem Konflikt ist das Mißverständnis fast immer beiderseitig. Yin nennt Yang dann gewöhnlich arrogant, starr, ehrgeizig, gefühllos, engstirnig, unmenschlich usw. Entsprechend sagt Yang von Yin, es sei hinterlistig, chaotisch, sentimental, unlogisch, destruktiv, hysterisch usw.

Regel 13: Wenn Yin zum einen Extrem geht, neigt Yang zum anderen Extrem, und umgekehrt. Beide Seiten verlieren mehr oder weniger ihr Gleichgewicht, sobald eine Seite aus dem Rahmen fällt.

Regel 14: Weder Yin noch Yang können jemals die volle Wahrheit oder die ganze Wirklichkeit erkennen. Aber wenn sie miteinander harmonieren, wird die Wahrheit zum Erlebnis, und beide Teile lernen voneinander.

Regel 15: Wenn Yin und Yang miteinander in Einklang leben, empfinden sie eine Verwandtschaft mit allen Lebewesen und mit der Natur. Sie verstehen sich dann nicht nur auf der verbalen und intellektuellen Ebene, sondern auch auf subtileren unbewußten Ebenen. Sogar Zellen verschiedener Lebewesen können miteinander in Verbindung stehen.[61]

Regel 16: Eine harmonische Beziehung zwischen Yin und Yang wirkt sich im menschlichen Leben in allen Bereichen günstig aus, in bezug auf die Arbeit, die Ehe, das Liebesleben, die gesellschaftlichen und finanziellen Angelegenheiten und in Sachen des Glaubens.

Regel 17: Da Yang fähig sein muß, in Notfällen schnell zu handeln, kann es nicht immer erst die Zustimmung von Yin einholen. Yin sollte also genug Vertrauen in Yang haben, um dies zuzulassen. Andererseits hat Yin das Recht, später eine Erklärung und eine Wiederherstellung des Normalzustandes zu verlangen.

Regel 18: Da Yang viele äußere Entwicklungen bemerkt, die Yin noch nicht aufgefallen sind, wird es manchmal auf Änderungen drängen. Yin ist jedoch von Natur aus mehr an Gewohnheiten gebunden, die teilweise biologisch bedingt und lebenswichtig sind. Yin kann der Aufforderung daher erst nach einigem Zögern nachkommen, nachdem es sich von der Notwendigkeit der Änderung überzeugt hat. Oft wird es auch die Änderung ablehnen.

Regel 19: Da Yin sich der inneren, biologischen und emotionalen Bedürfnisse mehr bewußt ist, empfindet es instinktiv, wenn Yang in seinen geistigen oder räumlichen Exkursionen zu weit gegangen ist und wieder »nach Hause« kommen sollte.

Regel 20: Alle diese Regeln dürfen nicht als eherne Gesetze verstanden werden, sondern in dem Sinne, wie sie das Yin/Yang-Zeichen symbolisch darstellt. Yin und Yang greifen fließend ineinander, und beide beinhalten in sich den Kern ihres eigenen Gegenpols, das heißt, jede übertriebene Einstellung neigt dazu, in ihr Gegenteil umzuschlagen.

Die Harmonie der Gegensätze

Wenn man die fernöstliche Denk- und Lebensweise mit unserer westlichen vergleicht, kann man in beiden wünschenswerte Züge entdecken. Weder wir noch die Chinesen haben die Patentlösung für alle Lebensprobleme. Aber alle gesunden Kulturen entwickeln sich, indem sie voneinander lernen. Wenn die fernöstliche Kultur zufällig ein wichtiges Element enthält, das uns fehlt, dann können wir es in unsere Kultur einbauen und dadurch ein volleres Leben führen. Wer sich zu sehr mit einer fremden Kultur identifiziert, kann allerdings schizophrene Züge entwickeln. Europa machte diesen Fehler vor fast zwei Jahrtausenden, als es ein ganzes Religionssystem aus dem Nahen Osten importierte und seine eigene Vergangenheit verleugnete. Wenn ausgewählte fremde Ideen jedoch langsam und schrittweise übernommen werden, kann die sich daraus ergebende Synthese sehr brauchbar sein und manchmal sogar die Ausgangsideen übertreffen. Wenn wir beispielsweise die intuitive Weisheit der Chinesen mit unserer westlichen Logik neu interpretieren, dann können daraus auch die Chinesen Nutzen ziehen. Die Japaner tun schon lange dasselbe im umgekehrten Sinne, indem sie unserer westlichen Technologie eine Nuance des orientalischen Genies beifügen und uns mit neuen Ideen und Produkten überraschen.

Heute scheint es, daß unsere westlichen Vorstellungen bedenklich steril geworden sind, weil sich unsere Kultur seit Dutzenden von Generationen einseitig entwickelt hat. Wir genießen nur die Hälfte des Lebens, weil wir überall polare Gegensätze sehen, bei denen wir uns für den einen Pol entscheiden müssen. Die sensibleren Menschen werden sich dieser Tatsache langsam bewußt, es tauchen neue Ideen auf, und in einigen Jahrzehnten werden die neuen Konzepte vielleicht schon als selbstverständlich hingenommen werden. Es wird dann den Menschen leichter fallen, die scheinbaren Gegensätze zu durchschauen. Wenn wir die Yin- und Yang-Werte besser miteinander in Einklang bringen, wird unser Leben sinnvoller und harmonischer. Anstatt den Verlust vergangener Paradiese zu betrauern und von zukünftigen Utopien zu träumen, können wir eine Art Himmel auf Erden jetzt und hier schaffen.

Wenn der menschliche Geist dagegen mit sich selbst streitet, sieht er überall Konflikte und Probleme. Wir kennen nur allzu gut die Verhaltensmuster, die in neurotischen Gesellschaften als »normal« gelten:

— Ungehörige Gefühle müssen unterdrückt werden.
— Das chaotische Unterbewußtsein muß bezwungen werden.
— Der Körper ist ein niederes und sündhaftes Werkzeug.
— Das weibliche Element ist minderwertig.
— Der Vater hat immer recht.
— Die Regierung darf nicht angezweifelt werden.
— Der Geist ist gut, und die Materie ist schlecht.
— Ideale und Theorien sind gut, und die Wirklichkeit und die Praxis müssen ihnen gewaltsam angepaßt werden.
— Yang-Werte sind höher und daher besser als Yin-Werte.

Menschen, die mit sich selbst harmonieren, haben jedoch vernünftigere Vorstellungen:

— Subtile Gefühle werden im Anfangsstadium erkannt und konstruktiv in die Gedanken eingebaut.
— Unbewußte Energien werden vom Bewußtsein als eine Quelle der Lebenskraft und schöpferischer Ideen benutzt.
— Geist und Körper ergänzen und unterstützen sich gegenseitig. Körper und Geist werden als Einheit empfunden.
— Männer und Frauen schätzen und bewundern einander.
— Der Vater entscheidet in äußeren Dingen, aber die Mutter schafft die allgemeine Atmosphäre.
— Die Regierung trifft die einzelnen Entscheidungen, aber das Volk gibt den Ton und die allgemeine Richtung an.
— Der Geist liefert die Form, die dem Material gerecht wird.
— Die Ideale (Theorien) der Menschen werden praktischer, und das tägliche Leben wird idealer.

— Yin- und Yang-Werte ergänzen einander zum beiderseitigen Nutzen.

Ideal und Wirklichkeit

Niemand zweifelt daran, daß Mann und Frau einander lieben können, und aus eigener Erfahrung wissen wir, daß Gedanken und Gefühle miteinander harmonieren können. Ist es jedoch angebracht, Liebe und Harmonie zwischen Ideal und Wirklichkeit oder zwischen Theorie und Praxis zu erwarten? Besteht nicht ein gewaltiger Unterschied zwischen der wirklichen Welt und der idealen Welt, zwischen unseren Theorien und unserer Praxis?

Darauf läßt sich antworten, daß ein ausgewogener und kreativer Geist Ideale schafft, die weitgehend verwirklicht werden können. Ein verwirrter Geist schafft dagegen Ideale, die außerhalb der Möglichkeiten liegen. Ideale und Theorien entstehen nicht einfach von selbst. Sie entstehen im menschlichen Geist und spiegeln dessen Qualität wider. Ein ausgeglichener Geist geht schrittweise vor und setzt sich vernünftige Ziele, deren Verwirklichung möglich und wahrscheinlich ist – und er paßt das Ideal von Zeit zu Zeit den Gegebenheiten an.

Die Erfolge großer Wissenschaftlicher lassen sich nur so erklären. Menschen wie Einstein wußten, daß jede Theorie nur eine provisorische Hypothese sein kann, ein vorläufiges Ziel, das vielleicht späteren Erkenntnissen angepaßt werden muß. Solche Theorien bringen Erfolg, weil sie sorgfältig auf die Wirklichkeit und die Praxis abgestimmt werden. Ausgewogene Menschen respektieren die Wirklichkeit und haben eine liebevolle Beziehung zu ihr. Sie entwickeln zunächst eine Vorstellung davon, wie man die gegenwärtigen Zustände verbessern könnte, aber sie sind auch bereit, nötigenfalls ihre Vorstellungen zu verbessern. Sie sorgen dafür, daß ihr Ideal und ihre Wirklichkeit sich gegenseitig verbessern und leiten.

Unausgewogene Menschen und Fanatiker schaden dagegen letzten Endes sich selbst und anderen, weil sie unmögliche Ideale und Theorien haben und verlangen, daß die Wirklichkeit sich ihnen anpaßt. Zunächst mögen sie dabei äußeren Erfolg haben, aber am Ende stellt sich heraus, daß der Sieg zu teuer erkauft ist und keine wirkliche Befriedigung bringt. Sie ärgern sich dann oder kommen zu dem Schluß, daß die Welt nicht gut genug für ihre noblen Ideale ist. Aber selbst dann, wenn sie ihr Ziel scheinbar erreicht haben, können sie es kaum genießen, weil sie nach wie vor unter inneren Konflikten leiden.

Der Himmel ist ein Bereich, auf den die Menschen gern ihre Vorstellungen einer vollkommenen Welt projizieren. Die biblische Vorstellung des Himmels ist uns bekannt, aber manche Menschen träumen auch von anderen Himmeln: Großstädter träumen von Südseeinseln, Unterdrückte träumen von der klassenlosen Gesellschaft, und Hungernde sehnen sich nach einem himmlischen Schlaraffenland. Gewöhnlich bezeichnen wir als himmlisch die Dinge, die uns im täglichen Leben fehlen.

Was über das Verhältnis zwischen Ideal und Wirklichkeit gesagt wurde, trifft auch weitgehend auf das Verhältnis zwischen Himmel und Erde zu. Beide Begriffe ergänzen sich wie zwei Seiten derselben Medaille. Geistig gespaltene Menschen versuchen fortwährend, diese Medaille zu spalten und die zusammengehörenden Begriffe voneinander zu trennen. Das Ergebnis ist dann das Bild eines absolut guten Himmels, der erhaben über einer unvollkommenen und jämmerlichen Erde thront. Im Himmel ist demnach der reine und unbefleckte Geist zu Hause, während auf der Erde die sündigen Menschen ihre Zeit abdienen müssen. Im Himmel schweben die reinen und geschlechtslosen Engel, während die Menschen auf der Erde leiden müssen, weil sie die Erbsünde begangen haben und Produkte des sündhaften Geschlechtsaktes sind.

Solche Vorstellungen haben dazu geführt, daß zahllose Menschen sich an eine mehr oder weniger schizophrene Denk- und

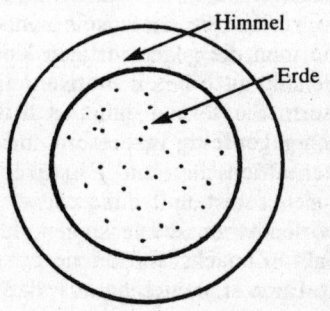

Lebensweise gewöhnt haben. Ihr Weltbild ist dualistisch und führt unweigerlich zu inneren Konflikten. Unter der »guten« Oberfläche verbergen sich vielerlei Haß- und Schuldgefühle.

Innerlich ausgewogene und integrierte Menschen stellen sich die Welt anders vor. Sie glauben an die harmonische Beziehung zwischen den Kräften des Himmels und der Erde. Sie wissen, daß weder die Erde noch der Himmel vollkommen sind, daß diese aber zusammen eine vollkommene Harmonie bilden können. Dadurch genießen sie den Segen des Himmels wie der Erde. Sie genießen die sinnlichen Freuden der Erde und die geistigen Freuden des Himmels. Ihre irdische Wirklichkeit verliert selten den Kontakt mit ihren himmlischen Idealen. Ihr Körper steht in einer ständigen Wechselbeziehung mit dem Geist. Körper und Geist ergänzen einander ebenso wie Himmel und Erde. Der Körper wird als himmlisches Kunstwerk gesehen, und der Geist erhält seine Natürlichkeit durch den Kontakt mit dem Körper. Jegliche anhaltende Disharmonie zwischen Geist und Körper, Bewußtem und Unbewußtem, Ideal und Wirklichkeit oder Himmel und Erde wird als gefährliches Anzeichen beginnenden Verfalls angesehen, das sofortige Aufmerksamkeit und Heilung verlangt.

Menschen, die eine liebevolle Beziehung zur Erde haben, sorgen auch besser für sie. Sie betrachten die Erde als den Garten des Paradieses und sehen in ihr nicht vorwiegend eine Profitquelle. Sie leben gern ziemlich einfach und im Einklang mit der Natur – und nicht wie ein Räuber und Plünderer, der die irdischen Reserven aufbraucht und dann nach anderen unverbrauchten Gegenden oder Planeten Ausschau hält.

Innerlich integrierte Menschen stellen sich auch die Beziehung zwischen Mann und Frau, Vater und Mutter und Yin und Yang als ein harmonisches Zusammenspiel vor und nicht als einen Wettstreit zwischen konkurrierenden Kräften. Sie wissen, daß gelegentliche Konflikte zwischen den beiden Elementen unvermeidlich sind, aber sie glauben auch an die dem Menschen innewohnende Kraft, innere und äußere Harmonie mit der Natur zu schaffen. Sie sind sich darüber im klaren, daß beide Elemente ihre starken und schwachen Seiten haben. Nur durch das harmonische Zusammenspiel von Yin und Yang kann der »Himmel auf Erden« zustande kommen, nach dem sich die Menschen schon immer sehnten.

Anmerkungen
und Literaturverzeichnis

[1] Ralph Waldo Emerson: *Essays,* erschienen 1841 u. 1844 (dt. 1858), Hendel, Halle a. d. S., o. J.

[2] Zwei der bekanntesten deutschen Übersetzungen sind: *Die Bahn und der rechte Weg des Lao-Tse,* übers. v. A. Ular, Insel, Frankfurt 1976 (Insel-Bücherei 991)
Tao te king. Das Buch vom Sinn und Leben, übers. v. R. Wilhelm, Diederichs, Köln 1978

[3] Richard Wilhelm (Übers.): *I Ging – Das Buch der Wandlungen,* Diederichs, Köln 1960

[4] Edmond Bordeaux Szekely: *Das Friedensevangelium der Essener,* Bruno Martin, Frankfurt 1977

[5] Merlin Stone: *When God was a Woman,* New York 1976
Michael Adam: *Womankind,* Harper & Row, New York 1979
Elizabeth Fisher: *Woman's Creation,* Wildwood House, London 1979

[6] Adelle Davis: *Jeder kann gesund sein,* Hörnemann, Bonn 1974

[7] *Harry Harlow Talks,* in: »Psychology Today«, New York, April 1973

[8] Frederick Leboyer: *Geburt ohne Gewalt,* Kösel, München 1981

[9] Jean Liedloff: *Auf der Suche nach dem verlorenen Glück,* Beck, München 1980

[10] Lin Yutang: *Weisheit des lächelnden Lebens,* DVA, Stuttgart 1963

[11] Benjamin Spock: *Aufforderung zum Widerspruch,* Ullstein, Frankfurt 1970

[12] Ted Klein: *The Father's Book,* Ace Publ., New York 1968

[13] Desmond Morris: *Der nackte Affe*, Droemer, München 1980

[14] J. B. Priestley: *Rain Upon Godshill*, Readers Union, London 1941

[15] Arnold Toynbee: *Der Gang der Weltgeschichte*, EVA, Frankfurt, Neuaufl. 1979

[16] George Steiner: *Bluebird's Castle*, in: »Psychology Today«, Febr. 1973

[17] Erich Fromm: *Wege aus einer kranken Gesellschaft*, EVA, Frankfurt, 11. Aufl. 1981

[18] Vgl. auch Christopher Markert: *Der Markert-Figurentest*, Bauer, Freiburg 1979

[19] Arthur Janov: *Der Urschrei*, Fischer, Frankfurt 1975

[20] Vgl. auch Robert Mendelsohn: *Confessions of a Medical Heretic*, Chicago 1979

[21] Michio Kushi: *Das Buch der Makrobiotik*, Bruno Martin, Frankfurt 1980

[22] Abraham H. Maslow: *Psychologie des Seins*, Kindler, München 1978

[23] Eugen Herrigel: *Zen in der Kunst des Bogenschießens*, Barth, München, 18. Aufl. 1978

[24] Charles Moore: *The Japanese Mind*, Honolulu 1967

[25] Siehe Anm. 10

[26] Siehe Anm. 2 (Übersetzung des Autors)

[27] Stan Gooch: *The Paranormal*, Wildwood House, London 1978
Stan Gooch: *Total Man*, Abacus, London 1975

[28] Alfred Douglas: *The Oracle of Change*, Penguin Books, London 1976

[29] Fritjof Capra: *Der kosmische Reigen*, Barth, München 1977

[30] Havelock Ellis: *The Dance of Life*, Greenwood Press, USA, 1973

[31] Siehe Anm. 5

[32] Soldan/Heppe/Bauer: *Geschichte der Hexenprozesse* (1912), Nachdruck Kiepenheuer & Witsch, Köln 1975

[33] Heathcote Williams: *The Foreskin File*, in: »Co-Evolution Quarterly«, USA, Winter 1980

[34] C. H. Bell, W. L. French: *Organisationsentwicklung*, UTB/ Haupt-Verlag, Bern 1977

Edward E. Lawler: *Motivierung in Organisationen*, UTB/ Haupt-Verlag, Bern 1977

[35] Siehe Anm. 15

[36] T. W. Adorno: *Studien zum autoritären Charakter*, Suhrkamp, Frankfurt 1975

[37] Siehe Anm. 4

[38] Eckart Peterich, Pierre Grimal: *Götter und Helden*, Walter, Freiburg 1973

[39] Ferdinand Herrmann: *Symbolik in den Religionen der Naturvölker*, Hiersemann, Stuttgart 1961

[40] Albert Einstein: *Why Socialism?*, in: »Monthly Review«, Vol. 1, New York 1949

[41] Ruth Benedict: *Urformen der Kultur*, Rowohlt, Reinbek 1955

[42] Siehe Anm. 14

[43] Erwin Schrödinger: *Geist und Materie*, Reihe »Die Wissenschaft«, Bd. 113, Vieweg, Wiesbaden 1965

[44] Siehe Anm. 10

[45] Barbara B. Brown: *New Mind, New Body*, Harper & Row, New York 1974

[46] Siehe Anm. 30

[47] Felix Riemkasten: *Die Alexander-Methode*, Haug, Heidelberg 1967

[48] Christopher Markert: *Ohne Brille besser leben*, Bauer, Freiburg 1981. Vgl. auch M. B. Rosanes-Berrett: *Millionen könnten besser sehen*, Econ, Düsseldorf 1976

[49] Michio Kushi: *Is Milk Natural?*, in: »East West Journal«, Boston, Juni 1980

[50] Tom Monte: *Is America Going Crazy?*, in: »East West Journal«, Boston, Sept. 1980

[51] Dr. D. Mark Hegsted, Harvard School of Public Health, Aussage vor dem Senatsausschuß, Juli 1976

[52] Siehe Anm. 20

[53] Siehe Anm. 49

[54] Julian Huxley: *Ich sehe den künftigen Menschen*, List, München 1965

[55] Catholic Truth Society: *Evolution and the Existence of God*, London SW 1 (o. J.)

[56] T. R. Blakeslee: *The Right Brain*, Anchor/Doubleday, New York 1980

Robert Ornstein: *Die Psychologie des Bewußtseins,* Kiepenheuer & Witsch, Köln 1976

[57] Rodney Needham (Hrsg.): *Right and Left,* Chicago University Press 1978

[58] Frank Waters: *Das Buch der Hopi,* Diederichs, Köln 1980

[59] Ein Nachrichtenblatt für Linkshänder wird veröffentlicht von: LOL, Box 89, New Milford, N. J. 07646, USA

[60] W. H. D. Paldis: *Das Geheimnis unseres Gesichts,* Econ, Düsseldorf 1981

[61] C. Bird, F. Tompkins: *Das geheime Leben der Pflanzen,* Scherz, München 1973

Register

François-Albert Viallet
Einladung zum Zen
200 Seiten, TB 27980-7

Die aus dem Buddhismus stammende Zen-Meditationstechnik hat in den letzten Jahren eine immer größere Verbreitung in der westlichen Welt gefunden. Nur – wie übt man Zen? Und was bringt Zen im Alltag? François-Albert Viallet gibt in diesem Buch Antworten auf diese und viele weitere Fragen. Eine lebendige und informative Einführung in die Zen-Meditation.

Anton Stangl
Die vergessene Welt der Gefühle
176 Seiten, TB 27986-6

Die Welt, in der wir leben, ist oft geprägt von Zweckmäßigkeit, Sachlichkeit und kalter Logik. Der Psychologe Anton Stangl will uns mit diesem Buch zur wahren Natur des Menschen, der in erster Linie von seinen Erlebnissen und Intuitionen geleitet wird, zurückführen.

Marie-Luise Stangl
Die Welt der Chakren
Praktische Übungen zur Seins-Erfahrung
112 Seiten, TB 27982-3
Lizenz: ECON

Die Chakren sind die Energiezentren im Körper des Menschen. In diesem Buch stellt die Entspannungstherapeutin Marie-Luise Stangl diese Zentren und ihre Besonderheiten vor. Außerdem erklärt sie meditative Techniken, mit denen die Chakren positiv stimuliert werden können und der Mensch so ruhiger, ausgeglichener und sich selbst bewußter wird.

ECON TASCHENBÜCHER

ECON

Giuseppe Tucci
Geheimnisse des Mandala
Der asiatische Weg zur Meditation
144 Seiten, TB 27981-5
Lizenz: ECON

In diesem Standardwerk stellt der Tibetologe Giuseppe Tucci das Mandala vor, eine abstrakte, bildhafte Darstellung der kosmischen Evolution und der psychischen Kraft. Anliegen des Autors ist es, die komplexe Philosophie des Mandala und der geheimnisvollen Kräfte, die nicht nur im Kosmos, sondern auch in uns selbst wirken, umfassend und leicht verständlich vorzustellen.

Helmut Barz
Vom Wesen der Seele
160 Seiten, TB 27985-8
Lizenz: ECON

Ist das, was wir „die Seele" nennen, in Wirklichkeit nichts weiter als ein Produkt physiologischer Vorgänge in der Großhirnrinde – oder hat sich das Phänomen Seele erst eine Großhirnrinde geschaffen? Der Psychotherapeut Helmut Barz versucht, diese Frage mit Hilfe der Lehre C. G. Jungs zu erklären. Außerdem enthält dieses Buch ein Kapitel über die häufigsten seelischen Erkrankungen und bietet Hilfestellung bei der Wahl eines Therapeuten.

François-Albert Viallet
Zen – Weg zum Anderen
168 Seiten, TB 27979-3

Zen bedeutet, frei übersetzt, Zustand tiefer Konzentration. Genauer gesagt ist Zen eine uralte, dabei aber immer wieder aktuelle Erkenntnis- und Meditationsmethode. In diesem Buch wird die alte japanische Lehre anhand konkreter Berichte über das Leben mit Zen, persönlicher Bekenntnisse und der Interpretation alter und neuer Texte klar, umfassend und leicht verständlich vorgestellt.

ECON TASCHENBÜCHER

ECON